Religionsfreiheit. Schweizerische Perspektiven

T0145721

TVZ

Beiträge zu einer Theologie der Religionen 3

Herausgegeben von Reinhold Bernhardt

Religionsfreiheit.
Schweizerische Perspektiven

herausgegeben von
Reinhold Bernhardt und Thomas K. Kuhn

TVZ
Theologischer Verlag Zürich

Die Deutsche Bibliothek – Bibliographische Einheitsaufnahme

Die Deutsche Bibliothek verzeichnet diese Publikation in der Deutschen Nationalbibliographie; detaillierte bibliographische Daten sind im Internet über http://dnb.ddb.de abrufbar

Umschlaggestaltung
Simone Ackermann, Zeljko Gataric, Zürich

Druck
ROSCH BUCH GmbH Schesslitz

ISBN 978-3-290-17421-7
© 2007 Theologischer Verlag Zürich
www.tvz-verlag.ch

Inhaltsverzeichnis

Reinhold Bernhardt / Thomas K. Kuhn

Zur Einführung

Es ist eine geschichtliche Errungenschaft der abendländischen Kultur, dass der Staat sich von den Überzeugungsgemeinschaften unterschieden und sich zu relativer weltanschaulicher Neutralität verpflichtet hat. Während der Akzent dabei zunächst auf der Freiheit der Religion (bzw. des religiösen Individuums) vom Staat lag, liegt er heute eher auf der Freiheit des Staates von der Religion. Während für die Religionsgemeinschaften früher das negative Moment der Freiheit *von* oktroyierten Religions- und Konfessionszwängen im Vordergrund stand, geht es heute eher um die positive Freiheit *zur* Entfaltung der eigenen Religion im Binnenraum der eigenen Gemeinschaft, aber auch in der Öffentlichkeit.

In Artikel 18 der Allgemeinen Erklärung der Menschenrechte hat die UNO die Gedanken-, Gewissens- und Religionsfreiheit als elementare Grund- und Menschenrechte festgeschrieben. Das europäische Religionsverfassungsrecht knüpft daran an, indem es zum einen die Achtung der Kirchen, der religiösen wie weltanschaulichen Gemeinschaften in den Mitgliedsstaaten fordert; die Europäische Union verpflichtet sich, «in Anerkennung der Identität und des besonderen Beitrags dieser Kirchen und Gemeinschaften einen offenen, transparenten und regelmäßigen Dialog mit ihnen» (Art. 51, 3) zu führen. Die zweite Säule besteht in einem Verbot von Diskriminierungen aus religiösen Gründen. Die Garantie der Religionsfreiheit als vornehmstes Religionsrecht bildet schließlich die dritte Säule.

Nachdem sich die Kirchen lange Zeit schwer getan haben, die Allgemeingültigkeit der religiösen Freiheitsrechte anzuerkennen, ist dieser Schritt mit dem Zweiten Vatikanischen Konzil und dann auch in der Ökumenischen Bewegung vollzogen worden. 1975 hatte der Ökumenische Rat der Kirchen in Nairobi erklärt: «Die Religionsfreiheit ist und bleibt ein Hauptanliegen der Mitgliedskirchen des ÖRK. Dieses Recht sollte jedoch nicht als ausschließliches Recht der Kirche angesehen werden. Die Ausübung der Religionsfreiheit hat nicht immer die ganze Vielfalt der Überzeugungen widergespiegelt, die auf der Welt besteht. Dieses Recht ist von anderen grundlegenden Freiheitsrechten der Menschen nicht zu trennen. Keine Religionsgemeinschaft darf für sich Religionsfreiheit beanspruchen, ohne selbst die Glaubensüberzeugungen und die grundlegenden Menschenrechte der anderen zu respektieren und zu wahren.»[1]

In den letzten Jahren hat sich jedoch die Wahrnehmung von Religion in der Öffentlichkeit stark verändert. Kann Religion nicht auch missbraucht werden, um die Grundlagen des freiheitlichen Rechtsstaates, der liberalen Gesellschaft und der kulturellen Vielfalt zu bekämpfen? Gibt es nicht auch Religionsformen, die ganz gezielt gegen die in Nairobi erhobenen Forderungen verstoßen, die Menschenrechte unterdrücken und der Durchsetzung ihrer Anliegen mit allen Mitteln Geltung verschaffen? Mit der stärkeren Wahrnehmung des Konfliktpotenzials, das in den Religionen liegt, rückte die Frage nach den Grenzen der Religionsfreiheit in den Vordergrund. Muss der Staat nicht genauer hinsehen, was in den Freiheitsräumen, die der Staat den Religionsgemeinschaften zugesteht, geschieht?

Die religiösen Landschaften Mitteleuropas und damit auch der Schweiz sind in einem Transformationsprozess begriffen. Mit dem Schwund an Mitgliedern und finanziellen Mitteln verlieren die etablierten Kirchen auch an sozio-politischer Bedeutung. Neben ihnen beanspruchen freikirchliche Gruppen und Bewegungen sowie außerchristliche Religionsgemeinschaften Entfaltungsräume in der Gesellschaft. Sie nehmen Einfluss auf die Selbstverständigungsprozesse der Gesellschaft, auf die Symbolisierungen, in denen sich die Kultur darstellt und auf die politische Willensbildung. Diese Entfaltung aber kollidiert immer wieder mit kulturellen Leitvorstellungen und rechtlichen Regelungen. Ein aktuelles Beispiel dafür bilden die heftigen Auseinandersetzungen um den Bau von Minaretten in Langenthal und Wangen bei Olten. Überschreitet eine solche öffentliche Selbstdarstellung des Islam den tolerierbaren Rahmen, den Staat und Gesellschaft dieser Religion in der Schweiz gewähren? Wenn dem so ist, müssten dann aber Kirchenbauten nicht gleichen Restriktionen unterliegen? Mit dem zunehmenden Raum, den nichtkirchliche und nichtchristliche Religionsgemeinschaften in Anspruch nehmen, spitzt sich die Frage zu, in welchem Umfang ihnen freie Religionsausübung zu gewähren ist, wo die Grenzen dieser Freiheit liegen, wie die Gleichbehandlung der Religionen gewährleistet werden kann und ob bzw. wie bestehende Privilegierungen zu rechtfertigen sind?

Die deutsche Bundesjustizministerin Brigitte Zypries brachte das Problem auf den Punkt, als sie in Rahmen ihrer «5. Berliner Rede zur Religions-

---

[1] H. Krüger / W. Müller-Römheld (Hg): Bericht aus Nairobi 1975. Ergebnisse – Erlebnisse – Ereignisse. Offizieller Bericht aus der Fünften Vollversammlung des Ökumenischen Rates der Kirchen, 23.11.–10.12.1975 in Nairobi/Kenia, Frankfurt a.M. 1976, 80.

politik» am 12.12.06 an der Humboldt-Universität in Berlin konstatierte: «Es wird für unser Recht immer schwerer, insbesondere dort gerechte Lösungen zu finden, wo sich für einzelne ein Widerspruch auftut zwischen ihren individuellen religiösen Verpflichtungen und der Forderung des Staates, sich an bestimmte Gesetze und Regeln zu handeln. Und man muss kein Prophet sein, um vorauszusagen, dass die Konfliktfelder in Zukunft gewiss nicht geringer werden. Wir müssen deshalb neu nachdenken über die Religionsfreiheit und über das Spannungsfeld zwischen staatlicher Neutralität, religiöser Toleranz und einem Mindestmaß an Regeln, die alle Menschen für ein friedliches Zusammenleben akzeptieren.»[2] Damit ist die Problemstellung beschrieben, von der dieser Band ausgeht.

Religionsfreiheit ist ein hohes Gut, das vor Missbrauch geschützt werden muss. Unter dem Deckmantel der darin zusammengefassten Freiheitsrechte können auch politische oder kommerzielle Ziele verfolgt werden. Einzelne und Gemeinschaften können versuchen, Sonderrechte zu fordern. Aus dieser Einsicht folgert Brigitte Zypries: «Wir müssen das Verständnis der Religionsfreiheit deshalb wieder stärker präzisieren. Wenn wir das nicht tun, werden immer häufiger Menschen versuchen, sich durch den Hinweis auf ihre Religion von der Geltung der allgemeinen Gesetze zu befreien. Und dies kann unsere Gesellschaft auf Dauer nicht hinnehmen.»[3] Das aber erfordert auch eine zumindest rudimentäre Definition von Religion, denn sonst ließen sich religiöse Gemeinschaften nicht von anderen Vereinigungen unterscheiden, die sich zwar religiös nennen, dabei aber womöglich eher politische oder ökonomische Interessen verfolgen.

Die Frage nach Religionsfreiheit steht im größeren Zusammenhang der Debatte um die Beziehung von Religion, Staat und Gesellschaft. Diese Debatte spiegelt sich etwa in der Diskussion um den Gottesbezug in den Kantonsverfassungen oder in den in manchen Kantonen zu beobachtenden Tendenzen zu einer weitergehenden Entflechtung von Kirche und Staat. Eine vollkommene Trennung nach dem Vorbild des französischen laizistischen Staatsverständnisses ist dabei in den meisten Kantonen nicht die Leitvorstellung. Man folgt eher dem Modell der Religionsfreiheit *im Staat*. Doch der Umfang dieser Freiheit ist strittig, wie sich an den folgenden Konfliktfeldern exemplarisch sehen lässt:

-    Wo unter Berufung auf die *Gewissens- und Glaubensfreiheit* der Militärdienst oder eine Bluttransfusion abgelehnt wird oder wo die Einhal-

---

[2]   Abrufbar unter http://www.bundesjustizministerium.de, Service, Pressemitteilungen und Reden (Stand: 1.2.07).

[3]   A.a.O.

tung bestimmter Speise- oder Reinheitsvorschriften am Arbeitsplatz eingeklagt wird, kann es zum Konflikt mit zivil-, arbeits-, verkehrs-, militärrechtlichen Regelungen kommen.

- Wo unter Berufung auf die *Bekenntnisfreiheit* das Recht in Anspruch genommen wird, den eigenen Glauben ostentativ in der Öffentlichkeit zu propagieren, kann dies eine Verletzung des religiösen Empfindens anderer zur Folge haben und zu Störungen der öffentlichen Ordnung führen. Die Frage nach dem Kopftuch als religiösem Symbol hat in Frankreich und Deutschland zu emotional aufgeladenen Debatten geführt.

- Wo unter Berufung auf die Freiheit der öffentlichen *Religionsausübung* die Anerkennung und eventuell Privilegierung von Religionsgemeinschaften (etwa im Steuerrecht oder im Bildungswesen) gefordert wird, kann dies vor die Frage einer grundsätzlichen Klärung der Beziehung zwischen Staat und Religionsgemeinschaften stellen und zur Ausarbeitung von Anerkennungskriterien und -verfahren nötigen. Wie weit darf der Staat die Ausübung religiöser Praktiken reglementieren? Soll er aktive Religionspolitik betreiben und dabei bestimmte Religionsformen bevorzugen, andere zurückdrängen?

Der vorliegende Band greift diese Diskussionen um Inhalt und Grenzen der Religionsfreiheit auf, nimmt dabei auf die Situation in der Schweiz Bezug und entfaltet das Thema in einer Vielfalt disziplinärer Perspektiven. Neben historischen und religionsrechtlichen Aspekten werden auch systematisch-theologische, sowie religionssoziologische und religionspädagogische Fragestellungen aufgenommen.

Die Herausgeber danken der «Schweizerischen Theologischen Gesellschaft», die ihre Jahrestagung 2006 dem Thema der Religionsfreiheit gewidmet hat. Die meisten Beiträge dieses Bandes wurden dort vorgetragen und zur Diskussion gestellt. Der «Schweizerischen Akademie der Geisteswissenschaften» gilt unser Dank für die Gewährung eines großzügigen Druckkostenbeitrages. Stud. theol. Stéphanie Zwicky hat sich um die Erstellung der Druckvorlage verdient gemacht. Marianne Stauffacher, die Verlagsleiterin des TVZ, betreute den verlegerischen Prozess in gewohnt zuverlässiger Weise. Schließlich gebührt den Autoren dieses Bandes ein herzlicher Dank für die fruchtbare Zusammenarbeit.

I. Teil

Die Geschichte der Religionsfreiheit in der Schweiz

Thomas K. Kuhn

Religionsfreiheit – Beispiele aus dem schweizerischen Diskurs des 18. und 19. Jahrhunderts

1. Die politischen und sozialen Voraussetzungen in der Schweiz des 19. Jahrhunderts

Die Debatten über die Religionsfreiheit[1] im 18. und im 19. Jahrhundert sind in der Schweiz vielschichtig und aufgrund des Föderalismus unein-heitlich.[2] Sie können deshalb im Folgenden nur exemplarisch beleuchtet werden. Religionsfreiheit meint dabei «die Glaubens- und Gewissens-freiheit des Einzelnen gegenüber dem Staat sowie die dem Einzelnen und der Kirchengemeinschaft zustehende Kultusfreiheit».[3]

In der ersten Hälfte des 19. Jahrhunderts vollzog sich in der Schweiz auf allen gesellschaftlichen Ebenen ein erheblicher Wandel.[4] Innerhalb weniger

---

[1]　Zum Begriff siehe M. Csáky: Religionsfreiheit, in: HWPh 8 (1992) 727–731; R. Pahud de Mortanges: Religionsfreiheit, in: TRE 28 (1997) 565–574; H. Lutz (Hg): Zur Geschichte der Toleranz und Religionsfreiheit, Darmstadt 1977.

[2]　Siehe dazu die grundlegende Arbeit von P. Steiner: Die religiöse Freiheit und die Gründung des schweizerischen Bundesstaates, Bern/Stuttgart 1976; ferner J. K. Bluntschli: Geschichte des Rechts der religiösen Bekenntnisfreiheit. Ein öffentlicher Vortrag, Elberfeld 1867; L. R. von Salis: Die Religionsfreiheit in der Praxis, Bern 1892; D. Kraus: Staatskirchenrecht. Hauptlinien des Verhältnis-ses von Kirche und Staat auf eidgenössischer und kantonaler Ebene, Tübingen 1993, 24–53.

[3]　E. His: Geschichte des neuern Schweizerischen Staatsrechts, Bd. 1, Basel 1920, 364. Siehe auch ders.: Geschichte, Bd. 3, 535: «Unter dem Sammelnamen ‹Religionsfreiheit› versteht das schweizerische Staatsrecht die Kultusfreiheit und die Glaubensfreiheit. Die Kultusfreiheit bedeutet den individuellen Rechtsanspruch auf Ausübung beliebiger Handlungen, die zu einem äußern religiösen Kulte irgendeiner Konfession oder religiösen Auffassung gehören. Die Glaubens- und Gewissensfrei-heit ist der individuelle Anspruch auf freie Aeußerung irgendwelcher eigener religiö-ser Anschauungen. Der Begriff wird bald pleonastisch als ein einheitlicher aufge-fasst, bald zergliedert in eine Gewissenfreiheit und eine Glaubensfreiheit, wobei die Gewissensfreiheit auf die Aeußerung des individuellen sittlichen (eventuell irreligiö-sen) Bewusstseins, die Glaubensfreiheit auf die Aeußerung des religiösen Bewusst-seins, d.h. der Beziehung des Individuums zu seiner Gottheit, bezogen wird.»

[4]　Zur Geschichte der Schweiz siehe V. Reinhardt: Geschichte der Schweiz, München 2006; M. Hettling: Eine kleine Geschichte der Schweiz, Frankfurt a.M.

13

Jahrzehnte änderte sich im Zuge eines Demokratisierungsschubes das politische, soziale, kulturelle sowie religiöse Leben in grundlegender Weise. Ancien Régime wie Feudalsystem verschwanden und Mitte des 19. Jahrhunderts war die Einführung der repräsentativen Demokratie in den meisten Kantonen erreicht.[5] Aus dem Staatenbund, der eine Vielzahl selbständiger Republiken, zugewandter Orte und Untertanenländer umfasste, entstand ein zentral regierter neuer Bundesstaat, der sich 1848 erstmalig eine Bundesverfassung gab. Durch diese Bundesverfassung wurde die Schweiz zu einem demokratisch-republikanischen Staat, umgeben von Monarchien, in denen die Revolutionen gescheitert und die demokratischen Aufbruchsbewegungen unterdrückt worden waren. Von diesem demokratischen Gleichheitsprinzip blieben in der Schweiz allerdings Frauen und Juden zunächst ausgeschlossen.

Doch wie war es zu dieser Konstellation gekommen, welche Aspekte sind für diese Entwicklungen wichtig?

Als historische Ausgangsposition sind zunächst die durch die Reformation und die mit ihr einhergehende Glaubensspaltung zu nennen. In der alten Eidgenossenschaft war es zu einer politischen und konfessionellen Abschließung gekommen. Ausser dem paritätischen Glarus und dem in zwei konfessionell verschiedene Halbkantone aufgeteilten Appenzell vertraten alle anderen Kantone die konfessionelle Einheit, die mit einem strengen Staatskirchentum einherging. In den reformierten Kantonen war die Kirche ein Organ des Staates und die Geistlichen waren Staatsdiener. Der Gottes-

2003; B. Mesmer (Hg): Geschichte der Schweiz und der Schweizer, Basel 2006; H. Helbling u.a. (Hg): Handbuch der Schweizer Geschichte, Zürich 1972–1980; U. Im Hof: Geschichte der Schweiz, Stuttgart u.a. 1987; H. von Greyerz / E. Gruner u.a.: Geschichte der Schweiz, München 1991; L. Vischer u.a. (Hg): Ökumenische Kirchengeschichte der Schweiz, Freiburg i.Ue. 1998; R. Pfister: Kirchengeschichte der Schweiz, 3 Bde., Zürich 1964–1985; U. Gäbler: Schweiz, in: TRE 30, 1999, 682–712; R. Dellsperger: Schweiz, in: RGG⁴ 7, 2004, 1064–1071.

5   Zur Geschichte der Demokratie in der Schweiz siehe: D. Schefold: Volkssouveränität und repräsentative Demokratie in der schweizerischen Regeneration, 1830–1848, Basel 1966; M. Schaffner: Die demokratische Bewegung der 1860er Jahre, Basel 1982; A. Kölz: Der demokratische Aufbruch des Zürchervolkes. Eine Quellenstudie zur Entstehung der Zürcher Kantonsverfassung von 1869, Zürich 2000; ders.: Neuere schweizerische Verfassungsgeschichte, Bern 1992–2004; B. Studer: Etappen des Bundesstaates, Zürich 1998; Revolution und Innovation. Die konfliktreiche Entstehung des schweizerischen Bundesstaates von 1848, hg. von A. Ernst u.a., Zürich 1998; W. Linder: Schweizerische Demokratie. Institutionen, Prozesse, Perspektiven, Bern 2005.

dienst hatte eine staatliche Funktion; ein Religionswechsel führt zum Verlust des Bürgerrechts. Auch in den katholischen Kantonen bestand eine enge Verbindung von Kirche und Staat[6], wobei hier andere rechtliche Grundlagen galten: Die katholische Kirche war eine vom Staat rechtlich getrennte Organisation, die dem Papst untergeordnet war. Die Leitung der Diözesen hatten Bischöfe inne und die Geistlichkeit beanspruchte die Anwendung des geistlichen Rechts. Neben dem Prinzip der Glaubenseinheit entwickelte sich, durch die gemischtkonfessionellen Gemeinen Herrschaften veranlasst, der Grundsatz der Parität. Diese beiden Prinzipien, die sich über Jahrhunderte hinweg entwickelt hatten, gewährten den Einwohnern allerdings keine freie Selbstbestimmung in religiösen Angelegenheiten. Insofern stellte die Religionsfreiheit, wie sie Helvetik vorsah, einen radikalen Bruch mit den Traditionen dar. Die weitere historische Entwicklung der Religionsfreiheit vollzog sich von der Helvetik bis in die Mitte des 19. Jahrhunderts keineswegs kontinuierlich, sondern ist durch zahlreiche historische Brüche gekennzeichnet. Für die Entwicklung von Demokratie, Liberalismus und Religionsfreiheit ist wohl kaum die alte demokratische Tradition der Schweiz entscheidend gewesen, sondern vielmehr der schweizerische Föderalismus, der «legale Transformationen oder Staatsstreiche in einzelnen Kantonen möglich machte und schließlich auf nationaler Ebene eine knappe Mehrheit entstehen ließ, die der großen konservativen Minderheit die liberale Ordnung mit und nach dem Sonderbundskrieg gewaltsam aufzwingen konnte».[7] Für die Durchsetzung der Demokratie und des Liberalismus spielten neben den französischen und amerikanischen Vorbildern auch deutsche Emigranten eine wichtige Rolle.

Unter den Voraussetzungen, welche diese Umbruchsphase maßgeblich geprägt haben, ragt der Einmarsch der französischen Truppen in die Schweiz im Jahr 1798 heraus. Er bildet eine tiefe Zäsur in der schweizerischen Geschichte. Bis 1813 nahm Frankreich großen Einfluss auf die politischen Entwicklungen der Schweiz. Dabei sind zwei Phasen zu unterscheiden: 1798 wurde die oligarchische Föderation der Schweiz als Protektorat in eine repräsentative Demokratie nach französischem Vorbild umgewandelt. Es entstand ein Einheitsstaat, die Helvetische Republik.[8] Mit ihr begann eine

---

[6]   In den Stadtkantonen Luzern, Freiburg und Solothurn war ein Staatskirchentum gebildet worden.

[7]   G. Kreis: Art. Demokratie, in: Historisches Lexikon der Schweiz, hg. v. Stiftung Historisches Lexikon der Schweiz, 5 Bde., Bd. 3, 635.

[8]   C. Hilty: Oeffentliche Vorlesungen über die Helvetik. 1875–1877, Bern 1878; A. Staehelin: «Helvetik», in: Handbuch der Schweizer Geschichte, Bd. 2, Zü-

große Demokratisierungsphase. Sie hängt eng mit dem wirtschaftlichen und sozialen Aufstieg eines Teils der Landbevölkerung zusammen und wurde durch französische und – in bescheidenerem Maße – durch amerikanische Vorbilder beeinflusst. Schließlich ist auch der von Frankreich ausgehende militärische Druck zu erwähnen.[9] Diese Epoche, die bis 1803 währte und als «staatspolitische Morgendämmerung»[10] bezeichnet wurde, nennt man deshalb auch die Helvetik. Der politische Zentralismus der Helvetik stand in deutlichem Widerspruch zur eidgenössischen historischen Tradition. Allerdings schuf die in der Historiographie kontrovers beurteilte Helvetik eine produktive Basis für die weiteren politischen Entwicklungen und Demokratisierungsschübe der Jahre 1830 bis 1848, da sie die Gewaltentrennung und die Gleichberechtigung aller Bürger anstrebte, die staatkirchlichen Verhältnisse zunächst beendete sowie Religions- und Gewissensfreiheit proklamierte. Zudem beförderte die Helvetik ein eidgenössisches Nationalbewusstsein, das auch für die Diskurse über die Religionsfreiheit wichtig werden sollte.

Die politischen Maßnahmen der Helvetik stießen zunächst auf wenig Widerstand bei der Elite. Als die Schweiz schließlich selbst zum Kriegsschauplatz wurde, konnte sich die Helvetik nicht länger halten. Durch die Vermittlung (médiation) Napoleons kam der zentralistische Einheitsstaat 1803 infolge der Wiederherstellung des kantonalen Föderalismus an sein Ende. Die Kantone erhielten ihre politische Souveränität auch hinsichtlich des Staatskirchrechts wieder zurück. Diese «Mediation» genannte Epoche, die bis zum Beginn des Wiener Kongresses währte, war im Gegensatz zur Helvetik eine Periode der inneren Ruhe und durch eine schwache Zentralgewalt, starke Kantone und durch die Rückkehr zu dem vorrevolutionären

rich 1980², 785–839; A. Kölz: Verfassungsgeschichte, a.a.O., 59–142; H. Böning: Revolution in der Schweiz. Das Ende der Alten Eidgenossenschaft. Die Helvetische Republik 1798–1803, Frankfurt a.M. cop. 1985; ders.: Der Traum von Freiheit und Gleichheit. Helvetische Revolution und Republik (1798–1803) – Die Schweiz auf dem Weg zur bürgerlichen Demokratie, Zürich 1998; T. Kästli: Die Schweiz – eine Republik in Europa. Geschichte des Nationalstaats seit 1798, Zürich 1998; Chr. Simon: «Die Helvetik – Eine aufgezwungene und gescheiterte Revolution?», in: Th. Hildbrand u.a. (Hg): Im Zeichen der Revolution. Der Weg zum Schweizerischen Bundesstaat 1798–1848, Zürich 1997, 29–49; A. Fankhauser: Die Bedeutung der Helvetik für die Ausbildung moderner kantonaler Verwaltungsstrukturen, in: Itinera 21, 1999, 79–91.

[9] M. Kutter: Der Anfang der modernen Schweiz. Übergang von der alten Eidgenossenschaft zur Helvetischen Republik (1748–1803), Basel 1996.

[10] D. Kraus: Staatskirchenrecht, a.a.O., 29.

Staatenbund geprägt.[11] Nach dem Sturz Napoleons wurde die Schweiz 1813 für neutral erklärt, aber zunächst von den Alliierten besetzt. Der Wiener Kongress schließlich schrieb die Schweiz 1815 in ihren heutigen Grenzen fest.[12] Der größte außenpolitische Erfolg, den der Wiener Kongress vorbereitet hatte, war für die Schweiz die im zweiten Pariser Frieden vom 20. November 1815 proklamierte «Anerkennung und Gewährleistung der immerwährenden Neutralität und Unverletzlichkeit ihres Gebietes».[13] Der Bundesvertrag von 1815 führte die Schweiz hinter die Mediationsakte zurück und begünstigte die starke restaurative Neigung, die vorrevolutionären Zustände auch hinsichtlich der Religionsfreiheit weitgehend wieder herzustellen[14], und überließ die Regelung des Kirchenwesens den Kantonen.[15] Deshalb nennt man diese Epoche zwischen 1813 und 1830 im Anschluss an das Werk «Restauration der Staats-Wissenschaft»[16] des konservativen Berner Staatsdenkers Karl Ludwig von Haller (1768–1854)[17] die Zeit der Restaura-

---

[11]   M. Kutter: Eine Schweiz von Napoleons Gnaden. Von der Zeit der Vermittlungsakte bis zum Wiener Kongress (1803–1814), Basel 1997.

[12]   M. Kutter: Die Schweiz von vorgestern. Vom Wiener Kongress bis zu den kantonalen Revolutionen (1814–1830), Basel 1997.

[13]   G. Andrey: Auf der Suche nach dem neuen Staat (1798–1848), in: B. Mesmer (Hg): Geschichte der Schweiz und der Schweizer, Basel 2006, 531.

[14]   Durch territoriale Umgestaltungen umfassten einige Kantone nun auch anderskonfessionelle Gebiete, «deren religiöse Verhältnisse völker- bzw. staatsrechtlich garantiert waren», so dass eine völlige Wiederherstellung der vorrevolutionären Zustände dort nicht möglich war. D. Kraus, Staatskirchenrecht, a.a.O., 32. Allerdings findet sich auch eine örtlich begrenzte Anerkennung einer anderen Konfession ohne internationale Abkommen in einigen Kantonen. Die Zürcher Verfassung von 1814 beispielsweise erklärte: «Die evangelisch-reformirte Religion ist die herrschende Landesreligion. Den katholischen Gemeinden Rheinau und Dietikon sind ihre bisherigen Religionsverhältnisse durch die Verfassung garantiert.» Freiburg liess nur im reformierten Amtsbezirk Murten den evangelischen Gottesdienst zu. Siehe dazu E. His: Geschichte des neuern Schweizerischen Staatsrechts, Bd. 2, Basel 1929, 370–380.

[15]   Einzig die Gewährleistung der Klöster und ihres Eigentums regelte Paragraph 12 des Bundesvertrags vom 7. August 1815. Siehe D. Kraus: Staatskirchenrecht, a.a.O., 31f; F. Freuler: Die Kultusfreiheit und die Kultuspolizei im Bunde und in den Kantonen, Stans 1908.

[16]   K. L. von Haller: Restauration der Staats-Wissenschaft oder Theorie des natürlich-geselligen Zustands; der Chimäre des künstlich-bürgerlichen entgegengesetzt, Winterthur 1816 (Neudruck Aalen 1964).

[17]   R. Roggen: «Restauration» – Kampfruf und Schimpfwort. Eine Kommunikationsanalyse zum Hauptwerk des Staatstheoretikers Karl Ludwig von Haller (1768–

tion. Sie betonte als Kind der Reaktion das theokratische Legitimitätsprinzip und offenbarte einen gegenrevolutionären Charakter. In einigen Kantonen erlebte das Staatsideal der gottgewollten Ordnung eine Renaissance.

An diese Epoche schloss sich, begünstigt durch die Pariser Juli-Revolution, seit 1830 die Phase der Regeneration an[18], in der zahlreiche Kantone Verfassungsrevisionen vornahmen, so dass in zehn der bedeutendsten Kantone vom Volk gewählte Regierungen eingesetzt werden konnten und sich auch Fortschritte auf dem Weg zu einer paritätischen Stellung von Katholiken und Reformierten anbahnten. In dieser Zeit wuchs der Wunsch nach nationaler Einigung, der auch hinsichtlich der Konfessionen wichtig wurde. Die Vertreter der nationalen Einheitsbewegung, die spätere radikal-liberale Richtung, traten für einen grenzenlosen Egalismus ein und wollten die Kirche dem Staat unterwerfen, wie es das Beispiel Zürichs zeigt. Die neu gegründeten Hochschulen Bern und Zürich waren Pflanzstätten dieses revolutionären Geistes.

In der Schweiz entstand in diesen Jahren ein tiefer Graben zwischen restaurierten und regenerierten Kantonen. Diese innenpolitische Spannung verschärfte sich in den 1840er Jahren und führte schließlich zum Sonderbundskrieg von 1847 mit all seinen bekannten Folgen.[19] Doch auch die Auseinandersetzungen um das Verhältnis der regenerierten Schweiz zu den reaktionären ausländischen Mächten führte zu Parteibildungen innerhalb der Schweiz, die sich in den theologischen und kirchenpolitischen Diskursen widerspiegelten, wenn man beispielsweise ein einheitliches Staatskirchentum zum Zwecke der nationalen Einheit anstrebte. Das Ringen um die Verfassung der Eidgenossenschaft, der Kantone und der Kirchen sollte die kirchenpolitischen und theologischen Diskurse in den Jahrzehnten nach 1830 entscheidend prägen. Diese Auseinandersetzungen gingen häufig mit der Frage nach der Glaubens-, der Gewissens- und der Kultusfreiheit[20] sowie

---

1854), Freiburg i.Ue. 1999; E. Reinhard: Karl Ludwig von Haller, der Restaurator der Staatswissenschaft. Münster i.W. 1933; A. Portmann-Tinguely: Karl Ludwig von Haller, in: BBKL 17, 2000, 587–614.

[18] M. Kutter: Jetzt wird die Schweiz ein Bundesstaat. Von den Revolutionen der 1830er Jahre zur ersten Bundesverfassung (1830–1848), Basel 1998.

[19] G. Andrey: Suche, a.a.O., 532.

[20] Zur Geschichte der Kultusfreiheit in der Schweiz siehe: L. R. von Salis: Die Entwicklung der Kultusfreiheit in der Schweiz. Festschrift dem schweizerischen Juristenverein bei seiner Versammlung in Basel im Jahre 1894 überreicht von der juristischen Fakultät der Universität Basel, Basel 1894.

mit der Frage nach Autorität der Bekenntnisschriften einher.[21] Der Streit um die Bekenntnisse führte schließlich dazu, dass die reformierten Kirchen der Schweiz seit den 1870er Jahren bekenntnisfreie Kirchen sind, das heißt keine verpflichtenden Bekenntnisse mehr kennen. Diese Entwicklung war vom theologischen Liberalismus (Freisinn) befördert worden, der in der Schweiz wesentlich günstigere Entfaltungsmöglichkeiten vorfand als beispielsweise in den deutschen Territorien. Die starke Stellung des politischen Liberalismus beförderte auch den Liberalismus in Theologie und Kirche. Die Ausbildung liberaler theologischer Systeme und kirchenpolitischer Gruppierungen wurde unter anderem durch einige aus Deutschland vertriebene oder geflohene liberale Theologen beschleunigt, die in der Schweiz zu Wortführern des Freisinns avancierten.[22] Aber auch junge Schweizer Theologen wie beispielsweise Alois Emanuel Biedermann (1819–1885)[23], der maßgeblich von David Friedrich Strauß 1808–1874) und anderen Vertretern der Schule Ferdinand Christian Baurs (1792–1860) geprägt worden war, förderten und etablierten den theologischen wie kirchlichen Freisinn.

Um sich die markanten politischen, gesellschaftlichen und theologischen Differenzen in der Schweiz und Deutschlands zu verdeutlichen, ist noch darauf hinzuweisen, dass die Schweiz im Jahr 1870 das einzige Land auf dem europäischen Kontinent war, das eine demokratische Bundesverfassung besaß. Die demokratischen Bewegungen hatten sich seit Mitte des 19. Jahrhunderts durchsetzen können und prägten auch nachhaltig die theologische Entwicklung. Diese Entwicklung ist gekennzeichnet von einem scharfen Gegensatz zwischen Konservativen und Liberalen, die heftige Auseinandersetzungen auf politischer, kirchlicher und theologischer Ebene austrugen.[24] Bei der Liberalisierung und Demokratisierung der Schweiz spielte ein verbreiteter ausgeprägter Antijesuitismus eine wichtige Rolle.[25] Er war geeignet, «die unbestimmte liberale Sehnsucht nach einem starken Bundesstaat zum

---

[21] R. Gebhard: Umstrittene Bekenntnisfreiheit. Der Apostolikumstreit in den Reformierten Kirchen der Deutschschweiz im 19. Jahrhundert, Zürich 2003.

[22] Siehe dazu Th. K. Kuhn: Theologischer Transfer. Die Baur-Schule und die schweizerische Theologie im 19. Jahrhundert, in: BWKG 105 (im Druck).

[23] Siehe dazu Th. K. Kuhn: Der junge Alois Emanuel Biedermann: Lebensweg und theologische Entwicklung bis zur ‹Freien Theologie› 1819–1844, Tübingen 1997.

[24] U. Gäbler: Schweiz, a.a.O., 701.

[25] E. Staehelin: Der Jesuitenorden und die Schweiz, Basel 1923; F. Strobel: Die Jesuiten und die Schweiz im 19. Jahrhundert. Ein Beitrag zur Entstehungsgeschichte des Schweizerischen Bundesstaates, Olten 1954; W. Ludin: Männerorden in der Schweiz, Zürich 1982, 139–149.

entschlossenen Kampfwillen zu verdichten».[26] Dieses Anliegen wurde freilich vor allem von Protestanten vertreten, die das Recht des Liberalismus häufig mit Warnungen vor den Jesuiten oder vor dem Katholizismus verbanden.

Die seit 1830 zunehmenden Diskussionen und Realisierungen einer repräsentativen Demokratie in den einzelnen Kantonen und dann auch im eidgenössischen Bund beeinflussten in starkem Maße die kirchlichen Debatten über die Verfassungsfragen und damit einhergehend jene über die Religionsfreiheit. Auch die demokratisierenden Tendenzen der Bundesverfassung von 1848 lenkten unverkennbar die kirchlichen Diskurse wie die Gestaltung der kantonalen Kirchengesetzgebungen. Durch diese «Demokratisierung der Landeskirchen» konnten sich die einzelnen kirchenpolitischen und theologischen Gruppierungen unmittelbar in die öffentlichen Diskussionen einbringen und mutierten in diesem Prozess zu eigentlichen kirchlichen Parteien oder «Richtungen». Dieses Richtungswesen sollte schließlich bis in die zweite Hälfte des 20. Jahrhunderts hinein die schweizerischen reformierten Kirchen in eigentümlicher Weise prägen.

2. Die Religionsfreiheit im 18. und 19. Jahrhundert

Im Folgenden nenne ich Beispiele aus der Geschichte der Religionsfreiheit in der Schweiz vom frühen 18. Jahrhundert bis ins Jahr 1874.[27] Ich setze mit dem vierten Landfrieden nach dem Zweiten Villmergerkrieg 1712 ein und ende mit der Bundesverfassung 1874. Dabei werde ich mich einerseits auf die Verfassungsgeschichte konzentrieren, weil diese rechtlichen Vorgaben entscheidend für die Praxis der Religionsfreiheit waren und zudem theologische Diskurse provozierten. Die komplexe Entstehungsgeschichte der jeweiligen Verfassungen blende ich allerdings aus.

Wie Paul Steiner überzeugend darstellt, hat sich in der Schweiz besonders mühsam die Überzeugung durchgesetzt, «dass Glaube und Kultus weder direkt noch indirekt durch das Staatsrecht erzwungen werden dürfen» und «dass die religiöse Freiheit den rechtlichen Schutz des Glaubens und

---

[26] E. Gruner: Die schweizerische Eidgenossenschaft von der Französischen Revolution bis zur Reform der Verfassung (1789 bis 1874), in: H. von Greyerz / E. Gruner u.a.: Geschichte der Schweiz, München 1991, 123.

[27] Siehe dazu E. His: Geschichte des neuern Schweizerischen Staatsrechts, 3 Bde., Basel 1920–1938.

Gewissens wie des Gottesdienstes in sich schließt».[28] Die Diskussion über die Religionsfreiheit spielte allerdings eine wesentliche Rolle bei der Ausbildung des modernen Schweizerischen Bundesstaates. Zusammenfassend kann man nämlich mit Steiner festhalten, dass den Gründern des Bundesstaates 1848 hinsichtlich der religiösen Verhältnisse zwei historisch gewachsene antagonistische Modelle zur Verfügung standen: Zum einen die «alteidgenössische, auf konfessioneller Trennung beruhende und durch Verträge garantierte Parität des lockeren Staatenbundes». Zum anderen «die revolutionäre, menschenrechtliche Gewissens- und Kultusfreiheit des säkularisierten helvetischen Einheitsstaates»[29]. Die Anfänge der rechtlichen Parität der Konfessionen gehen auf die Reformation zurück und können als «politische Notlösung» bezeichnet werden.[30] Diese Parität war nun aber keineswegs «normativer Ausdruck der Toleranz oder gar eines allgemeinen Grundrechts religiöser Freiheit»[31], sondern blieb in Zeiten verbreiteter religiöser Intoleranz ein politischer Kompromiss.[32] Denn in der konfessionellen Glaubenseinheit sah man weiterhin das staatliche wie religiöse Ideal. Trotzdem ist diese konfessionelle Parität für die weitere Entwicklung und Entfaltung zu einer freieren Gesellschafts- und Rechtsordnung von großer Bedeutung.

2.1 Die Entwicklungen im 18. Jahrhundert

Der so genannte Toggenburgerkrieg, auch Zweiter Villmergerkrieg genannt, zwischen den katholischen «Inneren Orten» der Eidgenossenschaft und dem Fürstabt von St. Gallen auf der einen respektive den reformierten Kantonen Bern und Zürich und den Toggenburgern auf der anderen Seite, dauerte vom 12. April bis zum 17. August 1712 und gilt als der blutigste Religionskrieg der Schweiz. Er stellt für unser Thema insofern eine wichtige Zäsur da, weil sich durch den anschließenden vierten Landfrieden die konfessionellen Verhältnisse in der Eidgenossenschaft verschoben. In diesem so genannten Frieden von Aarau, sicherten sich die reformierten Kantone die Vorherrschaft in den Gemeinen Herrschaften. Dieser Friedenschluss beendete die seit 1531 bestehende Hegemonie der katholischen Kantone in den Gemeinen Herrschaften und gewährleistete dort die konfessionelle Parität, was sich

---

28 P. Steiner: Freiheit, a.a.O., 5.
29 P. Steiner: Freiheit, a.a.O., 7f.
30 P. Steiner: Freiheit, a.a.O., 13; F. Fleiner: Die Entwicklung der Parität in der Schweiz, in: Zeitschrift für schweizerisches Recht N.F. 20 (1901), 97–120.
31 P. Steiner: Freiheit, a.a.O., 13.
32 Ebd.

für die Zukunft als bedeutend erweisen sollte. Die in der Reformation des 16. Jahrhunderts angelegte konfessionelle Parität erhielt somit 1712 ihre Vollendung, nämlich die volle Gleichberechtigung der Konfessionen. Im vierten Artikel erklärte der Landfrieden, dass «die Evangelischen gleich wie die Katholischen der Religion und Gottesdiensts halber und was selbigem anhanget in den gemeinen Herrschaften, in welchen beide Religionen sich befinden, in einem ganz gleichen Rechten stehen und, was jeder von beiden Religionen zu derselben Übung in particulari zugehöret, desselben verbleiben, und sie dessen ohnweigerlich zu genießen haben».[33] Dieser Landfrieden bedeutete demnach faktisch Glaubens- und Kultusfreiheit für beide Konfessionen. Dabei sind allerdings zwei Einschränkungen zu machen: «Die Religionsfreiheit war nur für die Glaubensbekenntnisse der katholischen und reformierten Orte, die sich gegenseitig die Parität zusicherten, gültig und bezog sich nur auf die gemeinsam verwalteten gemischtkonfessionellen Vogteien. Der vierte Landfriede ließ die Souveränität der freien Orte in Religionssachen unangetastet. Mit wenigen Ausnahmen galt dort weiterhin die Glaubenseinheit und nicht die Parität. Nicht einmal das *ius emigrandi* fand Aufnahme im neuen Religionsrecht.»[34] Die Parität wurde also keineswegs durch religiöse Toleranz motiviert.[35] Deutlich werden dabei allerdings säkularisierende Tendenzen, da nicht mehr der konfessionell geprägte Glaube das Rechtsverständnis entscheidend formte, sondern Rationalität und politisches Kalkül. Denn Landeshoheit und religiöses Bekenntnis waren nicht mehr deckungsgleich. Insgesamt gesehen, mischten sich in der ersten Hälfte des 18. Jahrhunderts noch kräftig religiöse Intoleranz und politische Motive. Das wird in den autoritären Staatskirchentümern und bei ihrem Vorgehen gegen religiöse Nonkonformisten evident. Drei bekannte Beispiele aus Luzern, Bern und Glarus dokumentieren diese Haltung.[36] In Luzern wurde der Kleinbauer Jakob Schmidlin (1699–1747) in einem sich über acht Monate

---

[33] Eidgenössische Abschiede, VI, 2, 2333; zitiert bei P. Steiner: Freiheit, a.a.O., 70.

[34] P. Steiner: Freiheit, a.a.O., 70f.

[35] Zum Begriff der Toleranz siehe K. Schreiner: Toleranz, in: O. Brunner u.a.: Geschichtliche Grundbegriffe, Bd. 6, Stuttgart 2004, 445–604; H. Kiesel: Problem und Begründung der Toleranz im 18. Jahrhundert, in: H. Rabe u.a.: FS Walter Zeeden zum 60. Geburtstag am 14. Mai 1976, Münster i.W. 1976, 370–385.

[36] Siehe dazu A. Mattioli: Durch göttliche Güte erwürgt, in: Die Zeit, 11. April 2001, 72; H. Halter (Hg): Ketzer und Sekten – einst und heute. Toleranz und ihre Grenzen in Kirche, Gesellschaft und Staat, Luzern 2002.

hinziehenden Prozess verurteilt.[37] Er hatte sich vom Pietismus anregen lassen und als Wanderprediger gewirkt. Auf dem Land um Luzern herum hatte sich daraufhin ein Netz von Pietistengemeinden gebildet. Schmidlin und seine Freunde wurden dann allerdings von einem ehemaligen Gesinnungsgenossen verraten. Daraufhin wollten die Luzerner Ratsherren an den «unverbesserlichen Ketzern» ein Exempel statuieren, denn man sah in Pietisten nicht nur vom wahren katholischen Glauben Abgefallene, sondern eben auch Staatsfeinde, welche die staatliche Ordnung und das Staatskirchentum in Frage stellten. Schmidlin wurde als Hauprädelsführer nach vielen Verhören, Folter und Abschwören von der falschen Lehre verurteilt. Das Urteil lautete auf öffentliche Hinrichtung durch Erwürgen und Verbrennen des Leichnams. Von den weiteren 90 Urteilen aus dem Frühsommer 1847 lauteten 73 auf ewige Verbannung aus der Eidgenossenschaft.

Im reformierten Bern wurde der zur Brüggler Rotte zählende Prediger Hieronymus Kohler (1714–1753) 1753 Opfer der Justiz.[38] 1792 starb im Glarus die Dienstmagd Anna Göldi (Göldin) (1734–1792), die man nach einem grotesken Prozess, dem letzten Malefizprozess in Westeuropa, als Giftmörderin – nicht als Hexe – zum Tode verurteilte und enthauptete.[39] Die frühaufklärerische Toleranzbewegung war Mitte des 18. Jahrhunderts noch lange nicht in den Köpfen der breiten Masse angekommen. So dauerte es noch bis zum Ende dieses Jahrhunderts, bis die aufklärerischen Toleranzideen allmählich Verbreitung fanden. Doch führten sie noch nicht dazu, die Parität für die Festigung des Bundes wirksam zu machen. Der intolerante Staatskonfessionalismus behauptete sich beharrlich, und so war das 18. Jahrhundert vornehmlich durch einen intransigenten Konfessionalismus geprägt. Die Toleranzidee erfüllte nur wenige Intellektuelle wie Isaak Iselin (1728–1782)[40] oder Peter Ochs (1752–1821)[41], die zu den schweizerischen

---

37 W. Braendly: Geschichte des Protestantismus in Stadt und Land Luzern, Luzern 1956; R. Pfister,: Kirchengeschichte, a.a.O., Bd. 3, 39–41; H. Wicki: Staat, Kirche, Religiosität. Der Kanton Luzern zwischen barocker Tradition und Aufklärung, Luzern u.a. 1990, 127–144.

38 W. Temme: Krise der Leiblichkeit. Die Sozietät der Mutter Eva (Buttlarsche Rotte) und der radikale Pietismus um 1700, Göttingen 1998, 426f; P. Wernle: Der schweizerische Protestantismus im 18. Jahrhundert, Bd. 1, Tübingen 1923, 318f.

39 E. Korrodi-Aebli: Auf den Spuren der letzten Hexe, Lizentiatsarbeit Zürich, 1996; E. Hasler: Anna Göldin, letzte Hexe, Zürich 1992.

40 U. Im Hof: Isaak Iselin und die Spätaufklärung, Bern und München 1967; S.-U. Follmann: Gesellschaftsbild, Bildung und Geschlechterordnung bei Isaak Iselin in der Spätaufklärung, Münster 2002; S. Lindinger: Isaak Iselin, in: BBKL 17,

Hauptvertretern des spätaufklärerischen Toleranzgedankens zählen. Iselin beispielsweise forderte schon vor Lessing Toleranz, denn für ihn war Freiheit die Vorbedingung für das Menschsein des Individuums.[42] Iselin vertrat die natürliche Religion der Aufklärung und zählte innerhalb seiner Religion zu den Vertretern eines toleranten Christentums. Deshalb war ihm im Basler Stadtstadt auch weniger die Koexistenz verschiedener religiöser Gruppen ein Anliegen, sondern die Überwindung des kirchlichen Machtanspruchs zugunsten einer humanitären, überkonfessionellen Ethik.[43]

2.2 Peter Ochs und die Helvetik

Mit dem eben genannten Basler Peter Ochs kommen wir nun zur Helvetik, die für kurze Zeit ein überaus fortschrittliches Religionsrecht proklamiert hatte, indem die religiöse Freiheit als individuelles Grundrecht (Gewissensfreiheit und Gottesdienstfreiheit) für die ganze Schweiz Geltung fand.[44] In der Einleitung zu seiner «Geschichte der Stadt und Landschaft Basel»[45] beschäftigte sich Ochs 1786 auch mit Fragen der Religion und ihrer konfessionellen Ausdifferenzierung. Bei ihm stehen gleichberechtigt neben den Rätseln

---

(2000), 674–686; H. Jacob-Friesen: Profile der Aufklärung. Friedrich Nicolai – I.I. Briefwechsel (1767–1782). Edition, Analyse, Kommentar, Bern u.a. 1997.

[41] P. F. Kopp: Peter Ochs. Sein Leben nach Selbstzeugnissen erzählt und mit authentischen Bildern reich illustriert, Basel 1992.

[42] «Das bedeutet jedoch keineswegs, dass die Unterschiede der Bekenntnisse gleichgültig wären oder dass die verschiedenen Bekenntnisse insgesamt bedeutungslos seien. Die Grenzen von Iselins Toleranzverständnis liegen offen zutage in seinem Misstrauen gegenüber einer Judenemanzipation auf Basis von Gleichheitspostulaten; viel lieber denn als Glieder einer bürgerlichen, egalitären Gesellschaft sähe er sie in Ghettos oder in eigenen Kolonien»; so Chr. Simon: Toleranz in der Schweizerischen Spätaufklärung. Von Isaak Iselin zu Peter Ochs und zum helvetischen Staat, in: M. Erbe u.a. (Hg): Querdenken. Dissens und Toleranz im Wandel der Geschichte. Festschrift zum 65. Geburtstag von Hans R. Guggisberg, Mannheim 1996, 511–525, 513.

[43] Chr. Simon: Toleranz, a.a.O., 517.

[44] Siehe dazu Art. 6. der Ersten Helvetischen Verfassung vom 12. April 1798; zitiert bei D. Kraus: Staatskirchenrecht, a.a.O., 29. Die Zweite Helvetische Verfassung vom 25. Mai 1802 kehrte zu den alten Grundsätzen des christlichen Staatsverständnisses zurück und erklärte: «Die christliche Religion nach dem katholischen und dem evangelisch-reformierten Glaubensbekenntnis ist die Religion des Staates» (Art. 1).

[45] P. Ochs: Geschichte der Stadt und Landschaft Basel, Berlin u.a. 1786–1832.

der Religionen die Geheimnisse der Natur[46]: «Warum ist die unerschöpfliche Natur mit einer durchscheinenden Hülle bedeckt worden, die wir zwar nie aufheben, aber aufzuheben immerfort aufgemuntert werden? Warum wird Religion selbst, auf Zugeben der Gottheit, durch die Menschen mit Nebeln so verdunkelt, dass wir ohne Nachlass an der Vertreibung dieser Nebel arbeiten müssen? Ist es nicht, weil die anhaltende Tätigkeit unsrer Seele ihre Veredelung hervorbringen soll?»[47]

Religion ist demnach für Ochs ein Phänomen, das der Verdunkelung entrissen und auf eine höhere, aufgeklärte Bewusstseinsstufe befördert werden muss. Mit dieser Entwicklung der Religion hängt die Ausbildung religiöser Toleranz zusammen. Ochs rekurrierte nun aber nicht auf interkonfessionelle Toleranz[48], da diese aufgrund der Gegebenheiten der reformierten Staatskirche Basels nicht zur Debatte stand. Sein Blick richtete sich vielmehr auf die religiösen Randgruppen, auf Separatisten, Täufer und Pietisten, die aktuelle religionspolitische Herausforderungen waren. Sie hielten ihre eigenen Versammlungen ab, womit sie gegen obrigkeitliche Verordnungen verstießen. Deshalb erließ die Basler Regierung schließlich im frühen 19. Jahrhundert ein Reskript, wonach sich die Pfarrer von solchen Gesellschaften fernzuhalten hatten.[49]

Toleranz im Sinne von Ochs ist nicht die bloße Akzeptanz eines indifferenten konfessionellen Pluralismus, sondern ein aufklärerischer Prozess, der sich auf der Basis einer naturrechtlich gegebenen Gottheit gegen die Orthodoxie der Konfessionen wendet.[50] Die Grenzen dieser Toleranz bestimmt nicht die Religionsgemeinschaft, sondern das Staatsinteresse. Denn Toleranz sollte nur solchen religiösen Gemeinschaften zugestanden werden, deren Lehren nicht im Widerspruch zu den Erfordernissen des öffentlichen Lebens stehen.[51]

Ochs Toleranzverständnis wurde maßgeblich durch die staatskirchlichen Verhältnisse in Frankreich geprägt. Von daher ist auch zu erklären, dass es

---

[46] Chr. Simon: Toleranz, a.a.O., 518.

[47] Zitiert bei Chr. Simon: Toleranz, a.a.O., 518.

[48] Siehe dazu Chr. Simon: Toleranz, a.a.O., 518f.

[49] «Revers des Herrn […] nach Anleitung des Raths-Beschlußes vom 6. October 1813», Staatsarchiv Basel: Kirchenarchiv N 4.

[50] Chr. Simon: Toleranz, a.a.O., 519.

[51] «Sie soll allen religiösen Gemeinschaften zugestanden werden, doch gilt diese Einschränkung, dass nur solche Lehren geduldet werden können, ‹die das Interesse des Staates nicht von dem Interesse des Bürgers absöndern.› Diese Bedingung ist enger als die klassische Beschränkung der Glaubensfreiheit durch die Bedürfnisse der öffentlichen Ordnung»; zitiert bei Chr. Simon: Toleranz, a.a.O., 520.

vor allem politisch motiviert war: «Hier geht es um Politik, um das Macht-verständnis zwischen (katholischer) Kirche und (revolutionärem) Staat, aber auch um das Recht der Gläubigen, ihren Kult überhaupt pflegen zu dürfen angesichts einer zeitweise staatlich geförderten Dechristianisierung.»[52] In diesem Spannungsgefüge entwickelte Ochs ein Verständnis von Toleranz als elementarem Menschenrecht, das sich im Verfassungsentwurf der Helvetik niederschlug. Toleranz wird primär als Recht verstanden, frei eine Konfes-sion auswählen zu können, sofern dadurch nicht die allgemeinen staatlichen und gesellschaftlichen Interessen tangiert werden. In diesem Sinne nahm Ochs das Toleranzpostulat in seinen Entwurf der ersten helvetischen Verfassung auf.[53]

In Artikel 6 der Ersten Helvetischen Verfassung spiegeln sich deutlich die Basler religiösen Verhältnisse wider. Die Kernsätze des sechsten Artikels über die Gewissens- und Kultusfreiheit jedoch waren im überlieferten Recht der Eidgenossenschaft gänzlich unbekannt und stellen somit ein religions-rechtliches Novum dar. Weitere religiöse Themen behandelte Artikel 26, der die Geistlichen von der politischen Mitwirkung ausschloss: «Die Diener irgend einer Religion können keine Staatsämter bekleiden, noch den Primar-

---

[52] Chr. Simon: Toleranz, a.a.O., 523.

[53] Die für unseren Zusammenhang wichtigen Artikel lauten: Artikel 4: «Die zwei Grundlagen des öffentlichen Wohls sind die Sicherheit und die Aufklärung. Die Aufklärung ist dem Wohlstand vorzuziehen.» Artikel 5: «Die natürliche Freiheit des Menschen ist unveräusserlich. Sie hat keine andern Grenzen als die Freiheit jedes andern, und die Verfügungen, welche das allgemeine Wohl unumgänglich erheischt; jedoch unter der Bedingung, dass diese unumgängliche Nothwendigkeit rechtskräftig erwiesen sei. Das Gesetz verbietet alle Art von Ausgelassenheit, es muntert auf, Gutes zu thun.» Artikel 6: «Die Gewissensfreiheit ist uneingeschränkt, jedoch muss die öffentliche Äusserung von Religionsmeinungen die Eintracht und Ruhe nicht stören. Jede Art von Gottesdienst ist erlaubt, wenn er die öffentliche Ordnung nicht stört, und nicht Herrschaft oder Vorzug verlangt. Jeder Gottesdienst steht unter der Aufsicht der Polizei, welche das Recht hat, sich die Lehren und Pflichten, die gepre-digt werden, vorlegen zu lassen. Das Verhältnis, in welchem irgend eine Sekte gegen eine fremde Gewalt stehen mag, darf weder auf Staatssachen, noch auf den Wohlstand und die Aufklärung des Volkes Einfluss haben.» Artikel 7: «Die Presse-freiheit ist eine natürliche Folge des Rechtes, das Jeder hat, sich unterrichten zu lassen.» Die von Peter Ochs entworfene und ohne Diskussion in Aarau am 12. April 1798 angenommene erste helvetische Verfassung wurde zeitweise suspendiert durch die Dekrete vom 5.1.1798, 15.2. und 18.5.1799. Faktisch wurde sie aufgehoben durch den Staatsstreich vom 7. Januar 1800.

versammlungen beiwohnen.» Darüber hinaus enthielt die Verfassung keine weiteren Bestimmungen zum Verhältnis von Kirche und Staat.[54]

Diese neue, verfasste Religionsfreiheit ermutigte den verbannten Balthasar Schmidlin, den Sohn des oben erwähnten Jakob Schmidlin, einen Antrag auf Rückkehr in die Heimat zu stellen. Er leitete sein Schreiben im üblich aufklärerischen Stil der Helvetik ein: «Nur dem Genius unsers zu End eilenden Jahrhunderts war es vorbehalten, die Menschheit ihres anhaltenden Irrtums zu belehren und die vielfachen Quellen religiösen und politischen Unrechts aufzudecken, unter welchen bisher der selbst so glücklich geschätzte Alpenbewohner seufzte.»[55] Im Zusammenhang mit diesem Gesuch erklärte 1799 der Berner Rechtsgelehrte Bernhard Friedrich Kuhn (1762–1825)[56]: «Die Intoleranz, die keiner Religion eigen, sondern das Verderben aller Religionen ist, schüttelte ihre Fackel, und der Despotismus, der nicht bloß über die Handlungen, sondern auch über die Meinungen und Gedanken des Menschen zu gebieten sich vermisst, opferte einem blinden Religionseifer Tausende von jenen Schismatikern auf.»[57] Beide Religionsparteien haben nach Kuhn dem auf Liebe und Verträglichkeit zielenden Geist des Christentums durch ihre Verfolgungssucht widersprochen.

Die Religionsfreiheit der Helvetik blieb zunächst nur eine Episode. Denn schon 1801 fehlten Gewissens- und Kultusfreiheit in den neuen Verfassungsentwürfen. Auch in der Mediationsakte von 1803 kamen sie nicht mehr vor. Die Religionsangelegenheiten lagen nun wieder in den Händen der bekenntnisgebundenen Kantone, welche die alten Verhältnisse restaurierten, so dass kein einziger Kanton die helvetische Religionsfreiheit zum kantonalen Gesetz erhob.[58] Religiöse Minderheiten, die keinen anerkannten Rechtsstatus besaßen, wurden bestenfalls geduldet. Das Ziel der Kantone

---

54 Für die jüdischen Einwohner, die das Niederlassungsrecht nur in den aargauischen Orten Lengnau und Endingen besaßen, hatte die helvetische Religionsfreiheit keine weiteren positiven Konsequenzen, außer dass ihnen das Schirmgeld für die Erlaubnis der Niederlassung erlassen wurde.

55 J. Strickler: Actensammlung aus der Zeit der Helvetischen Republik, Bd. 3, Bern 1889, 1078.

56 E. Blösch: Bernhard Friedrich Kuhn, ein bernischer Staatsmann zur Zeit der Helvetik, Bern 1894; H. Reinalter / A. Kuhn / A. Ruiz (Hg): Biographisches Lexikon zur Geschichte der demokratischen und liberalen Bewegungen in Mitteleuropa, Bd.1, Frankfurt a.M. 1992, 213.

57 J. Strickler: Actensammlung, a.a.O., 1079.

58 Die Bundesverfassung (Acte Fédéral), die zusammen mit den Verfassungen der 19 Kantone die Mediationsverfassung vom 19. Februar 1803 bot, wies kaum religionsrechtliche Bestimmungen auf.

war also nicht eine innovative und konsequente Fortführung der helvetischen Religionsfreiheit, sondern die Rückkehr zur kantonalen Glaubenseinheit. Deshalb verhinderten die Kantonsverfassungen auch die Niederlas-
sungs- und Gewerbefreiheit. Für die weitere Entwicklung der Religionsfreiheit in der Schweiz sollte die Niederlassungsfreiheit allerdings zu einem
zentralen Problem werden. Zudem ist das Modell der Parität in den gemischtkonfessionellen Kantonen hinsichtlich der Ausbildung der Religionsfreiheit zu nennen. Doch zunächst gab es nach dem Ende der Mediation
keine allgemeine Freizügigkeit und kein allgemeines schweizerisches Bürgerrecht mehr. Vielmehr beantragte beispielsweise der Kanton Uri, wieder die
konfessionellen Tagsatzungen einzuführen.

2.3 Die Zeit der Regeneration

Dem politischen Liberalismus ist es zu verdanken, dass die Gewissens- und
Kultusfreiheit in der Zeit der Regeneration wieder Eingang in die Verfassungen der Kantone fanden. Dabei sind auf politischer Ebene die Einflüsse
der französischen Juli-Revolution wichtig geworden. Es war in der Schweiz
vornehmlich Alexandre Vinet (1797–1847)[59] gewesen, der sich für die Religionsfreiheit eingesetzt und kontroverse Debatten ausgelöst hatte. proklamierte einen engen Zusammenhang von Gewissens- und Kultusfreiheit, da
die Kultusfreiheit für ihn die unmittelbare Folge der Gewissensfreiheit
darstellte.[60] Zur Wahrung der Gewissens-, Glaubens- und Kultusfreiheit
forderte er eine klare Trennung von Kirche und Staat.[61] Die vollständige
Realisierung dieser Freiheiten konnte indes seines Erachtens erst in der
Zukunft möglich sein. Deshalb schlug er eine Übergangslösung vor, mit der
er zwei Forderungen verband: Erstens forderte er die Befreiung der bürgerlichen Rechte von konfessionellen Bedingungen. Zweitens konnte erst dann
gegen die so genannten «Sekten» vorgegangen werden, wenn sie gegen die
bürgerliche Moral verstießen. Zusammenfassend kann festgehalten werden,
dass Vinet die bedeutendste theoretische Begründung der Gewissens- und
Kultusfreiheit formulierte. Seine Überlegungen und Konsequenzen lehnte
allerdings die Mehrzahl der reformierten Pfarrer ab. Sie hielten weitgehend
an den überkommenen Formen eines Staatskirchentums fest. In den libera-

---

[59] B. Reymond: Art. Alexandre Vinet, in: RGG⁴ 8, 2005, 1120f.

[60] Siehe dazu P. Steiner: Freiheit, a.a.O., 182–199.

[61] Das Prinzip einer Trennung von Kirche und Staat im Interesse der christlichen Religion hatte zuvor in der Schweiz Johann Caspar Lavater während der
Helvetik formuliert.

len Kantonen aber, in denen die Regierungen liberale Kirchenreformen durchzusetzen versuchten, drang die Geistlichkeit auf eine Trennung von staatlichen und religiösen Dingen.[62]

Die kantonalen Verfassungen der Regenerationszeit regelten die Fragen der Religionsfreiheit unterschiedlich. Man kann hier drei Gruppen unterscheiden. Es gab erstens vierzehn Kantone, die weder die Glaubens- noch die Kultusfreiheit in ihr Verfassungsrecht aufnahmen. Darunter waren die sieben Kantone Luzern, Uri, Schwyz, Unterwalden Zug und Tessin und Wallis, die nur die römisch-katholische Religion als Staatsreligion anerkannten und deshalb die Glaubens- und Gewissensfreiheit ablehnten.[63] In diesen Kantonen war die Identifizierung von Staat und katholischer Religion dermaßen tief im öffentlichen Bewusstsein verankert, dass auch der Liberalismus keine verfassungsmäßige Beförderung der Glaubensfreiheit brachte. Der katholische Stand Luzern hatte den Reformierten allerdings längst zwei Zugeständnisse gemacht: 1826 war ein reformierter Gottesdienst und seit 1833 eine reformierte Schule bewilligt worden.[64] Dennoch blieb die «christkatholische Religion» gemäß Artikel 2 der Luzerner Kantonsverfassung von 1831 «die Religion des Staats und des Kantons.»[65] Diese neue Verfassung gewährte die Stimmfähigkeit allein katholischen weltlichen Luzerner Bürgern. Die Verfassung des Jahres 1848 legte nur noch wenige kirchenrechtliche Bestimmungen fest, und es hieß nach Auflösung des Sonderbundes lediglich: «Die apostolisch-römisch-christkatholische Religion, als die Religion des luzernerischen Volkes, ist nicht nur gewährleistet, sondern genießt auch den vollen Schutz des Staats.»[66] Eine Lockerung der religiösen Ver-

---

[62] P. Steiner: Freiheit, a.a.O., 199.

[63] Siehe dazu P. Steiner: Freiheit, a.a.O., 207–237. Die verbleibenden Kantone Appenzell, Graubünden, St. Gallen, Freiburg, Solothurn und Schaffhausen hatten eine vollständige oder räumlich begrenzte Parität der anerkannten Konfessionen. Vgl. hierzu P. Steiner: Freiheit, a.a.O., 238–289. Zum Kanton Waadt, der eine spezielle Stellung einnimmt, ist mit P. Steiner: Freiheit, a.a.O., 290, festzuhalten: «In keinem Kanton hat das Prinzip religiöser Freiheit für alle Glaubensbekenntnisse, sowohl in den Räten als auch in der Öffentlichkeit kräftigere Unterstützung gefunden als im Kanton Waadt.»

[64] G. Finsler: Kirchliche Statistik der reformierten Schweiz, Zürich 1854, 128–130.

[65] Th. Bornhauser: Verfassungen der Kantone der schweizerischen Eidgenossenschaft, Bd.1, Trogen 1833, 67.

[66] E. His: Luzerner Verfassungsgeschichte der neueren Zeit (1798–1940), Luzern 1940, 122.

hältnisse im kantonalen Verfassungsrecht trat erst unter dem Einfluss der Bundesverfassung ein.

Die zweite Gruppe versammelt die vier Kantone Zürich, Thurgau, Aargau und Glarus, die während der Regeneration nur die Glaubens- oder Gewissensfreiheit, nicht aber die Kultusfreiheit einführten.[67] Dabei beschränkte einzig die Thurgauische Verfassung die religiöse Freiheit auf die christlichen Konfessionen. Dort war die religiöse und politische Gleichberechtigung der Reformierten und der Katholiken seit der Kantonsverfassung von 1814 geregelt und, wie in Artikel 33 festgeschrieben gewesen: «Die freie Ausübung des evangelisch-reformirten und des katholischen Gottesdienste ist gesichert.»[68] Restaurative Tendenzen zeigen sich in dieser Verfassung, wenn die Freiheitsrechte allein für die historischen Kirchen gelten und von Glaubens- und Gewissensfreiheit nicht explizit die Rede ist. Erst in der Verfassung des Jahres 1849 garantierte Artikel 21 als religiöses Individualrecht die volle Glaubens- und Gewissens- und Kultusfreiheit: «Für die Angehörigen der christlichen Konfessionen im Kanton ist volle Glaubens- und Gewissensfreiheit gewährleistet. Jeder ist unbeschränkt in der häuslichen und gemeinsamen Uebung seines religiösen Bekenntnisses, soweit dasselbe mit staatsbürgerlichen Verpflichtungen sich verträgt. Die evangelisch-reformirte und die katholische Konfession genießen des besonderen Staatsschutzes.»[69]

Die kantonalen Regenerationsverfassungen dieser zweiten Gruppe, die nur die Glaubens- oder Gewissensfreiheit einführten, lassen eine widersprüchliche Anwendung dieses Individualrechtes, die auch die Zwangstaufe nicht ausschloss, erkennen.[70] Die gleichzeitige Beibehaltung des Staatskirchentums schwächte in diesen Kantonen die Glaubwürdigkeit der religiösen Freiheit als Menschenrecht und änderte auch nichts hinsichtlich der Intoleranz gegenüber den Juden.[71] So erklärte man beispielsweise im Aargau, um weiterhin «einen wahrhaft christlichen Staat» zu bewahren, dass die Zeit für eine unbeschränkte individuelle Religionsfreiheit, die auch die Türken und Heiden einschließe, noch nicht reif sei.[72] Diese verbreitete Meinung verhin-

---

[67] P. Steiner: Freiheit, a.a.O., 325–396.

[68] P. Usteri: Handbuch des Schweizerischen Staatsrechts, enthaltend den Bundesvertrag, die damit in Verbindung stehenden Urkunden, die in Kraft bestehenden eidsgenössischen Beschlüsse, Verordnungen und Konkordate, die Verträge mit den Nachbarstaaten und die Verfassungen der XXII souverainen Kantone der Schweizerischen Eidsgenossenschaft, Aarau 1821, 411.

[69] Zitiert nach G. Finsler: Statistik, a.a.O., 372.

[70] In Appenzell A.Rh. wurde bis 1872 die Zwangstaufe praktiziert.

[71] P. Steiner: Freiheit, a.a.O., 325.

[72] P. Steiner: Freiheit, a.a.O., 375.

derte bei den Beratungen zur Verfassung die Festsetzung einer uneinge-
schränkten Religionsfreiheit. So wurde schließlich nur die Unverletzlichkeit
der Gewissenfreiheit in der Verfassung festgeschrieben. Die weiterführende
Erklärung «Niemand kann religiöser Meinungen wegen verfolgt werden»
fand keine Mehrheit.

Schließlich sind als dritte Gruppe noch jene Kantone zu erwähnen, die
sowohl die Gewissens- und Glaubensfreiheit als auch die Kultusfreiheit
einführten[73], nämlich die vier reformierten Kantone Basel-Stadt, Bern, Genf
und Neuenburg. Basel führte in Folge der Kantonstrennung 1833 als erster
Kanton die Kultusfreiheit ein, die auch für nicht öffentlich-rechtlich anerkannte Kirchen und Gemeinschaften galt. Allerdings blieb dieses Grundrecht der Stadt und den rechtsrheinischen Gemeinden vorbehalten und
beschränkte sich auf die christlichen Bekenntnisse. Zudem verwehrte die
Basler Verfassung Katholiken das Bürgerrecht.[74] Diese Einschränkung ver-
folgte zwei Ziele: Zum einen sollten die reformierten Traditionen der Stadt
geschützt werden. Zum andern spielten auch wirtschaftliche Überlegungen
eine Rolle. Diese frühe Basler Einführung der Kultusfreiheit war im schweizerischen Recht mit Ausnahme der Helvetik ohne historisches Vorbild und
bis 1846 galt in Basel-Stadt das relativ freieste religiöse Verfassungsrecht der
Schweiz. Zwar blieb Juden und Katholiken die bürgerliche und politische
Rechtsgleichheit verwehrt, aber immerhin bewirkten «Religionsänderung»
und gemischte Ehen keine Beschränkung der staats- und gemeindebürger-
lichen Rechte mehr.[75] Gegen diese liberale Auffassung polemisierte der
Basler Theologe Wilhelm Martin Leberecht de Wette (1780–1849) und
verlangte die Streichung dieser Zusage. Er sah in der Interkonfessionalität
eine große Gefahr der Zeit und forderte vielmehr eine Rückkehr zum Konfessionalismus und dass der Gemeingeist auf den Boden des gemeinsamen
Bekenntnisses zu gründen sei.[76] Diese Forderung konnte sich allerdings

---

[73] P. Steiner: Freiheit, a.a.O., 397–552.

[74] P. Steiner: Freiheit, a.a.O., 398–431. 1837 betrug der Anteil der katholischen
Einwohner Basel 15%.

[75] Siehe dazu die Verfassung, der am 3. Oktober 1833 angenommenen Verfassung, wo es in Paragraph 15 heißt: «Die Landeskirche ist die evangelisch-reformirte,
die Ausübung jedes andern christlichen Glaubensbekenntnisses ist unter Beobachtung der gesetzlichen Bestimmungen gewährleistet. Religionsänderung und gemischte Ehen können keine Beschränkung der staats- und gemeindsbürgerlichen
Rechte nach sich ziehen.» L. Snell: Handbuch des schweizerischen Staatsrechts, Bd.
2, Zürich 1844, 372.

[76] Die Petition von de Wette ist abgedruckt in: Allgemeines Intelligenzblatt der
Stadt Basel vom 14.12.1846 (Nr. 294); siehe dazu P. Steiner: Freiheit, a.a.O., 420f.

nicht durchsetzten. Im Gegenteil: Das Bürgerrechtsgesetz vom 4. Dezember 1848 verzichtete auf jeglichen Konfessionalismus und forderte nur noch unbestimmt die christliche Konfession als Voraussetzung für den Einzubürgernden.[77] Für diese Erweiterung hatte sich der aus Württemberg stammende Neubasler und spätere Nobelpreisträger, der Professor für Chemie, Christian Friedrich Schönbein (1799–1868) vehement eingesetzt. Schönbein, der mit Vinet freundschaftlich verkehrt war, plädierte als Großrat für die Gleichberechtigung der Jesuiten und stellte 1848 für die Bundesrevision den eindrücklichsten Antrag auf vollständige religiöse Freiheit. Von diesen Entwicklungen blieben die Juden in Basel ausgeschlossen; erst mit der Totalrevision der Bundesverfassung von 1874 erhielten auch die Juden das Recht der freien Religionsausübung.

Die drei Kantone Bern, Genf und Neuenburg führten die Freiheit des Gottesdienstes erst in den 1840er Jahren ein. In den genannten Kantonen wird der Einfluss des französischen Nachbars und des französischen liberalen Verfassungsrechts erkennbar. Neben diesem Einfluss sind vor allem auch angelsächsische, calvinistische wie pietistisch-erweckte Einflüsse zu nennen.

2.4 Die Bundesverfassung von 1848 und 1874

Obwohl Papst Gregor XVI. in seiner Enzyklika «Mirari vos arbitramur»[78] 1832 die Gewissensfreiheit als «deliramentum» verurteilt und sie als Ausdruck des Indifferentismus verworfen hatte, gewährleistete die eidgenössische Bundesverfassung 1848 die Religionsfreiheit. Den diese Verfassung prägenden freiheitlichen Geist beschrieb treffend ein Kommentar der Basler Zeitung vom 31. Januar 1848: «Diese Freiheit ist der Ausfluss der Achtung vor der sittlichen Würde seines Mitmenschen. Sie ist der laute Ruf der Zeit.»[79] Da sich die historischen und rechtlichen Bedingungen für die Schaffung einer eidgenössischen Verfassung mit völliger religiöser Freiheit für alle christlichen Konfessionen wesentlich günstiger als im benachbarten Deutschland gestalteten, konnten hinsichtlich der verfassen Religionsfreiheit unver-

---

[77] L. R. von Salis: Religionsfreiheit, a.a.O., 78, Anm. 3. Im Jahr 1838 war im Bürgerrechtsgesetz aus Rücksichtnahme auf deutsche Petenten die Forderung nach der Angehörigkeit zum reformierten Bekenntnis durch das Bekenntnis zur evangelisch-protestantischen Religion ersetzt worden.
[78] Siehe dazu H. Denzinger: Kompendium der Glaubensbekenntnisse und kirchlichen Lehrentscheidungen, hg. von P. Hünermann, Freiburg i.Br. u.a. [38]1999, 758f.
[79] P. Steiner: Freiheit, a.a.O., 769.

kennbare Fortschritte gemacht werden, wenn auch die Niederlassungs-freiheit nur für christliche Schweizerbürger, nicht aber für Juden galt. Die in der Verfassung verankerte Kultusfreiheit hob letztlich allein die Diskriminie-rung von Reformierten in katholischen Kantonen respektive von Katholiken in reformierten Kantonen auf; Juden oder Anhänger anderer Religionen konnten dieses Recht nicht für sich beanspruchen.[80] Den Kantonen und dem eidgenössischen Bund blieb es vorbehalten, geeignete Maßnahmen zur Schaffung des konfessionellen Friedens und zur Wahrung der öffentlichen Ordnung zu treffen.

Bei den Verhandlungen für die Bundesverfassung setzte sich rasch die Erkenntnis durch, dass eine Bundesreform ohne Religionsfreiheit nicht gedeihen könne. Doch an der Frage nach einer präzisen Beschreibung der Religionsfreiheit schieden sich die Geister. So wandte sich neben anderen Vertretern der Kirche beispielsweise der Basler Professor für Kirchenge-schichte, Karl Rudolf Hagenbach (1801–1874), im Kirchenblatt der refor-mierten Schweiz gegen Schönbeins Forderung nach vollständigster Religi-onsfreiheit.[81] Schönbein hatte nämlich vehement dafür geworben, «dass wir Schweizer uns gegenseitig das Recht gewähren, unsere Religionsbekennt-nisse frei, öffentlich und ungehindert in allen Teilen des Vaterlandes auszu-üben und dass alle gegenseitigen Beschränkungen, welche sich bei uns noch an die Konfessionen knüpfen, vollständig aufgehoben werden».[82] Hagen-bach war erschrocken über diesen Vorschlag, den er eine «Feuerbombe»

---

[80] BV 1848 Art. 41: «Der Bund gewährleistet allen Schweizern, welche einer der christlichen Konfessionen angehören, das Recht der freien Niederlassung im ganzen Umfange der Eidgenossenschaft, nach folgenden nähern Bestimmungen…» Bei der Revision vom 22. Februar 1866 erhielt der Artikel 41 folgende Fassung: «Der Bund gewährleistet allen Schweizern das Recht der freien Niederlassung im ganzen Um-fange der Eidgenossenschaft nach folgenden nähern Bestimmungen…» Art. 44: «Die freie Ausübung des Gottesdienstes ist den anerkannten christlichen Konfessio-nen im ganzen Umfange der Eidgenossenschaft gewährleistet. Den Kantonen, sowie dem Bunde, bleibt vorbehalten, für Handhabung der öffentlichen Ordnung und des Friedens unter den Konfessionen die geeigneten Maßnahmen zu treffen.» Dass die Religionsfreiheit in Artikel 44 im zweiten Satz beschränkt wurde, dürfte mit den Erfahrungen im Kanton Waadt zusammenhängen. Eine weitere Beschränkung ist zweifelsohne die Aufnahme des Jesuitenverbots in die BV Art. 58: «Der Orden der Jesuiten und die ihm affiliierten Gesellschaften dürfen in keinem Theile der Schweiz Aufnahme finden.»

[81] Kirchenblatt für die reformierte Schweiz, 23. März 1848.

[82] Zitat bei P. Steiner: Freiheit, a.a.O., 842f.

nannte. Er befürchtete, dass dieser Vorschlag alles Religiöse auslösche und schließlich einen religionslosen Staat bringen würde.

Die Durchsetzung der Religionsfreiheit in der Bundesverfassung wurde entscheidend durch das gesteigerte eidgenössische Nationalgefühl vorangetrieben.[83] Dieser Nationalismus überwand die konfessionellen exklusiven Ansprüche und speiste sich zunehmend aus überkonfessionellen eidgenössischen Mythen. Allerdings zielte man auf einen überkonfessionellen, nicht einen religiös neutralen Staat. In dieser Intention spiegeln sich auch die demographischen Verhältnisse einer christlich geprägten Schweiz wider: Eine Volkszählung aus dem Jahr 1860 ergab eine Einwohnerzahl von 2,5 Millionen, von denen ca. 60% reformiert und 40% katholisch waren.[84] Das Religionsrecht der Bundesverfassung ist in gewisser Weise eine Symbiose zwischen historischem Recht und demokratischem Gleichheitsprinzip. Der Staat forderte, dass die Kantone im Interesse der religiösen Freiheit und eines gesamtschweizerischen Bürgerrechts die konfessionelle Ausschließlichkeit im Staatsrecht preisgäben. Denn Religionsfreiheit wurde in der Bundesverfassung zu einem Individualrecht der Schweizer und Schweizerinnen. In der schweizerischen Geschichte der Religionsfreiheit kommt der Bundesverfassung 1848 zwar eine entscheidende Rolle zu. Bis ins Jahr 1874 blieb der entscheidende Artikel 44 aber unverändert. Die Partialrevision der Verfassung 1866 änderte daran nichts, sondern stellte lediglich die Nichtchristen im Niederlassungsrecht den Christen gleich. Die nicht anerkannten christlichen und nichtchristlichen Gruppierungen wurden weiterhin hinsichtlich ihres Kultes nicht durch die Bundesverfassung geschützt.[85] Zu einer völligen Religionsfreiheit brauchte es aber noch einige Jahre, denn erst die Fassung der Bundesverfassung von 1874 sicherte auch den Juden Religionsfreiheit zu. In der zweiten Etappe der Grundrechtsgewährleistung erlangte die Religionsfreiheit, zusammen mir der Handels- und Gewerbefreiheit, ihre umfas-

---

[83] «Im Spannungsfeld zwischen nationaler Zentralisation und kantonalem Partikularismus, zwischen Protestantismus und Katholizismus, zwischen religiöser Tradition und Säkularismus, historischen Recht und Naturrecht, Kollektivismus und Individualismus musste die religiöse Freiheit ihre eigene Rechtsform im Rahmen eines ausgeglichenen Bundesstaates finden, sollte die neue Schweiz nicht nur Gestalt gewinnen, sondern auch von Dauer sein» (P. Steiner, Freiheit, a.a.O., 852).

[84] Es wurden nur 4216 Juden und 5866 Konfessionslose oder Andersgläubige gezählt. Zahlen bei E. His: Geschichte, a.a.O., Bd. 3, 534.

[85] In einigen Kantonen ging die freie Ausübung des Kultes über die Bundesverfassung hinaus; siehe dazu die Beispiele bei E. His: Geschichte, a.a.O., 538.

sende Geltung.[86] Diese Bundesverfassung sicherte die persönliche Religionsfreiheit (Glaubens- und Gewissensfreiheit) zu und gewährleistete auch die Kultusfreiheit, da «innerhalb der Schranken der Sittlichkeit und der öffentlichen Ordnung die freie Ausübung gottesdienstlicher Handlungen gestattet ist».[87] Den Kantonen blieb es allerdings überlassen, religiöse Denominationen zu Körperschaften oder Anstalten des öffentlichen Rechts zu erheben. Eine Trennung von Kirche und Staat forderte die Bundesverfassung nämlich nicht, da die Befriedigung der religiösen Bedürfnisse als wichtige staatliche Aufgabe aufgefasst wurde. Die Sicherung der Religionsfreiheit zielte deshalb nicht auf eine Dechristianisierung der Schweiz. Allerdings spiegelt die Bundesverfassung deutlich die Entwicklungen im Katholizismus, nämlich das erste Vatikanische Konzil und den Kulturkampf wider. Ausdruck dieser Zeitumstände ist eine verschärfte Fassung des Jesuitenartikels. Zudem untersagte die Bundesverfassung die Errichtung neuer und die Wiederherstellung alter Klöster. Die Schaffung neuer Bistümer wurde von der Genehmigung des Bundes abhängig gemacht. Die explizite Gewährung von Glaubens- und Gewissensfreiheit für alle Glaubensgemeinschaften lässt den Konflikt erkennen, der zwischen dem Bundesstaat und der römisch-katholischen Kirche entstanden war.[88] Die neue Verfassung brachte weitere Konsequenzen für beide Konfessionen mit sich: die Abschaffung der geistlichen Gerichtsbarkeit, die Säkularisierung von Zivilstand und Eherecht sowie die Nichtwählbarkeit der Geistlichen in den Nationalrat. Hinsichtlich des Verhältnisses von Kirche und Staat war auf Bundesebene endgültig ein neues Zeitalter anvisiert – ein Zeitalter, das der Schweiz friedlich koexistierende Religionen bescheren sollte. Denn die Gewährung der Religionsfreiheit in den Bundesverfassungen von 1848 und 1874 ist vornehmlich als ein staatlich begründetes Interesse an einem solchen Religionsfrieden zu interpretieren. Die Bundesverfassung von 1999 hingegen fasst die Religionsfreiheit im Sinne einer kollektiven wie individuellen Glaubens- und Gewissensfreiheit als modernes Grundrecht.

---

[86] P. Karlen: Das Grundrecht der Religionsfreiheit in der Schweiz, Zürich 1988, 145.

[87] Bundesverfassung vom 29.5.1874, Art 49 Abs. 1; Art. 50, Abs. 1.

[88] P. Stadler: Die Schweiz von der Verfassungsrevision 1874 bis zum Ersten Weltkrieg (1874-1919), in: H. von Greyerz / E. Gruner u.a.: Geschichte der Schweiz, München 1991, 138f.

Mariano Delgado

Vom Kulturkampf zur Religionsfreiheit im Zeitalter der Ökumene, der religiösen Pluralisierung und der Wiederkehr der Religion

Dieser Beitrag will den Paradigmenwechsel nachzeichnen, der sich in Sachen «Religionsfreiheit» in der Schweiz im 20. Jahrhundert vollzogen hat. Dieser besteht in einem langsamen Abschied vom Kulturkampfgeist, der die Bundesverfassung von 1874 prägte, sowie im Ringen um eine Religionsfreiheit, die dem ökumenischen Geist, der religiösen Pluralisierung und schließlich auch der Wiederentdeckung der staatlichen wie gesellschaftlichen Relevanz des religiösen Faktors Rechnung trägt. Doch zunächst sollen einige einleitende Überlegungen über die Religionsfreiheit im Allgemeinen vorausgeschickt werden.

1. Religionsfreiheit als Ergebnis westlicher Staats- und Gesellschaftsentwicklung

Die Religionsfreiheit als einklagbares Menschenrecht ist Ergebnis westlicher Staats- und Gesellschaftsentwicklung, wenn auch auf dem «zweiten mühsamen Weg» (Ernst-Wolfgang Böckenförde), d.h. nach der Überwindung der Verschmelzung von Staat und Christentum. Diese bestand in Europa generell bis zur Französischen Revolution und hatte zur Folge, dass der Staat sich um das Seelenheil seiner Untertanen im Sinne der jeweils herrschenden Konfession zu kümmern hatte, während andere christliche Bekenntnisse (oder andere Religionen wie das Judentum) bestenfalls geduldet wurden. Aber bereits unter den Bedingungen des Ancien Régime sind Entwicklungen festzustellen, die den Weg für die heutige Anerkennung der Religionsfreiheit als Menschenrecht vorbereitet haben:

(1) Spätestens seit dem 11. Jahrhundert gibt es im westlichen Christentum eine Tendenz zur deutlichen Unterscheidung der Kompetenzen zwischen der politischen und der geistlichen Gewalt. Katholischerseits ist in diesem Zusammenhang an die Lehre der zwei Gewalten und an die damit gegebene prinzipielle Unterscheidung von Staat und Kirche zu erinnern, wobei sich beide als *societas perfecta* verstanden, die mit den Merkmalen einer sich selbst genügenden Gesellschaft ausgestattet und auf das Seelenheil der Menschen zugeordnet sind. Die Kirche war bemüht, den Vorrang des Geistlichen sowie zumindest ein indirektes Einmischungsrecht in die zeitli-

chen Angelegenheiten zu verteidigen. Der katholische Staat versuchte, nicht nur die Einmischungstendenzen der Kirche abzuwehren, sondern auch diese zu kontrollieren und sich sogar in ihre inneren Belange einzumischen. Investiturstreit im Mittelalter sowie Gallikanismus, Regalismus und Josephinismus in der frühen Neuzeit stehen paradigmatisch für diese Kompetenzstreitigkeiten. Evangelischerseits ist an die Zwei-Reiche-Lehre und an die damit verbundene grössere Verschmelzung mit dem Staat zu erinnern. Besonders der lutherische Protestantismus verzichtete weitgehend auf die klassische katholische Unterscheidung von Kirche und Staat und übertrug diesem als weltlichem Regiment die *cura religionis*, die die Abwehr falscher öffentlicher Lehre umgreift und «bis zur Aufrichtung rechter Gottesdienste und Lehre» reichen» kann.[1]

(2) Im Schatten der Konfessionalisierung des 16. Jh. entsteht – zunächst gerade in der Schweiz – eine lebhafte Toleranzdebatte, die zur Anerkennung der Gewissensfreiheit und Ablehnung des Ketzerrechtes führen wird. Von besonderer Bedeutung sind dabei die Worte, die der Spanier Michael Servet und der Savoyarde Sebastian Castellio einwarfen. Am 22. August 1553 schrieb Servet in einem Rekurs an die Genfer Staatsräte: «Ich sage demütig, dass die Verfolgung aufgrund der Meinungen über die Heilige Schrift oder der Dinge, die mit ihr zusammenhängen, eine neue Erfindung ist, die die Apostel und Jünger der alten Kirche nicht kannten. [...] Aus diesem Grund und der Lehre der alten Kirche folgend, in der nur die geistliche Bestrafung erlaubt war, ersuche ich hiermit, dass dieser Kriminalprozess für null und nichtig erklärt wird.»[2] Und Ende 1553 – nach der infamen Hinrichtung Servets – schrieb Castellio an die Adresse Calvins jenen denkwürdigen Satz, der in die Geschichte der Toleranz eingegangen ist: «Einen Menschen töten heißt nicht, eine Lehre verteidigen, sondern einen Menschen töten.»[3]

(3) Seit der Renaissance gewinnt die philosophisch-theologische Debatte über die «Würde des Menschen» an Bedeutung. So verschärfen Philosophen wie B. Spinoza, J. Locke und P. Bayle die Toleranzforderung durch die Annahme eines individuellen Naturrechts auf Religions- und Gewissensfreiheit, das im Falle Bayles z.B. auch die Freiheit für die Atheisten einschließt. Dies

---

[1] E.-W. Böckenförde: Religionsfreiheit. Die Kirche in der modernen Welt (Schriften zu Staat, Gesellschaft, Kirche Bd. 3), Freiburg i.Br. 1990, 128.

[2] M. Menéndez Pelayo: Historia de los Heterodoxos españoles, vol. 1, Madrid 1986, 913.

[3] H. R. Guggisberg (Hg): Religiöse Toleranz. Dokumente zur Geschichte einer Forderung, Stuttgart 1984, 88. Vgl. dazu auch H. Schmidinger (Hg): Wege zur Toleranz. Geschichte einer europäischen Idee in Quellen, Darmstadt 2002.

führt dann zum Toleranzdiskurs der Aufklärung, wonach die Religionsfreiheit ein «geheiligtes Gut» ist, das jedem Bürger zusteht, das man mit keiner Amtsgewalt aufheben darf und das auch die Freiheit von der Religion beinhaltet.

(4) Seit dem epochalen Ereignis, das als die «Französische Revolution» in die Geschichte eingegangen ist, sind in der westlichen Welt die Voraussetzungen, auf denen das Christentum als Polis-Religion verstanden werden konnte, nach und nach gefallen – und dies nicht zuletzt auch als Folge der Religionskriege und der damit verbundenen europäischen Erfahrung, dass die Religion als das «Wesen des Unterschieds» (Karl Marx) keine tragfähige Grundlage zur Regelung des friedlichen Zusammenlebens in einem politischen Gemeinwesen darstellt. Die Kirchen dürfen nicht vergessen, dass die Entwicklung zur religiös-weltanschaulichen Neutralität des Staates und zur säkular-pluralistischen Gesellschaft aus einer historischen Zwangslage der westlichen Welt entstand, «die gerade von den Kirchen – als den damaligen Religionsparteien – herbeigeführt worden ist»[4]. Die damalige Unfähigkeit der Religionsparteien, die öffentlich-verbindliche Existenzform der Religion mit dem Recht der Person auf Glaubens- und Gewissensfreiheit in Einklang zu bringen, zwang den Staat, die Verschmelzung mit der jeweils herrschenden Religion tendenziell zu beenden: als Bedingung dafür, «dass das Freiheitsrecht der Person sich verwirklichen konnte»[5].

Wie Ernst-Wolfgang Böckenförde betont hat, erfolgte der Abschied des modernen Staates von der alten Polis-Auffassung in zwei Schritten: zunächst in der Form, dass der Staat neben dem eigenen christlichen Bekenntnis «andere Bekenntnisse und Religionen zulässt (Glaubensfreiheit und Toleranz)»; dann aber auch in der Form, «dass er sich gegenüber Religionen und Weltanschauungen grundsätzlich für neutral erklärt (religiös-weltanschauliche Neutralität)»[6]. So entsteht der staatsrechtliche Begriff der Religionsfreiheit, zu dem Folgendes gehört:

(1) *Individuelle Religionsfreiheit: positiv* bedeutet dies die Freiheit des Individuums, einen religiösen Glauben zu haben, zu bekennen und in sonstiger Weise auszuüben sowie die Lebensführung an religiösen Geboten auszurichten; aber auch die Freiheit des Individuums, die Religion zu wechseln. *Negativ* bedeutet dies die Freiheit von staatlichem Zwang zu Glaube und Glaubensbetätigung verschont zu bleiben sowie die Freiheit, keine Religion zu haben.

---

[4] E.-W. Böckenförde: Religionsfreiheit, a.a.O., 207.
[5] E.-W. Böckenförde: Religionsfreiheit, a.a.O., 208.
[6] E.-W. Böckenförde: Religionsfreiheit, a.a.O., 133.

(2) *Kollektive/korporative Religionsfreiheit:* Sie beinhaltet die Freiheit der Religionsgemeinschaften zu eigenständiger Ordnung ihrer Angelegenheiten nach dem jeweiligen Selbstverständnis und die Freiheit ihres Wirkens in Staat und Gesellschaft (dies kommt einer staatlichen Anerkennung der *libertas ecclesiae* unter den Bedingungen der modernen Trennung von Staat und Kirche gleich).

(3) *Weltanschauungsfreiheit/Neutralität des Staates:* Demnach darf sich der Staat nicht der Durchsetzung irdischer Heilslehren und Ideologien verschreiben, d.h. der Staat darf nicht zur «Kirche» werden. Die daraus folgende religiöse und weltanschauliche Neutralität des Staates bildet daher das notwendige Korrelat der Religionsfreiheit.

Man kann sagen, dass die Religionsfreiheit Schranken seitens der Individuen, Religionen und Weltanschauungen wie auch seitens der Staaten impliziert. Zu den ersten gehören die Würde des Menschen, die rechtlichen-kulturellen Standards (z.B. im Verständnis der Grundrechte) und die öffentliche Ordnung, wie sie in den jeweiligen Verfassungen geregelt ist. Zu den zweiten sind das neutrale Prinzip der Gleichbehandlung von religiösen und nichtreligiösen Weltanschauungen, das libertäre Prinzip der religiösen Freiheit aller Individuen (Toleranz: *in dubio* für die Religionsfreiheit) sowie das egalitäre Prinzip der Gleichheit der Religionen und Konfessionen (Parität) zu zählen.[7]

Die hier skizzierte Sicht der Religionsfreiheit als Ergebnis westlicher Staats- und Gesellschaftsentwicklung dürfte in der Forschung auf Konsens stossen. Die Geister scheiden sich nur, wenn es darum geht, die Rolle der Religion in der Öffentlichkeit angesichts der religiös-weltanschaulichen Neutralität des Staates zu definieren. Besonders diskussionswürdig sind in diesem Zusammenhang die Positionen von Ernst-Wolfgang Böckenförde und Jürgen Habermas.

Der Staatsrechtler und Katholik Böckenförde geht davon aus, dass gerade unter den Bedingungen der religiös-weltanschaulichen Neutralität des Staates und der damit zusammenhängenden Religionsfreiheit, welche die kirchliche Wirksamkeit nicht auf den Bereich des Privaten zurückdrängt, sondern erst recht «ihre Entfaltung in der Öffentlichkeit»[8] ermöglicht, die Kirche sich öffentlich einmischen sollte, besonders wenn es um ethische Fragen und normative Voraussetzungen geht, für die der säkulare Staat als solcher nicht zuständig ist. Böckenförde hat dies Mitte der 1960er Jahre auf

---

[7] Vgl. dazu u.a. P. Karlen: Das Grundrecht der Religionsfreiheit in der Schweiz, Zürich 1988.

[8] E.-W. Böckenförde: Religionsfreiheit, a.a.O., 160.

die prägnante, seitdem vielfach zitierte Formel gebracht, dass der freiheitliche, säkularisierte Staat von normativen Voraussetzungen lebt, «die er selbst nicht garantieren kann»[9].

Der sich als im Weberschen Sinne religiös unmusikalisch bezeichnende Philosoph Jürgen Habermas ist gegenüber den normativen Ressourcen des säkularen Staats nicht so skeptisch wie Böckenförde. Im Münchner Gespräch mit dem damaligen Kardinal Joseph Ratzinger schlägt er vor, die Frage, ob sich eine ambivalente Moderne allein aus säkularen Kräften einer kommunikativen Vernunft stabilisieren wird, «undramatisch als eine offene empirische Frage zu behandeln»[10]. Zugleich tritt er für einen schonenden Umgang des Staates mit allen kulturellen Quellen ein, «aus denen sich das Normbewusstsein und die Solidarität von Bürgern speist»[11]. Zu diesen Quellen zählt er neuerdings auch die Religion, die sich als säkularisierungsresistent hat.[12] Man hat in den letzten Jahren den Eindruck, dass Habermas – zum Wohle des liberalen Staats – sowohl eine Lernbereitschaft der Vernunft gegenüber der Religion als auch eine in der Religionsfreiheit begründete genuine Einmischung dieser in die politische Öffentlichkeit fordert, statt sich mit der kognitiv anspruchslosen Anpassung des religiösen Ethos an die von der säkularen Gesellschaft auferlegten Gesetze zufrieden zu geben. Es sei ein längeres Zitat erlaubt:

«Diese normative Erwartung, mit der der liberale Staat die religiösen Gemeinden konfrontiert, *trifft* sich mit deren eigenen Interessen insofern, als sich diesen damit die Möglichkeit eröffnet, über die politische Öffentlichkeit einen eigenen Einfluss auf die Gesellschaft im ganzen auszuüben. Zwar sind die Folgelasten der Toleranz, wie die mehr oder weniger liberalen Abtreibungsregelungen zeigen, nicht symmetrisch auf Gläubige und Ungläubige verteilt; aber auch das säkulare Bewusstsein kommt nicht kostenlos in den

---

[9] E.-W. Böckenförde: Die Entstehung des Staates als Vorgang der Säkularisation, in: ders.: Recht, Staat, Freiheit. Studien zur Rechtsphilosophie, Staatstheorie und Verfassungsgeschichte, Frankfurt a.M. 1992², 112.

[10] Vorpolitische moralische Grundlagen eines einheitlichen Staates. Stellungnahme Prof. Dr. Jürgen Habermas, in: Zur Debatte. Themen der Katholischen Akademie in Bayern 34 (2004) Heft 1, II.

[11] Vgl. Zur Debatte. Themen der Katholischen Akademie in Bayern 34 (2004) Heft 1, III.

[12] Vor allem seit seiner Rede 2001 in der Frankfurter Pauluskirche, vgl. J. Habermas: Glauben und Wissen: Friedenspreis des Deutschen Buchhandels 2001, in: Ansprachen aus Anlass der Verleihung, Frankfurt a.M. 2001, 37–56. Vgl. auch ausser dem bereits zitierten Münchner Gespräch: ders.: Zwischen Naturalismus und Religion. Philosophische Aufsätze, Frankfurt a.M. 2005.

Genuss der negativen Religionsfreiheit. Von ihm wird die Einübung in einen selbstreflexiven Umgang mit den Grenzen der Aufklärung erwartet. [...] Die weltanschauliche Neutralität der Staatsgewalt, die gleiche ethische Freiheiten für jeden Bürger garantiert, ist unvereinbar mit der politischen Verallgemeinerung einer säkularisierten Weltsicht. Säkularisierte Bürger dürfen, soweit sie in ihrer Rolle als Staatsbürger auftreten, weder religiösen Weltbildern grundsätzlich ein Wahrheitspotential absprechen, noch den gläubigen Mitbürgern das Recht bestreiten, in religiöser Sprache Beiträge zu öffentlichen Diskussionen zu machen. Eine liberale politische Kultur kann sogar von den säkularisierten Bürgern erwarten, dass sie sich an Anstrengungen beteiligen, relevante Beiträge aus der religiösen in eine öffentlich zugängliche Sprache zu übersetzen.»[13]

Aus dem Gesagten lassen sich diese zwei Schlüsse ziehen:

1.   Zum einen, dass der «Meilenschritt» von der Toleranz als gnadenhafter Gabe religiös-politischer Obrigkeit zum einklagbaren Menschenrecht auf individuelle und kollektive Religionsfreiheit historisch ein Ergebnis der westlichen Staats- und Gesellschaftsentwicklung ist – wenn auch auf dem «zweiten, mühsamen Weg» und zunächst gegen den Widerstand der christlichen Konfessionen.

2.   Zum anderen – und damit zusammenhängend –, dass sich die Religionsfreiheit in ihrer Entstehung nicht den Kirchen, nicht den Theologen und auch nicht dem christlichen Naturrecht verdankt, «sondern dem modernen Staat, den Juristen und dem weltlichen rationalen Recht»[14]. Die Religionsfreiheit ist also nicht ontologischen Wahrheitsdiskussionen oder den Offenbarungsquellen einer bestimmten Religion entsprungen, sondern der Not, das praktische Zusammenleben zwischen den Menschen im Zeitalter des religiösen und weltanschaulichen Pluralismus zu regeln.

Dazu kommt aber ein Drittes, das in der heutigen globalen und plurireligiösen Welt nicht außer Acht gelassen werden sollte, nämlich dass die westlichen Christentümer sich unterdessen zu diesem Verständnis von Religionsfreiheit weitgehend bekannt haben, wenn auch mit eigenen Akzenten: Die Religionsfreiheit wurzelt z.B. für das Zweite Vatikanische Konzil in der schöpfungstheologischen Würde des Menschen und dem Naturrecht.[15]

---

[13]   Zur Debatte. Themen der Katholischen Akademie in Bayern 34 (2004) Heft 1, III.

[14]   E.-W. Böckenförde: Kirchlicher Auftrag und politisches Handeln (Schriften zu Staat, Gesellschaft, Kirche Bd. 2), Freiburg i.Br. 1989, 18.

[15]   Vgl. dazu M. Delgado: Vierzig Jahre «Dignitatis humanae» oder Die Religionsfreiheit als Bedingung für Mission und interreligiösen Dialog, in: ZMR 89 (2005)

2. Der langsame Abschied vom kulturkämpferischen Geist des 19. Jahrhunderts

Die neue Bundesverfassung (= BV) trat bekanntlich am 1. Januar 2000 in Kraft. In der Pressemitteilung des Bundesrates vom 27. Dezember 1999 heißt es, die BV sei nötig, damit die Schweiz «an der Schwelle des neuen Jahrhunderts wieder über ein zeitgemäßes und zukunftsfähiges Grundgesetz» verfügen kann. Sich der Vorläufigkeit von Verfassungsprozessen bewusst, wird darin zugleich betont, dass das Inkrafttreten keine Endstation bedeutet, sondern eher einen Neuanfang: «Auf dem neuen Fundament sollen Schritt für Schritt weitere Reformen verwirklicht werden.»[16]

Die BV hat eine lange Vorgeschichte, die bis in die sechziger Jahre des 20. Jahrhunderts zurückreicht: 1967–1973: Vorarbeiten der Arbeitsgruppe Wahlen; 1974–1977: Expertenkommission Furgler; 1978–1980: Breites Vernehmlassungsverfahren; 1985: Bericht des Bundesrates; 3. Juni 1987: Beschluss der Bundesversammlung, die Bundesverfassung total zu revidieren, und Auftrag an den Bundesrat, den Entwurf einer neuen Bundesverfassung vorzulegen, der das Verfassungsrecht nachführt, verständlich darstellt und systematisch ordnet. Reformen soll er separat vorschlagen; erneute Vernehmlassung; 1996: Botschaft des Bundesrats an die Bundesversammlung (Vorschlag, Reformen in den Bereichen Volksrechte und Justiz durchzuführen); 18. Dezember: Verabschiedung der Verfassungsreform durch die Bundesversammlung; 18. April 1999: Volk und Stände stimmen der BV zu. Bei dieser Vorgeschichte spielte die Diskussion um den Abschied von der kulturkämpferischen Stoßrichtung der Religionsfreiheit in der Bundesverfassung von 1874 (= aBV) eine wichtige Rolle.

Peter Karlen hat darauf aufmerksam gemacht, dass in der aBV recht verschiedenartige Artikel, die direkt oder indirekt mit der Religionsfreiheit zu tun haben, etwas unvermittelt nebeneinander stehen. In der Lehre werden sie auf vier Hauptkategorien zurückgeführt:

«1. Garantie der *Glaubens- und Gewissensfreiheit* in Art. 49;

2. Garantie der *Kultusfreiheit* in Art. 50 Abs. 1;

297–310 (dort auch Lit.); ders.: Toleranz und Religionsfreiheit. Konvergenz und Divergenz zwischen Europa und der islamischen Welt, in: U. Altermatt / M. Delgado / G. Vergauwen (Hg): Der Islam in Europa. Zwischen Weltpolitik und Alltag, Stuttgart 2006, 325–347.

[16] http://www.admin.ch/cp/d/38673686.0@fwsrvg.bfi.admin.ch.html (Stand: 4.12.06).

3. *Säkularisierungsbestimmungen* in Art. 49 Abs. 4 *(Unabhängigkeit des staatlichen Rechts von religiösen Vorschriften)*, Art. 27 Abs. 2 und 3 *(Schule)*, Art. 53 Abs. 1 *(Zivilstand)*, Art. 53 Abs. 2 *(Begräbniswesen)*, Art. 54 Abs. 1 *(Ehe)*, und Art. 58 Abs. 2 *(Abschaffung der geistlichen Gerichtsbarkeit)*;
4. *Bestimmungen zur Sicherung des Religionsfriedens* in Art. 50 Abs. 2 *(Allgemeine Maßnahmen)*, Art. 5 Abs. 3 *(Anstände bei Bildung und Trennung von Religionsgemeinschaften)*, Art. 50 Abs. 4 *(Genehmigung bei Bistumserrichtungen)* und Art. 75 *(Unvereinbarkeit für Personen geistlichen Standes).*»[17]

Karlen bezeichnet die aBV «als Paradebeispiel eines *gemischten Typus*»,[18] da man auf die Festlegung eines bestimmten religionsrechtlichen Modells verzichtet habe. Die aBV enthalte so Elemente aus verschiedenen staatskirchenrechtlichen Epochen: aus den Strukturen des religiös-paritätischen Staatstypus und aus der Reformation; aus den staatskirchenrechtlichen Prinzipien der Aufklärung, verbunden mit Anschauungen des Liberalismus und des Kulturprotestantismus sowie des Kulturkampfes und der demokratischen Bewegung – für Karlen der wohl mächtigste Einfluss.[19]

Die aBV proklamiert also einerseits die Unverletzbarkeit der Glaubens- und Gewissensfreiheit sowie die Freiheit von Zwang im öffentlichen Vollzug religiöser Handlungen, während sie andererseits «Schranken» festhält, die Bund und Kantone einer solchen Freiheit auferlegen. Nicht die Schranken sind das Problem, die in jeder Verfassung dazu gehören, sondern dass einige davon eindeutig kulturkämpferische Züge tragen, den Geist der protestantischen «Leitkultur» des frühen Bundesstaates widerspiegeln und daher in einigen «Konfessionsartikeln» die Beschneidung der Religionsfreiheit von Katholiken festschreiben: So unterliegt die Errichtung von Bistümern auf schweizerischem Gebiete «der Genehmigung des Bundes» (Art. 50 Abs. 4 aBV); Art. 51 aBV enthält das Verbot der Niederlassung im ganzen Bundesgebiet sowie der Wirksamkeit in Kirche und Schule für den Orden der Jesuiten (sic, statt ‹Gesellschaft Jesu›, wie der Orden kanonisch heißt) und die ihm affilierten Gesellschaften sowie den Vorbehalt des Bundes, dieses Verbot auch auf andere geistliche Orden (= der römisch-katholischen Kirche) auszudehnen, «deren Wirksamkeit staatsgefährlich ist oder den Frieden der Konfessionen stört» (Art. 51 Abs. 2 aBV); in Art. 52 Abs. 1 aBV wird die Unzulässigkeit der Errichtung neuer und der Wiederherstellung aufgehobener Klöster oder religiöser Orden betont; und Art. 75 aBV spricht schließ-

---

17 P. Karlen: Das Grundrecht, a.a.O., 126.
18 P. Karlen: Das Grundrecht, a.a.O., 128.
19 Vgl. P. Karlen: Das Grundrecht, a.a.O., 129–132.

lich indirekt von der Unvereinbarkeit eines politischen Amtes für Personen geistlichen Standes.

Die eindeutig kulturkämpferischen konfessionellen Ausnahmeartikel 51 und 52 aBV wurden durch die Volksabstimmung vom 20. Mai 1973 aufgehoben – nicht zuletzt weil sie, wie die Schweizer Bischofskonferenz in der Stellungnahme vom 20. Dezember 1968 betonte, den Beitritt der Schweiz zur europäischen Menschenrechtskonvention störten, denn ein solcher Beitritt wäre dann «nur unter Vorbehalt dieser Bestimmung möglich».[20] Für die Bischofskonferenz waren diese Artikel nicht nur «ein Schönheitsfehler», sondern Bestimmungen, «die nach wie vor die Beziehungen zwischen dem Bund und der katholischen Kirche empfindlich belasten».[21] Die Unvereinbarkeit von geistlichen Ämtern und der Wählbarkeit in den Nationalrat (Bundesrat und Bundesgericht) wurde ohne große Kontroversen im Zuge der Totalrevision von 1999 gestrichen. Obwohl die Bischöfe in der zitierten Stellungnahme genauso wie in der Vernehmlassung vom 15. Juni 1970 an das Eidgenössische Departement des Innern betreffend die Aufhebung des Jesuiten- und Klosterartikels auch eine Streichung des Bistumsartikels forderten, blieb dieser in der BV zunächst bestehen (als Art. 72, Abs. 3). Bei der Totalrevision der aBV plädierten viele Juristen, Politiker und Kirchenvertreter mit durchaus plausiblen Argumenten für die Streichung. Er konnte aber erst durch Volksabstimmung vom 10. Juni 2001 aufgehoben werden – wie wir gleich sehen werden nach einer kontroversen Diskussion, die zuweilen mehr emotional als sachlich geführt wurde und noch zu Beginn des 21. Jahrhunderts einige Kulturkampfreflexe zeigte.

3. Ökumenischer Dissens: die Streichung des Bistumsartikels

Am Anfang stand die Parlamentarische Initiative des Christdemokraten und Aargauer Ständerates Hans Jörg Huber vom 13. Dezember 1994 für die ersatzlose Aufhebung von Art. 50 Abs. 4 aBV. Dringlichkeit gewann das Anliegen aber durch den Vorentwurf für die Streichung des Bistumsartikels,

---

[20] Vernehmlassung der schweizerischen Bischofskonferenz zur Totalrevision der Bundesverfassung zuhanden von Herrn Bundesrat Prof. Dr. Dr. F. Wahlen, Präsident der Arbeitsgruppe für die Totalrevision der Bundesverfassung, vom 20. Dezember 1968, 8 (Typoskript). In der Tat ratifizierte die Schweiz die EMRK erst am 28. November 1974, als einer der letzten der damals 18 Mitgliedstaaten des Europarats und erst nach Aufhebung der konfessionellen Ausnahmeartikel 51 und 52 aBV.

[21] A.a.O., 8.

den die Staatspolitische Kommission des Ständerates am 16. November 1998 vorlegte. Darin wurde der Bistumsartikel als «ein Relikt aus dem letzten Jahrhundert» bezeichnet: «Sachliche Gründe für die Beibehaltung der religiösen Sonderbestimmung lassen sich keine finden. [...] Im Übrigen kann es auch nicht Aufgabe der Bundesverfassung sein, Probleme innerhalb der römisch-katholischen Kirche zu lösen.»[22] Die politischen Vertreter werden mit großer Mehrheit zu dieser Sicht neigen. Uns interessiert hier aber vor allem die Haltung der Kirchen und der Juristen.

(1) Die *römisch-katholische Kirche* bietet zunächst ein pluralistisches Bild dar: Der von der Bischofskonferenz und deren Publikationsorganen repräsentierte Mainstream trat für eine ersatzlose Streichung des Bistumsartikels ein; die Römisch-Katholische Zentralkonferenz (= RKZ) vertrat eine nuanciertere Position; und «liberale» Katholiken wie Hans Küng plädierten für eine Beibehaltung, bis bestimmte Garantien für eine demokratische Kultur in der Kirche gegeben seien.

In ihrer Stellungnahme zum Verfassungsentwurf 1995 vom 6. März 1996 begründete die Bischofskonferenz die ersatzlose Streichung des so genannten Bistumsartikels mit diesen klaren Worten: «Unter dem Gesichtspunkt der Religionsfreiheit ist dieser Artikel unbegründetes und daher unhaltbares Ausnahmerecht, zumal er nach geltender Praxis einseitig die römisch-katholische Kirche betrifft.»[23] Bischof Kurt Koch hat sowohl in seinem Statement an der Pressekonferenz der Schweizer Bischofskonferenz in Bern am 30. April 2001 als auch in einigen Buchbeiträgen[24] den Bistumsartikel als «unbegründet und verfassungsunwürdig» bezeichnet. Er führt dazu eine Reihe von Argumenten ein: der Bistumsartikel ist ein «Kind seiner Zeit» und daher «historisch bedingt»; er ist die letzte der konfessionellen Ausnahmebestim-

---

22 http://www.parlament.ch/ed-pa-berichte-pa-vernehml-94-433-bistuemer.pdf, 8 (Stand: 4.12.06).

23 Stellungnahme der Schweizer Bischofskonferenz zum Verfassungsentwurf 1995, in: Schweizerische Nationalkommission Justitia et Pax (Hg): Die Schweiz in guter Verfassung, Zürich 1997, 93–119, hier 104.

24 Vgl. K. Koch: Das Verhältnis von Staat und Kirche im Entwurf der neuen Bundesverfassung, in: ders.: Zeit-Zeichen. Kleine Beiträge zur heutigen Glaubenssituation, Freiburg i.Ue. 1998, 198–215; ders.: Die Schweizer Bischofskonferenz für Streichung des Bistumsartikels. Statement an der Pressekonferenz der Schweizer Bischofskonferenz in Bern am 30. April 2001; ders.: Religionsrecht der Schweiz im Licht der Religionsfreiheit, in: R. Pahud de Mortanges (Hg): Das Religionsrecht der neuen Bundesverfassung / Le droit des religions dans la nouvelle Constitution fédérale (FVRR 10), Freiburg i.Ue. 2001, 93–103.

mungen in der Bundesverfassung und enthält eine «massive Diskriminierung der römisch-katholischen Kirche»; er bedeutet «eine Verletzung des Grundsatzes der Kirchenfreiheit und damit des Grundrechtes der korporativen Religionsfreiheit»; er ist daher als «völkerrechtswidrig» zu beurteilen; angesichts der emotional geführten Diskussion, bei der massive antirömische und anti-episkopale Vorurteile wegleitend waren, «die zumeist mit überzogenen Hoffnungen an die Aufrechterhaltung des Bistumsartikels verknüpft sind», ist dieser Artikel «als ein typisch helvetischer Mythos zu charakterisieren, wenn nicht gar als eine ‹Stopfgans›, in die jeder seine Ängste und Hoffnungen die römisch-katholische Kirche betreffend hineinstopfen kann». Dem modernen Verständnis des Verhältnisses zwischen Kirche und Staat, «das auf einer einvernehmlichen Kooperation beruht», entspreche nur «der konkordatäre und damit bilaterale Weg».[25] Der Bistumsartikel sei nicht Ausdruck eines helvetischen «Sonderfalls», sondern eines «religionsrechtlichen Ernstfalls». Diese Argumentation findet sich sowohl in der Stellungnahme der Bischofskonferenz zur Volksabstimmung vom 10. Juni 2001 als auch in den Redaktionsbeiträgen der «Schweizerischen Kirchenzeitung»[26] – und sie entspricht weitgehend auch den Gründen, mit denen die Staatspolitischen Kommissionen des Nationalrates (mit überwältigender Mehrheit von 170 zu 17 Stimmen) und des Ständerates (mit 38 zu 0 Stimmen sogar einstimmig) die Streichung des Bistumsartikels befürworteten, und die sich der Bundesrat in seiner Stellungnahme auch zu eigen machte.[27]

Nachdem in einigen Publikationen die Position der RKZ überzeichnet wurde,[28] sah sich Alois Odermatt, Geschäftsführer der RKZ, 2001 genötigt, in einem mit dem Präsidenten der RKZ, Peter Plattner, abgestimmten Beitrag die Position derselben klarzustellen.[29] In der Tat scheint die RKZ zwischen 1996 und 2001 einen schwierigen Meinungsbildungsprozess durchgemacht zu haben, der einen gemeinsamen Nenner aufweist: Die RKZ ist zunächst gegen die «ersatzlose» Streichung des Bistumsartikels und für die Stärkung der Kompetenzen der Kantone zur Regelung des Verhältnisses

---

[25] K. Koch: Religionsrecht, a.a.O., 96–103.

[26] Vgl. u.a. R. Weibel: Für die Aufhebung des Bistumsartikels, in: SKZ (2001) Nr. 17, 250–253.

[27] Vgl. http://www.admin.ch/ch/d/ff/2000/5581.pdf (Stand: 4.12.06).

[28] Vgl. u.a. W. Gut: Fragen zur Rechtskultur in der katholischen Kirche (FVRR 9), Freiburg i.Ue.2000.

[29] A. Odermatt: «Schritte zur Aufhebung des Bistumsartikels unternehmen». Die Position der Römisch-Katholischen Zentralkonferenz der Schweiz (RKZ) in der Diskussion über den Genehmigungsvorbehalt des Bundes bei der Errichtung neuer Bistümer, in: R. Pahud de Mortanges (Hg): Das Religionsrecht, a.a.O., 105–122.

zwischen Staat und Kirche. In der Stellungnahme vom 29. Februar 1996 zum Verfassungsentwurf schlägt die RKZ vor, beim Wegfall des Bistumsartikels folgende Bestimmung in Art. 12 aufzunehmen: «Die Zuständigkeit der Kantone zur Regelung des Verhältnisses zwischen Staat und Religionsgemeinschaften und zum Abschluss von Konkordaten, insbesondere über die Errichtung und Gebietsumschreibung von Bistümern, bleibt gewahrt.»[30] Ähnlich auch der Beschluss der RKZ vom 15. März 1997 über das Verhältnis zwischen Bund und Kantonen in religionsrechtlichen Fragen: «Für die Regelung des Verhältnisses zwischen Kirche und Staat sind die Kantone zuständig. Bund und Kantone können im Rahmen ihrer Zuständigkeiten Maßnahmen treffen zur Wahrung des öffentlichen Friedens zwischen den Angehörigen der verschiedenen Religionsgemeinschaften.»[31] In der Stellungnahme vom 31. März 1999 werden Schritte empfohlen, «die zur Aufhebung des Bistumsartikels führen, insbesondere mittels Konkordatspolitik», sowie für die Volksabstimmung jenen Zeitpunkt zu wählen, «der einen positiven Ausgang verspricht».[32] In der Stellungnahme vom 24. März 2001 zur Volksabstimmung über den «Bistumsartikel» werden schließlich folgende Beschlüsse mitgeteilt: die Unterstützung der Aufhebung des Bistumsartikels, die Forderung einer aktiven Konkordatspolitik, die Unterstützung des Begehrens, einen neuen Religionsartikel zu erarbeiten, «der das Verhältnis zwischen Staat und Religionsgemeinschaften gestaltet».[33] Somit versucht die RKZ eine Balance nach allen Seiten zu erreichen: Anders als die Bischofskonferenz, die stets betont, der Bistumsartikel müsse bedingungs- und ersatzlos aufgehoben werden, tritt die RKZ dafür ein, dass die Aufhebung des Bistumsartikels durch eine aktive Konkordatspolitik gefördert werden solle. Und anders als der Schweizerische Evangelische Kirchenbund (= SEK), der, wie wir noch sehen werden, für die Ablösung des Bistumsartikels durch einen Religionsartikel votiert, schlägt die RKZ lediglich eine Erweiterung des Religionsartikels der Bundesverfassung vor (Art. 72), damit die Bedeutung der Kirchen und Religionsgemeinschaften für Gesellschaft und Staat zum Tragen kommt.

In einem offenen Brief an die Nationalrätinnen und Nationalräte schlugen einige Katholiken, darunter prominente Theologen wie Hans Küng, Herbert Haag und Dietrich Wiederkehr, vor, eine Volksabstimmung über die Streichung des Bistumsartikels erst dann ins Auge zu fassen, «wenn de-

---

[30] A. Odermatt: Schritte, a.a.O., 112.
[31] A. Odermatt: Schritte, a.a.O., 113.
[32] A. Odermatt: Schritte, a.a.O., 116.
[33] http://www.kath.ch/rkz (Stand: 4.12.06).

ren Ausgang – nach Aktivierung und erfolgreichem Abschluss von Konkordatsverhandlungen – als gesichert positiv erscheint»,[34] d.h. wenn Garantien bestehen, dass der Religionsfriede nicht gefährdet und die römisch-katholische Kirche an die demokratische und ortskirchliche Kultur gebunden wird, etwa bei der Bischofswahl. Aus diesem Brief spricht das Misstrauen einiger Katholiken gegen die eigene Kirche und die Betrachtung des Staats als «Garanten» für Religionsfreiheit «in der Kirche». Scharf hat Bischof Koch erwidert, es zeuge nicht von einem Staatsverständnis auf neuzeitlichem Niveau, «wenn kirchliche Kreise den Staat gleichsam als ‹Schutzmantel› gebrauchen oder wohl eher missbrauchen wollen, um ihre kirchenpolitischen Ziele erreichen zu können. Ein solches Vorgehen ist gewiss auch nicht mit einem neuzeitlichen ‹Weltethos› kompatibel.»[35]

(2) Auch die *christkatholische Kirche* war gegen eine ersatzlose Streichung des Bistumsartikels «zum jetzigen Zeitpunkt», wie es in der Stellungnahme des Bischofs und des Synodalrates vom 12. Februar 1999 heißt; denn eine ersatzlose Streichung würde bedeuten, «dass ein ausländisches Staatsoberhaupt (und somit ein Subjekt des Völkerrechts) Entscheide treffen kann, die für unser Land und seinen konfessionellen Frieden von großer Bedeutung sein können, auf die aber die Eidgenossenschaft keinen Einfluss mehr zu nehmen vermag». Vorgeschlagen wird hingegen der konkordatäre Weg sowie ein Artikel in der Bundesverfassung, «der die Beziehung zwischen Bund und Kirchen umschreibt». Zugleich bestritt die Stellungnahme der christkatholischen Kirche, wenn auch m.E. mit sehr schwachen Argumenten, dass der Bistumsartikel von 1874 eine Sonderregelung für die römisch-katholische Kirche sei.

(3) In seiner Stellungnahme zum Verfassungsentwurf 1995 unterschied der *SEK* zwischen der Haltung des Vorstands und der der SEK-Mitgliedkirchen. Unter diesen war eine Mehrheit für die Beibehaltung – mit folgenden Argumenten: Der völkerrechtliche Status der römisch-katholischen Kirche lege eine verfassungsrechtliche Absicherung nahe, die nichts verbietet, «aber den eidgenössisch-demokratischen Respekt garantiert»; der Bistumsartikel sei ein «Wahrzeichen» des religiösen Friedens; schließlich wird die Solidarität mit den Anliegen römisch-katholischer Bevölkerungsteile genannt, d.h. mit denjenigen Katholiken, die entgegen der Meinung der Bischöfe gegen die ersatzlose Streichung des Bistumsartikels waren – was einen kuriosen Fall von ökumenischem Verständnis darstellt. Der SEK betonte freilich, «dass

---

[34] http://www.frauenbund.ch/index.html?/publikationen/presse_00.html (Stand: 4.12.06).
[35] K. Koch: Religionsrecht, a.a.O., 102.

die Kirchen, die für die Beibehaltung votieren, nicht anti-ökumenische Absichten verfolgen»[36] – aber vielleicht doch «anti-episkopale»? Der Vorstand selbst gibt zu, dass die Problematik «gar nicht so sehr auf einer sachlich-juristischen, sondern viel mehr auf einer symbolisch-politischen Ebene liegt»; statt einer ersatzlosen Streichung des Bistumsartikels schlägt er eine umfassendere Bearbeitung desselben vor, die Aussagen zu folgenden Aspekten enthalten sollte: «Eine Anerkennung der Bedeutung von Religion für die Gesellschaft. [...] Eine generelle Aussage über das Verhältnis des Staates zu den religiösen Gruppierungen und Institutionen. [...] Die Anerkennung des Rechtes der religiösen Organisationen, ihre inneren Angelegenheiten selbständig regeln zu können unter der Voraussetzung, dass sie sich an die rechtsstaatlichen Rahmenbedingungen halten, für Toleranz eintreten und im Blick auf die Finanzen und Organisationsstruktur Transparenz gewährleisten»[37] – also dass sie sich organisatorisch der landesüblichen demokratischen Kultur anpassen. Aus diesem Vorschlag wird allmählich das Postulat nach einem «Religionsartikel» wachsen. In einem Pressecommuniqué vom 10. April 2001 hält der SEK daher seine Position im Vorfeld der Volksabstimmung folgendermaßen fest: «Wichtiger als die Streichung oder Beibehaltung des Bistumsartikels scheint dem Rat des SEK aber die Schaffung eines Religionsartikels zu sein. In einem solchen Artikel sollen die Beziehungen zwischen Kirchen, Religionsgemeinschaften und dem Bund auf zeitgemäße Weise geregelt werden. Kirchen und Religionsgemeinschaften tragen mit ihren religiösen und sozialen Werten wesentlich zum Zusammenhalt und zur Entwicklung von Gesellschaft und Staat bei. Dies soll in der Bundesverfassung positiv gewürdigt werden. Zudem sollen auch das Selbstbestimmungsrecht und die Gleichbehandlung der Kirchen darin festgehalten sein.»[38]

(4) Auch die *Juristen* bieten ein uneinheitliches Bild dar.[39] Einige befürworten die ersatzlose Streichung des Bistumsartikels.[40] Andere, vor al-

---

[36] Vgl. Ausdruck einer elektronisch gespeicherten Fassung, der mir vom Sekretariat des SEK am 25. September 2006 zur Verfügung gestellt wurde, 10; vgl. auch die Stellungnahme des SEK-Vorstandes vom 29. Februar 1996, in: Reform der Schweizer Bundesverfassung. Zur Diskussion in sozialethischer und evangelisch-kirchlicher Perspektive, hg. Institut für Sozialethik des SEK, Bern 1996 (Studien und Berichte ... aus dem Institut für Sozialethik des SEK 52), Bern 1996, 15–26.

[37] Ausdruck, a.a.O., 9 und 10.

[38] http://www.sek-feps.ch/de/communiques/ (Stand: 4.12.06).

[39] Zur religionsrechtlichen Diskussion um den Bistumsartikel vgl. ausser den bereits zitierten Beiträgen: Ph. Gardaz: L'article sur les évêchés et la réforme de la Constitution fédérale, in: R. Pahud de Mortanges (Hg): Religionsrecht, a.a.O., 69–81; H. Inderkum: Politische Beurteilung der aktuellen Diskussion zum Religionsverfas-

lem die der so genannten Freiburger Schule, haben viel rechtswissenschaftliche Akribie walten lassen, um die Vereinbarkeit des Bistumsartikels mit einem Religionsrecht im Geiste der heutigen Religionsfreiheit und Ökumene nachzuweisen. So meint Christoph Winzeler, Bischofskonferenz und Nationalrat läsen den Bistumsartikel, «wie er im Kulturkampf des 19. Jahrhunderts gemeint war, aber im Rechtsstaat von heute nicht mehr gemeint sein kann und darf: als Knebelung der katholischen Kirche». Nach dem Wandel im Verständnis der Religionsfreiheit, «damals in erster Linie Gewährleistung des Religionsfriedens», zum Grund- und Menschenrecht, könne der Bistumsartikel nur mehr als «die Einholung einer Genehmigung, die ohne polizeilichen Grund nicht verweigert werden darf», verstanden werden, wenn etwa eine Teilkirche, wie ein katholisches Bistum seine gebietsmäßige Zuständigkeit verändern möchte. Da seit 1874 die Schaffung eines Bistums nie verhindert oder auch nur verzögert wurde, verletze der Bistumsartikel «weder die Bundesverfassung [...] noch das Völkerrecht».[41] Ähnlich, wenn auch viel akribischer im Durchgang, ist das Gutachten von Christian R. Tappenbeck und René Pahud de Mortanges ausgefallen. Dieses kommt zum Schluss, dass der Bistumsartikel «nicht *per se* völkerrechtswidrig» sei, da er weder das Interventionsverbot gegenüber dem Heiligen Stuhl noch die zwischen einigen Kantonen bzw. dem Bund und dem Heiligen Stuhl abgeschlossenen Konkordate noch die Menschenrechte, insbesondere die der Religionsfreiheit und Religi-

sungsrecht, in: R. Pahud de Mortanges (Hg): Religionsrecht, a.a.O., 83–91; S. Sandoz: Attention à ne pas réanimer le ‹Kulturkampf›, in: R. Pahud de Mortanges (Hg): Religionsrecht, a.a.O., 133–136; Ch. R. Tappenbeck / R. Pahud de Mortanges: Ist der Bistumsartikel völkerrechtswidrig?, in: R. Pahud de Mortanges (Hg): Religionsrecht, a.a.O., 137–169; Chr. Winzeler: Über die Aufhebung des Bistumsartikels zu einem neuen Religionsartikel. Mit einem Diskussionsvorschlag, in: R. Pahud de Mortanges (Hg): Religionsrecht, a.a.O., 123–132; ders.: Der ‹Bistumsartikel› der Schweizerischen Bundesverfassung von 1874 – ein Fossil der neueren Verfassungsgeschichte?, in: SJKR (1996) 47–54; ders.: Aufhebung des «Bistumsartikels»? Diskriminierung der Katholiken – Probleme bei Streichung, in: Neue Zürcher Zeitung vom 22. August 1995, 13; H. Koller: Der schwierige Weg von der Streichung des Bistumsartikels zur Aufnahme eines Religionsartikels in der neuen Bundesverfassung, in: R. Liggenstorfer / B. Muth-Oelschner (Hg): (K)Ein Koch-Buch. Anleitungen und Rezepte für eine Kirche der Hoffnung. FS zum 50. Geburtstag von Bischof Dr. Kurt Koch, Freiburg i.Ue. 2000, 597–614; M. Reimann: Der parlamentarische «Kreuzweg» zur Eliminierung des Bistumsartikels aus der Bundesverfassung, in: R. Liggenstorfer / B. Muth-Oelschner (Hg): (K)Ein Koch-Buch, a.a.O., 616–621.
[40] Vgl. dazu u.a. W. Gut: Fragen, a.a.O.; H. Inderkum: Beurteilung, a.a.O.; H. Koller: Weg, a.a.O.; M. Reimann: Kreuzweg, a.a.O.
[41] Ch. Winzeler: Aufhebung: a.a.O., 125; vgl. auch ders.: Bistumsartikel, a.a.O.

onsgleichheit, verletze. Der Bistumsartikel sei vielmehr als «religionspolizei-
liche Norm» zu verstehen, damit der Bund *frühzeitig* Maßnahmen «zur
Wahrung des religiösen Friedens oder der öffentlichen Ordnung» ergreifen
kann: «Wird die öffentliche Ordnung oder der religiöse Friede nicht erheblich gefährdet, darf der Bund aus völkerrechtlichen Gründen die Errichtung
oder Veränderung von Bistümern nicht verhindern».[42] Bischof Koch hat
darauf hingewiesen, dass dieses Gutachten von drei gravierenden Missver-
ständnissen geprägt ist: Warum muss eine polizeiliche Norm dieser Art in
der Verfassung explizit festgeschrieben werden? Sie sei zudem überflüssig,
da die neue Bundesverfassung genügend Bestimmungen über die innere
Sicherheit des Staates, «beispielsweise in den Artikeln 36, 57, 173 und 185»,
enthalte. Und schließlich könne man in einer solchen religionspolizeilichen
Norm «nur eine Diskriminierung und letztlich friedenstörende Kränkung
der römisch-katholischen Bevölkerung in der Schweiz sehen». Denn sie wäre
Ausdruck eines latenten Misstrauens gegen die episkopal verfasste römisch-
katholische Kirche als potentielles Risiko für die öffentliche Ordnung oder
den Religionsfrieden.[43] Aber die größte Schwäche des Freiburger Gutach-
tens besteht m.E. in der mangelhaften religionsrechtlichen wie religionsthe-
ologischen Auseinandersetzung mit dem Wandel im Verständnis der Beziehungen zwischen Staat und Kirche, den die römisch-katholische Kirche mit
dem Zweiten Vatikanischen Konzil, etwa mit *Gaudium et spes* Nr. 76, vollzogen hat. Bei aller rechtswissenschaftlichen Akribie vermag nicht zu überzeugen, warum gerade gegenüber der nachkonziliaren römisch-katholischen
Kirche, die nicht mehr die ultramontane des 19. Jahrhunderts ist, ein Bistumsartikel nötig sein soll.

Bei den Hearings der Parlamentarischen Kommission am 24. August 1999
im Seehotel Meierhof in Horgen, die als «Schisma» von Horgen in die eidgenössische Verfassungsgeschichte eingegangen sind,[44] wurde die Uneinigkeit
der religiösen Institutionen des Landes (SEK, Evangelisch-reformierte Landeskirche des Kantons Zürich, RKZ, SBK) in Sachen «Bistumsartikel» deutlich: «Vorbehaltlos für eine ersatzlose Streichung sprachen sich nur Bischof
Amédée Grab und Roland B. Trauffer von der Bischofskonferenz aus.
Sämtliche anderen Hearingteilnehmer befürworteten die Ersetzung des
Bistumsartikels durch einen allgemeinen Religionsartikel, der die Beziehungen zwischen den Religionsgemeinschaften einerseits und ihr Verhältnis

---

42 Ch. R. Tappenbeck / R. Pahud de Mortanges: Bistumsartikel: a.a.O., 168f.
43 K. Koch: Religionsrecht: a.a.O., 99.
44 Vgl. M. Reimann: Kreuzweg: a.a.O., 618ff.

zum Staat andererseits verfassungsrechtlich verankern würde.»[45] Angesichts
dieser Situation – und da der Meinungsstreit quer durch die römisch-katholischen Institutionen hindurch ging – musste dieses «Relikt aus dem Kulturkampf» vorerst in der neuen Verfassung unverändert bleiben. Bundesrätin
Ruth Metzler rechnete mit einem Zeithorizont von 4–6 Jahren für eine
erfolgreiche Volksabstimmung zur Streichung des Bistumsartikels. Sie sollte
sich täuschen: Diese fand bereits am 10. Juni 2001 statt, und darin wurde die
Aufhebung mit großer Mehrheit (knapp zwei Drittel) gut geheißen. Der
Bundesrat befürwortete die Streichung des Bistumsartikels unabhängig von
der Frage nach einem evtl. «Religionsartikel», über dessen Beschaffenheit es
noch keinen Konsens gäbe. Auch die Neue Zürcher Zeitung empfahl die
Streichung des Bistumsartikels, unabhängig von der Frage, ob ein erweiterter
Religionsartikel in der Bundesverfassung als Rahmen hilfreich wäre.[46] Und
in einem Editorial hielt die angesehene Zeitung deutlich fest: «Ein Ja zur
Vorlage befreit die liberale Verfassung von einer historischen Spur Intoleranz.»[47]

4. Ökumenischer Konsens: die Suche nach einem Religionsartikel

Wir sahen, wie beim «Schisma von Horgen» die meisten religiösen Institutionen, der ursprünglichen Anregung des SEK folgend, die Ersetzung des
Bistumsartikels durch einen allgemeinen Religionsartikel, «der die Beziehungen zwischen den Religionsgemeinschaften einerseits und ihr Verhältnis
zum Staat andererseits verfassungsrechtlich verankern würde»,[48] befürworteten. Aber erst nach der Streichung des Bistumsartikels kam die kirchliche
wie religions- und verfassungsrechtliche Diskussion hierüber wirklich in
Gang.

(1) Der *Bundesrat* bezweifelte zunächst die Zweckmäßigkeit eines Religionsartikels, da der Bund damit massiv in die Zuständigkeit der Kantone für
die Regelung des Verhältnisses zwischen Kirche und Staat (Art. 72 BV) und
in die Organisationsautonomie der Kirchen- und Glaubensgemeinschaften
eingreifen würde. Die Präsidentin der Staatspolitischen Kommission des
Nationalrates, Vreni Hubmann, gab zudem zu verstehen, dass in einem Rel-

---

45 M. Reimann: Kreuzweg: a.a.O., 619.
46 Die Position der NZZ, in: NZZ vom 9. Mai 2001, 16.
47 Bistümer in der Freiheit der Kirche, in: NZZ vom 5. Juni 2001, 13.
48 M. Reimann: Kreuzweg, a.a.O., 619.

gionsartikel alle Religions- und Glaubensgemeinschaften berücksichtigt sein müssten, was nicht unproblematisch wäre: «Sollen auch vereinnahmende Bewegungen, Psychoorganisationen, Sekten und neue religiöse Bewegungen einbezogen sein? Sollen Schranken der Sittlichkeit und der öffentlichen Ordnung für Glaubensgemeinschaften umschrieben werden? Sollen Streitigkeiten bei der Bildung oder Trennung von Glaubensgemeinschaften geregelt werden? Haben die Angehörigen aller Glaubensgemeinschaften Anspruch auf eine Bestattung nach ihren religiösen Vorschriften? Sollen die Gemeinden gezwungen werden, Sonderfriedhöfe für gewisse Religionsgemeinschaften vorzusehen? Wie weit dürfen religiöse Symbole öffentlich angebracht (Kruzifixe) oder getragen (Kopftücher) werden?»[49] Auch müsste geklärt werden, wie sich ein solcher Religionsartikel zum bestehenden Artikel 15 BV über Glaubens- und Gewissensfreiheit verhalte.

(2) Nach der Abschaffung des Bistumsartikels unterstützen nun *alle Kirchen* das Begehren des SEK zur Erarbeitung eines Religionsartikels und äußern folgende inhaltliche Desiderate: Die zeitgemäße Umschreibung der Beziehung zwischen Bund und den Kirchen in der Bundesverfassung wäre angesichts der christlichen Prägung der schweizerischen Gesellschaft sinnvoll und begrüßenswert (so die christkatholische Kirche); der wesentliche Beitrag der Kirchen und Religionsgemeinschaften zum Zusammenhalt und zur Entwicklung von Gesellschaft und Staat solle darin gewürdigt sowie das Selbstbestimmungsrecht und die Gleichbehandlung der Kirchen festgehalten werden (so der SEK); für die Minderheitskirchen und die anderen Religionsgemeinschaften, die es sich nicht leisten können, die kirchliche Rechtspersönlichkeit in allen Kantonen zu konstituieren, wäre es gut, eine Anlaufstelle auf Bundesebene zu haben, um eine Gleichbehandlung sicher zu stellen (so die Evangelisch-methodistische Kirche); die SBK signalisiert in der Sache «Religionsartikel» Gesprächsbereitschaft; die RKZ erklärt sich bereit, zusammen mit der SBK eine gemeinsame Position zum Vorschlag eines Religionsartikels zu erarbeiten, ist aber vor allem bestrebt als gleichberechtigter Partner in die Gespräche mit anderen Kirchen und Religionsgemeinschaften sowie mit politischen Gremien einbezogen zu werden; sie betont das Selbstbestimmungsrecht sowie dass ein Religionsartikel die Zuständigkeit der Kantone für die Regelung des Verhältnisses von Kirche und Staat (Art. 72 BV) in keiner Weise einschränken darf.

---

[49] R. Weibel: Aufhebung, a.a.O., 251.

(3) Unterdessen ist eine ansehnliche *religionsrechtliche und religionswissen-schaftliche Literatur* zum Begehren «Religionsartikel» erschienen.[50] Die vom Rat des SEK im September 2000 eingesetzte Expertengruppe «Religionsarti-kel», bestehend aus Prof. Dr. Roland J. Campiche, Dr. Ueli Friedrich (Vor-sitz), Prof. Dr. René Pahud de Mortanges und PD Dr. Christoph Winzeler sowie Pfr. Markus Sahli als Sekretär attestierte der BV 2002, mit den religi-onsrechtlichen Regelungen in den Art. 15 und 72 und trotz der Eliminierung von Relikten aus der Kulturkampfzeit 1999, «nach wie vor den Geist des 19. Jahrhunderts» zu atmen: «Der Bund wird für die Regelung des Verhältnisses zwischen Kirchen und Staat als nicht zuständig erklärt. Für ihn steht das Recht des Individuums auf Religionsfreiheit im Vordergrund. Soweit die BV, unter dem Randtitel ‹Kirche und Staat›, in Art. 72 Abs. 2 die Religions-gemeinschaften im Zusammenhang mit Bundeszuständigkeiten erwähnt, geschieht dies negativ, im Zusammenhang mit Maßnahmen zur Wahrung des konfessionellen Friedens.»[51] Nach dieser Ouvertüre schlägt die Exper-tengruppe die Schaffung eines Religionsartikels mit folgenden drei Stoss-richtungen vor: Da Religion nicht nur Privatsache des einzelnen Menschen ist, sondern auch einen Gemeinschaftsbezug und Öffentlichkeitsanspruch hat, solle die in Art 15 BV geregelte individuelle Glaubens- und Gewissens-freiheit durch die körperschaftliche Religionsfreiheit der Kirchen und ande-ren Religionsgemeinschaften ergänzt werden; die Schaffung einer überge-ordneten Rechtsgrundlage auf Bundesebene für die Beziehungen zwischen den Bundesorganen und den Religionsgemeinschaften wäre wünschenswert; und schließlich solle dabei die kantonale Souveränität im Bereiche des Staatskirchenrechts gesichert werden. Auf dieser – z.T. sehr juristisch argu-mentierenden – Grundlage hat die Expertengruppe konkrete Formulie-rungsvorschläge für Art. 15 BV (1 Vorschlag) und Art. 72 BV (3 Varianten) erarbeitet.[52] Sieht man von der impliziten Andeutung in der Variante 2 für Art. 72, Abs. 3 (Der Bund «trägt bei seinem Handeln den Anliegen der Reli-gionsgemeinschaften Rechnung; er kann unter Wahrung der religiösen Neu-

---

[50] Vgl. u.a.: R. J. Campiche: Die Religion: Distanznahme des Staates, in: SJKR (2003) 19–32; Ch. Winzeler: Zum Religionsverfassungsrecht anderer Länder – ein vergleichender Überblick, in: SJKR (2003) 33–47; R. Pahud de Mortanges: Zur Anerkennung und Gleichbehandlung von Religionsgemeinschaften, in: SJKR (2003) 49–67; U. Friedrich: Selbstbestimmungsrecht von Kirchen und anderen Religions-gemeinschaften, in: SJKR (2003) 69–92; Folgerungen: SJKR (2003) 93–110; Ch. Winzeler: Aufhebung, a.a.O.; H. Koller: Weg, a.a.O.

[51] Folgerungen, a.a.O., 93.

[52] Vgl. Folgerungen, a.a.O., 109f.

tralität ihr gesellschaftliches Wirken unterstützen»), vermisst man dabei ein m.E. wesentliches Anliegen der Kirchen und Religionsgemeinschaften bei der Befürwortung des Nachdenkens über einen Religionsartikel: die positive Würdigung des wichtigen Beitrags der Kirchen und Religionsgemeinschaften zum Zusammenhalt und zur Entwicklung von Staat und Gesellschaft.

Ähnlich lautet auch der Vorschlag von Christoph Winzeler für eine Neuformulierung der Art. 15 und 72 BV im Sinne des Anliegens eines Religionsartikels – mit dem Unterschied, dass Winzeler Begriffe wie «Glaube» und «Glaubensgemeinschaften» statt «Religion» und «Religionsgemeinschaften» bevorzugt.[53] Nachdem Winzeler mit Jacob Burckhardt zuvor die Religion als eine der drei «Potenzen» der Weltgeschichte neben Kultur und Staat bezeichnet hat,[54] hätte man erwartet, dass er eine Würdigung des oben erwähnten positiven Beitrags der Kirchen und Religionsgemeinschaften in seinen Vorschlag aufnimmt.

Auch Heinrich Koller befürwortet für den Religionsartikel die «Sachüberschrift Glaubensgemeinschaften». Er macht keinen konkreten Vorschlag, sondern beschränkt sich darauf, die «Elemente» zu nennen, die ein Religionsartikel umfassen könnte. Auch hier spielt die Würdigung des positiven Beitrags der Kirchen und Religionsgemeinschaften keine Rolle, es geht lediglich um reine religionsrechtliche Postulate: «die Gewährleistung der korporativen Religionsfreiheit mit Hinweis auf Selbstverwaltungsrecht und Organisationsautonomie (nach dem jeweiligen Selbstverständnis); Zuständigkeit der Kantone zur Regelung des Verhältnisses zu den Glaubensgemeinschaften (nach Maßgabe der bundesrechtlichen Vorschriften); Möglichkeit und Voraussetzungen der öffentlich-rechtlichen Anerkennung von Glaubensgemeinschaften durch die Kantone (insbesondere Gleichbehandlung); Möglichkeit und Grenzen vertraglicher Vereinbarung zwischen den Glaubensgemeinschaften und dem Staat (Bund und/oder Kantone); Zuständigkeit für Maßnahmen zur Einhaltung des religiösen Friedens.»[55]

Wie man sieht, ist die Diskussion um einen Religionsartikel noch nicht ausgereift. Sie ist Ausdruck dafür, dass Systematik und Inhalt der für die Religionsfreiheit zentralen Art. 15 und 72 BV (auch nach der Streichung des Bistumsartikels) Fragen aufwerfen. Aber die Diskussion leidet m.E. daran, dass sie bisher vor allem von Juristen geführt wurde, die ohne rhetorisches Beiwerk religionsrechtliche internationale Standards in der BV verankern wollen, weniger von Theologen, Philosophen und Religionswissenschaftlern,

---

53 Vgl. Chr. Winzeler: Aufhebung, a.a.O., 131f.
54 Vgl. Chr. Winzeler: Aufhebung, a.a.O., 129.
55 H. Koller: Weg, a.a.O., 614.

die eher den Wunsch danach hätten, nach der Wiederkehr von Religion den positiven Beitrag der Kirchen und Religionsgemeinschaften für Staat und Gesellschaft in der Verfassung festzuhalten. Das Projekt «Religionsartikel» wird erst reif sein, wenn auch die zuletzt genannten Experten sich an der Diskussion beteiligen, gemeinsam mit den Juristen über die Rolle von Religion in der Öffentlichkeit sowie in der Verfassung nachdenken und dabei auch die oben zitierten Überlegungen von Denkern wie Böckenförde und Habermas u.a. über Religion als ethischer Orientierungsrahmen von Staat und Gesellschaft ernsthaft bedenken.[56] Ein «Religionsartikel», der lediglich die religionsrechtliche Problematik zum Ausdruck brächte, wäre jedenfalls nicht ganz im Sinne des ursprünglichen Begehrens des SEK. Wenn schon die Botschaft des Bundesrates über die neue Bundesverfassung vom 20. November 1996 festhielt, dass der Grundsatz der konfessionellen Neutralität des Staates vom Staat nicht fordert, «eine Haltung einzunehmen, die frei von jeglichen religiösen oder philosophischen Aspekten ist. Der Staat darf also, innerhalb gewisser Grenzen, Religionsgemeinschaften bevorzugen (z.B. durch Anerkennung von Landeskirchen), ohne die Religionsfreiheit zu verletzen.»[57] – wäre es nicht angebracht, im Rahmen eines Religionsartikels jene

---

[56] Dieses Nachdenken wird sicherlich im Rahmen des NFP 58 «Religionsgemeinschaften, Staat und Gesellschaft» stattfinden. Zu Religion in der Öffentlichkeit vgl. ausser der bereits zitierten Literatur: A. Müller: Ist der freiheitliche Staat auf vorpolitische Ressourcen des Religiösen angewiesen und welcher Platz soll den Religionsgemeinschaften im öffentlichen Raum zukommen?, in: R. Pahud de Mortanges / E. Tanner (Hg): Kooperation zwischen Staat und Religionsgemeinschaften nach schweizerischem Recht / Coopération entre Etat et communautés religieuses selon le droit suisse (FVRR 15), Zürich 2005, 35–89; R. Audi / N. Wolterstorff: Religion in the Public Square. The Place of Religious Convictions in Political Debate, London 1997; P. Brechon: Religion et action dans l'espace public, Paris 2000; J. Casanova: Chancen und Gefahren öffentlicher Religionen. Ost- und Westeuropa im Vergleich, in: O. Kallscheuer (Hg): Das Europa der Religionen. Ein Kontinent zwischen Säkularisierung und Fundamentalismus, Frankfurt a.M. 1996, 181–210; ders.: Private und öffentliche Religionen, in: H.-P. Müller / St. Sigmund (Hg): Zeitgenössische Amerikanische Soziologie, Opladen 2000, 249–280; K. Gabriel: Religionen im öffentlichen Raum. Perspektiven in Europa (= Jahrbuch für christliche Sozialwissenschaften, Bd. 44), Münster 2003; J. Habermas: Naturalismus und Religion, a.a.O.; M. Segers / W. Ted G. Jelen: A wall of seperation? Debating the public role of religion, Lanham 1998; R. F. Thiemann: Religion in Public Life. A Dilemma for Democracy, Washington 1996.
[57] Bundesrat: Botschaft über die neue Bundesverfassung vom 20. November 1996, in: BBl 1997, 158.

Kirchen und Religionsgemeinschaften zu würdigen, die Staat und Gesellschaft bisher besonders geprägt haben?

5. Das Religionsrecht und die Religionsfreiheit der Bundesverfassung

Mit der neuen BV hat die Schweiz beachtliche Anstrengungen unternommen, um Religionsrecht und Religionsfreiheit auf dem Boden der zeitgenössischen Rechtsentwicklung neu zu bestimmen. Anders als 1874 haben Fragen der Religionsfreiheit und des Religionsfriedens, von der Frage des Bistumsartikels einmal abgesehen, in der Verfassungsrevision kaum hohe Wellen geschlagen – und dies trotz der religiösen Pluralisierung der Gesellschaft, die neue Fragen im Zusammenhang mit der Religionsfreiheit aufwirft. Es scheint, dass sich diese Pluralisierung noch kaum auf die neue Verfassung ausgewirkt hat.

Wir können von einigen Faktoren sprechen, die das Verständnis von Religionsfreiheit in der BV geprägt haben: zum einen der Wandel von einem institutionellen zu einem individualistischen Verständnis der Religionsfreiheit. Im Verlauf des 20. Jahrhunderts gewann, nicht zuletzt unter dem Eindruck des Liberalismus und der Erfahrungen mit dem Dritten Reich, der individualrechtliche Gehalt der Grundrechte in den Menschenrechtserklärungen und der höchstrichterlichen Rechtsprechung ganz allgemein an Bedeutung. Zum anderen ließen die konfessionellen Spannungen ganz erheblich nach. Dies spiegelt sich in der BV wider, etwa in der Gewährleistung der Glaubens- und Gewissensfreiheit im Katalog der Grundrechte (Art. 15 BV), in den Bestimmungen über das Verhältnis von Kirche und Staat (Art. 72 BV), im Verbot der Diskriminierung wegen der religiösen, weltanschaulichen oder politischen Überzeugung in Zusammenhang mit der Gewährleistung der Rechtsgleichheit (Art. 8 BV) und im Abschied vom kulturkämpferischen Geist der aBV.[58]

---

[58] Vgl. dazu U. Friedrich: Zur neuen schweizerischen Religionsverfassung, in: SJKR (1999) 93–105, hier 97ff. Zum Religionsrecht und Religionsfreiheit in der neuen BV vgl.: P. Karlen: Das Grundrecht der Religionsfreiheit in der Schweiz, Zürich 1988; U. Friedrich: Kirchen und Glaubensgemeinschaften im pluralistischen Staat. Zur Bedeutung der Religionsfreiheit im schweizerischen Staatskirchenrecht, Bern 1993; F. Hafner: Kirchen im Kontext der Grund- und Menschenrechte, Freiburg i.Ue. 1992; K. Sahlfeld: Aspekte der Religionsfreiheit im Lichte der Rechtsprechung der EMRK-Organe, des UNO-Menschenrechtsausschusses und nationaler Gerichte (Luzerner Beiträge zur Rechtswissenschaft 3), Zürich 2004; Ch. Winzeler:

Neben diesen allgemeinen Unterschieden zur aBV gäbe es auch konkrete: so werden in Art 15, Abs. 2 und 3 BV Aspekte positiver Religionsfreiheit deutlicher als bisher herausgehoben; die negative Religionsfreiheit findet in Art 15, Abs. 4 BV ausdrückliche Erwähnung; andere, in Art 49, Abs. 3, Abs. 4 und Abs. 5 aBV, bisher ausdrücklich geregelte Aspekte der Religionsfreiheit finden sich in der neuen BV nicht mehr. Auch verzichtet die neue BV auf ein «Säkularitätsprogramm» im Zusammenhang mit den öffentlichen Schulen, dem Zivilstandswesen, dem Eherecht oder dem Begräbniswesen; ebenso wird auf im Einzelnen nicht unproblematische Schrankenregelungen verzichtet. Vielmehr enthalten die Art. 35 und 36 BV allgemeine Bestimmungen über die Verwirklichung und die Einschränkung von Grundrechten, «welche zusammen mit den am Anfang des Grundrechtskatalogs festgeschriebenen Grundsätzen der Menschenwürde (Art. 7 BV), der Rechtsgleichheit (Art. 8 BV) und von Treu und Glauben (Art. 9 BV) eine gute Grundlage für eine kohärente Grundrechtsprechung bilden».[59] Ein Grundrechtsprogramm tritt also an die Stelle einzelner problematischer Regelungen und Schranken.

In materieller Hinsicht wird gegenüber der aBV die Hervorhebung der positiven Religionsfreiheit vielfach begrüßt. Aber gerade hier scheint mir die BV nicht so weit zu gehen wie die meisten internationalen Erklärungen über die Menschenrechte, denn anders als diese hält sie *das Recht, seine Religion oder Weltanschauung zu wechseln,* nicht ausdrücklich fest. Das wäre in Zeiten religiöser Pluralisierung der Gesellschaft, in denen sich in Europa Religionen ausbreiten, die ein solches Recht nicht für selbstverständlich halten, sehr wichtig gewesen. Die Allgemeine Erklärung der Menschenrechte der Vereinten Nationen von 1948 betont es, genauso wie die für die Rechtsprechung des Bundesgerichtes so wichtige Europäische Konvention zum Schutze der

---

Einführung in das Religionsverfassungsrecht der Schweiz (FVRR 16), Zürich 2005; R. Pahud de Mortanges (Hg): Religionsrecht, a.a.O.; A. Kley: Das Religionsrecht der alten und neuen Bundesverfassung, in: R. Pahud de Mortanges (Hg): Religionsrecht, a.a.O., 9–31; P. Karlen: Die korporative Religionsfreiheit in der Schweiz. Von der Kirchenautonomie zum Selbstbestimmungsrecht, in: R. Pahud de Mortanges (Hg): Religionsrecht, a.a.O., 33–49; H. Inderkum: Beurteilung, a.a.O.; K. Koch: Religionsrecht, a.a.O.; H.-P. Müller: Staat, a.a.O.; R Pahud de Mortanges / E. Tanner (Hg): Kooperation, a.a.O.; Y. Hangartner: Rechtlicher Grundrahmen der Kooperation von Staat und Religionsgemeinschaften, in R. Pahud de Mortanges (Hg): Religionsrecht, a.a.O., 91–112; G. Nay: Rechtsprechung des Bundesgerichts zwischen positiver und negativer Neutralität des Staates, in: R. Pahud de Mortanges (Hg): Religionsrecht, a.a.O., 215–245.
[59] U. Friedrich: Religionsverfassung, a.a.O., 103.

Menschenrechte und Grundfreiheiten (EMRK) vom 4. November 1950 und die Charta der Grundrechte der Europäischen Union vom 18. Dezember 2000 – nicht jedoch der Internationale Pakt über bürgerliche und politische Rechte von 1976, der auf Druck islamischer Länder auf diesen Passus verzichten musste.

Von den Kirchen und Religionsgemeinschaften wird einhellig begrüßt, dass die Glaubens- und Gewissensfreiheit nun im Katalog der Grundrechte auftaucht. Wie die Diskussion um den Religionsartikel gezeigt hat, werden zugleich Desiderate im Hinblick auf die korporative Religionsfreiheit bzw. das Selbstbestimmungsrecht[60] geäußert.

6. Umstrittene Religionsfreiheit im Schatten religiöser Pluralisierung

Im Allgemeinen kann gesagt werden, dass der Staat bemüht ist, die eigenen Schranken (Neutralität, Toleranz, Parität) zu respektieren sowie für die Einhaltung der Schranken der Individuen, Religionen und Weltanschauungen (die Würde des Menschen, die rechtlichen-kulturellen Standards, die öffentliche Ordnung, wie sie in den jeweiligen Verfassungen geregelt ist) zu sorgen. Der *International Religious Freedom Report 2005*[61] bestätigt den allgemeinen Eindruck, dass der Staat um die Respektierung der Religionsfreiheit sehr bemüht ist. Hervorgehoben werden die Maßnahmen gegen muslimische Prediger, die nicht im Einklang mit der schweizerischen Rechtsordnung stehen (konkret: Maßnahmen gegen «the extremist views» des Führers des Islamischen Zentrums in Genf, Hani Ramadan). Ebenso wird die Regelung des rituellen Schächtens gelobt. Aus Gründen verweigerter Religionsfreiheit ist niemand im Gefängnis, es gibt keine Zwangsbekehrungen und keinen religiös motivierten Terrorismus. Die allgemeine freundliche Haltung der Gesellschaft gegenüber den Religionen trägt zur Verwirklichung der Religionsfreiheit bei. Gleichwohl werden einige anti-islamische und anti-semitische Akte angeprangert, die aber von der Justiz oder den Behörden geahndet werden. So ist z.B. die Rede davon, dass eine «konservative Partei» im November 2004 eine Volksinitiative unterstützt habe, um Frauen mit Kopftuch aus dem öffentlichen Arbeitssektor zu verbannen. Bundesrat Moritz

---

[60] Vgl. dazu u.a. U. Friedrich: Selbstbestimmungsrecht von Kirchen und anderen Religionsgemeinschaften, in: SJKR (2003) 69–92; P. Karlen: Korporative Religionsfreiheit, a.a.O.

[61] Vgl. http://www.state.gov/g/drl/rls/irf/2005/51584.htm (Stand: 4.12.06).

Leuenberger war aber dagegen und hat davor gewarnt, die Integration der Musliminnen in die schweizerische Gesellschaft damit zu erschweren.

Allerdings kann dieser allgemeine Befund nicht darüber hinwegtäuschen, dass sich im Schatten religiöser Pluralisierung einige Fragen und Aufgaben im Hinblick auf die Religionsfreiheit stellen.[62] Diese sollen nun zumindest skizziert werden.

---

[62] Vgl. dazu ausser der bereits zitierten Literatur: Chr. Winzeler: Fremde Religionen in der Schweiz unter Gesichtspunkten der Religionsfreiheit und des Religionsverfassungsrechts, in: Zeitschrift für Schweizerisches Recht / Revue de droit suisse / Rivista di diritto svizzero / Revista da dretg svizzer, Neue Folge 117 (1998) 237–261; ders.: Ordnung oder Freiheit? Die zwei Paradigmen der Judikatur des Schweizerischen Bundesgerichts zur Religionsfreiheit als Individualrecht, in: U. Altermatt / M. Delgado / G. Vergauwen (Hg): Islam, a.a.O., 281–291; W. Haug: Die Religionsgemeinschaften der Schweiz im Spiegel der Volkszählungen, in: R. Pahud de Mortanges / E. Tanner: Kooperation, a.a.O., 3–33; P. Karlen: Umstrittene Religionsfreiheit. Zu aktuellen Streitfällen und den Richtpunkten ihrer Beurteilung, in: Zeitschrift für Schweizerisches Recht / Revue de droit suisse / Rivista di diritto svizzero / Revista da dretg svizzer, Neue Folge 116 (1997) 193–211; ders.: Jüngste Entwicklung der Rechtsprechung zum Staatskirchenrecht, in: SJKR 4 (1999); R. Pahud de Mortanges / E. Tanner (Hg): Muslime und schweizerische Rechtsordnung/Les musulmans et l'ordre juridique suisse (FVRR 13), Freiburg i.Ue. 2002; R. Pahud de Mortanges: Aktuelle Rechtsfragen zum Islam in der Schweiz, in: U. Altermatt / M. Delgado / G. Vergauwen (Hg): Islam, a.a.O., 265–280; ders.: Destruktive Sekten und Missbrauch der Religionsfreiheit. Eine Problemanzeige, in: Forum AJP/PJA 6 (1997) 766–770; ders. (Hg): Religiöse Minderheiten und Recht / Minorités religieuses et droit (FVRR 1), Freiburg i.Ue. 1998; A. Frhr. von Campenhausen: Neue Religionen im Abendland I, in: Gesammelte Schriften, Tübingen 1995, 409–443; ders.: Aktuelle Aspekte der Religionsfreiheit. Neue Religionen im Abendland II, in: A. Frhr. von Campenhausen: Gesammelte Schriften, a.a.O., 445–454; E. K. Scheuch: Religionsfreiheit als Problem heute, in: Religion, Staat, Gesellschaft. Zeitschrift für Glaubensformen und Weltanschauungen / Journal for the Study of Beliefs and Worldviews, hg. von G. Besier / H. Seiwert 1 (2000) 213–231; T. M. Schmidt: Religionsfreiheit in pluralistischen Gesellschaften – Ausschluss des Religiösen aus der politischen Öffentlichkeit?, in: a.a.O., 323–337; S. Cattacin / C. R. Famos / M. Duttwiler / H. Mahnig: Staat und Religion in der Schweiz. Anerkennungskämpfe, Anerkennungsformen. Eine Studie des Schweizerischen Forums für Migrations- und Bevölkerungsstudien (SFM) im Auftrag der Eidgenössischen Kommission gegen Rassismus (EKR), September 2003; W. Kälin: Grundrechte im Kulturkonflikt. Freiheit und Gleichheit in der Einwanderungsgesellschaft, Bern 1999.

6.1 Die Konkretisierung der Religionsfreiheit allein den BGE überlassen?

Wie Peter Karlen angemerkt hat, steht die Tragweite der Religionsfreiheit ebenso wenig wie diejenige anderer Grundrechte unabänderlich fest: «Sie ist vielmehr mit Blick auf die zu beurteilenden Fragen immer wieder von neuem zu bestimmen. Die erforderliche *Konkretisierung* wird jedoch von einem – sich zunehmend auch auf europäischer Ebene herausbildenden – festen Bestand von *Richtpunkten* geleitet.»[63] Im Hinblick auf die BGE, die aufgrund von Beschwerden von Angehörigen nichtchristlicher Religionen[64] oder wegen der Verwendung religiöser Symbole wie des Tragens bestimmter Kleider oder des Anbringens eines Kruzifix in der Schule[65] zunehmend das Mittel für die Wahrung der Religionsfreiheit in umstrittenen Fällen geworden sind, hat Karlen zugleich kritisch hinzugefügt: «Bei der erforderlichen Abwägung verrät die jüngste Rechtsprechung nicht so sehr die ihr oft unterstellte laizistische Tendenz, sondern viel eher einen problematischen Hang zur Abstrahierung von den Gegebenheiten des Einzelfalls und – damit verbunden – oft zu einer Überordnung der Individualinteressen über die Gemeinschaftsbezüge der Schule.»[66] Zu beobachten ist in den BGE auch «eine Tendenz zum Vorrang der negativen (Freiheit von religiösem Zwang) vor der positiven Religionsfreiheit (Freiheit, die eigene Überzeugung zu leben und zum Ausdruck zu bringen)».[67]

Nun, gerade weil die Konkretisierung der Religionsfreiheit hohe Anforderungen stellt und ein waches Bewusstsein für die sensiblen Zonen des menschlichen Zusammenlebens voraussetzt, darf sie nicht allein den BGE überlassen werden, d.h. Theologen, Philosophen und Religionswissenschaftler müssten sich zumindest an der Definition dessen beteiligen, was als legitime «Religion» bzw. «Weltanschauung» anzusehen ist und somit unter den Schutz der Religions- und Gewissensfreiheit fällt. Denn die Definition von

---

[63] P. Karlen: Religionsfreiheit, a.a.O., 195.

[64] Vgl. BGE 113 Ia, 304ff. (Anspruch eines muslimischen Strafgefangenen auf Teilnahme am Freitagsgebet); BGE 119 Ia, 178ff. (Dispensation eines muslimischen Mädchens vom Schwimmunterricht); BGE 119 IV, 260ff (Helmtragpflicht eines Motorrad fahrenden Sikhs).

[65] BGE 123 I, 296ff. (Tragen besonderer Kleidungsstücke, Kopftuch, aus religiöser Überzeugung); BGE 116 Ia, 252ff.

[66] P. Karlen: Religionsfreiheit, a.a.O., 211.

[67] U. Friedrich: **Religionsverfassung**, a.a.O., 96; vgl. auch P. Karlen: Religionsfreiheit, a.a.O.; ders.: Entwicklung, a.a.O.; Chr. Winzeler: Ordnung, a.a.O.; G. Nay: Rechtsprechung, a.a.O.

Religion in den BGE ist nicht unproblematisch, weil allzu formell und wertneutral.

So wird in BGE 119 Ia 178 E4b von 1993, der die Befreiung vom Schwimmunterricht aus religiösen Gründen betrifft, unter Religion folgendes verstanden: «alle Arten von Vorstellungen über die Beziehungen des Menschen zum Göttlichen beziehungsweise zum Transzendenten. Das Glaubensbekenntnis muss allerdings eine gewisse grundsätzliche, weltanschauliche Bedeutung erlangen, somit einer Gesamtsicht der Welt entsprechen; das heißt, dass mit dem Glaubensbekenntnis eine religiös fundierte, zusammenhängende Sicht grundlegender Probleme zum Ausdruck zu gelangen hat, ansonsten die Religionsfreiheit sich zu einer schwer fassbaren Allgemein- und Handlungsfreiheit erweitern würde.» Auf diese Definition bezieht sich wiederum BGE 125 I 369, Eb von 1999, der die Scientology-Anwerbung auf öffentlichem Grund betrifft: «Der Staat ist aufgrund der Religionsfreiheit zur Unparteilichkeit gegenüber den in einer pluralistischen Gesellschaft auftretenden religiösen und weltanschaulichen Überzeugungen verpflichtet [...]. Eine Gruppierung kann sich jedoch nur auf dieses Grundrecht berufen, wenn sie eine genügend grundsätzliche, gesamtheitliche Sicht der Welt zum Ausdruck bringt *(BGE 119 Ia 178 E4b, S. 183).*»[68]

Kann nun Religion wertneutral als eine «genügend grundsätzliche, gesamtheitliche Sicht der Welt» definiert werden, ohne Beachtung der Konformität dieser Sicht mit den Menschenrechten, d.h. mit der Würde der Person, oder der Haltung der jeweiligen weltanschaulichen Gruppe oder Religionsgemeinschaft zur pluralistischen Gesellschaft bzw. zur Werteordnung unserer Kultur? Gewiss, in der religionsrechtlichen Literatur heißt es wiederholt, dass die religiös-weltanschauliche Neutralität es dem Staat verbietet, «das Wesen der Religion normativ festzulegen».[69] Aber dies hindert Juristen, Theologen, Philosophen und Religionswissenschaftler nicht daran, über das Wesen einer guten, d.h. menschenwürdigen Religion nachzudenken, damit die Gerichte sich bei der Schrankenregelung leichter tun können. Es kann nicht der Wahrheit letzter Schluss sein, dass sogar «das Zusammenrühren psychologischer Taktiken und Erkenntnisse mit ostasiatischen Erkenntnissen» für die Anerkennung als Religion genügt.[70]

---

[68] Dies deckt sich z.B. mit der **Minimaldefinition** von Campenhausen: «Bei Religion und Weltanschauung geht es um eine bewertende Stellungnahme zum Ganzen der Welt und um Antwort auf Fragen nach Ursprung». A. Frhr. von Campenhausen: Neue Religionen II, a.a.O., 450.

[69] A. Frhr. von Campenhausen: **Neue** Religionen I, a.a.O., 423, 413f.

[70] A. Frhr. von Campenhausen: Neue **Religionen** I, a.a.O., 427.

6.2 Können sich (destruktive) Sekten auf die Religionsfreiheit berufen?

Dies führt uns nicht zuletzt zum Problem der Berufung von «destruktiven» Sekten auf die Religionsfreiheit, das in der jüngsten Zeit intensiv diskutiert wird. Darf im religiösen Bereich operierenden destruktiven Organisationen der Schutz der Religionsfreiheit abgesprochen werden?

René Pahud de Mortanges hat festgestellt, dass der Religions- bez. Weltanschauungsbegriff, von dem das Bundesgericht ausgeht, sehr weit gefasst ist: «Mit dieser Definition kann den allermeisten Sekten die Berufung auf die Religionsfreiheit nicht verwehrt werden – darin ist sich die deutsche Lehre einig.»[71] Unter Religionsrechtlern besteht Konsens darüber, dass der Idee der Religionsfreiheit gerade entspricht, «dass die Anhänger von Lehren, welche eine Mehrheit der Bevölkerung für absonderlich oder gar abstrus hält, diese leben und bezeugen können.»[72]

Was in Frage steht, ist allerdings nicht das Recht auf religiöses Dissidententum, heterodoxe Bewegungen oder Minderheitsreligionen, die von den Religionen der Mehrheit der Bevölkerung abweichen, sondern ob die Idee der Religionsfreiheit unabhängig von deren Bindung an die Menschenwürde und unsere Werteordnung formaljuristisch interpretiert werden darf.

Auch bei der Ablehnung des Rechtes von reinen «Psycho-Organisationen» zur Berufung auf die Religionsfreiheit, spielt die Konformität mit der Menschenwürde keine Rolle; es geht lediglich darum, dass jene dem juristischen Religionsbegriff entsprechen oder nicht: «Es geht nicht um die Vermittlung von Vorstellungen über die Beziehungen des Menschen zur Transzendenz und auch nicht um eine religiöse Gesamtinterpretation der Welt, so wie dies in der Definition des Bundesgerichts von ‹Religion› bzw. ‹Weltanschauung› verlangt wird. [...] Organisationen, deren Lehre zur Hauptsache aus einer Anleitung zum Geistestraining besteht, erfüllen die Voraussetzungen zur Berufung auf die Religionsfreiheit nicht».

---

[71] R. Pahud de Mortanges: Sekten, a.a.O., 768. Der Autor verweist nicht nur auf die soeben zitierten Beiträge von **Campenhausen**, sondern auch auf: R. B. Abel: Inhalt und Grenzen der Religionsfreiheit in Bezug auf die «neuen Jugendreligionen», Hamburg 1988 (Diss.); T. Fleischer: Der Religionsbegriff des Grundgesetzes. Zugleich ein Beitrag zur Diskussion über die «neuen Jugendreligionen», Bochum 1989; J. Müller-Volbehr: Die so genannten Jugendreligionen und die Grenzen der Religionsfreiheit, in: Essener Gespräche zum Thema Staat und Kirche 19 (1985) 111–136.

[72] R. Pahud de Mortanges: Sekten, a.a.O., 768; ähnlich schon A. Frhr. von Campenhausen: Neue Religionen I und II, a.a.O., 413f., 423, 427.

Diese Beispiele dürften gezeigt haben, dass der juristische Religionsbegriff nicht unproblematisch ist. Daher ist Pahud de Mortanges zuzustimmen, wenn er «eine *Eingrenzung* des bisher als fast uferlos verstandenen *verfassungsrechtlichen Religionsbegriffes*» für nötig hält.[73] Doch nicht nur die «Psycho-Organisationen» zwingen zu einer vertieften Reflexion auf das, was im Rahmen der «Religionsfreiheit» als «Religion» oder «Weltanschauung» zu betrachten ist,[74] sondern das Phänomen religiöser Pluralisierung als solches, das unser Rechtssystem mit der Frage der Berufung bisher «fremder Religionen» auf die Religionsfreiheit konfrontiert. Christoph Winzeler hat m.E. Recht, wenn er schreibt, die wohl schwierigste Frage gilt «dem *Begriff der Religion* als Schutzgut [...]. Von ihrer Beantwortung hängt ein Stück weit die Tragweite der Religionsfreiheit als Grundrecht ab. Was ist Religion im Sinne der bisherigen Handhabung von Art. 49-50 BV (historische Auslegung), was ist auch noch Religion im Kontext der multikulturellen Gesellschaft (theologische Auslegung) und was ist keine Religion mehr, liegt also jenseits des Schutzbereichs der Religionsfreiheit?»[75]

6.3 Öffentlich-rechtliche Anerkennung[76]

Es gehört zu den Forschungstopoi von der «Vielgestaltigkeit der in der Schweiz vorfindlichen Zuordnungsmuster von Staat und Kirche» zu spre-

---

[73] R. Pahud de Mortanges: Sekten, a.a.O., 768.
[74] R. Pahud de Mortanges: Sekten, a.a.O., 769.
[75] Chr. Winzeler: Fremde Religionen, a.a.O., 250.
[76] Vgl. dazu: C. R. Famos: Die öffentlichrechtliche Anerkennung von Religionsgemeinschaften im Lichte des Rechtsgleichheitsprinzips (FVRR 6), Freiburg i.Ue. 1999; P. Karlen: Zur öffentlichrechtlichen Anerkennung weiterer Religionsgemeinschaften, in: SJKR (1996) 39–46; D. Kraus: Der öffentlich-rechtliche Status von Kirchen und Religionsgemeinschaften in der Schweiz, in: Religion, Staat, Gesellschaft. Zeitschrift für Glaubensformen und Weltanschauungen / Journal for the Study of Beliefs and Worldviews, hg. von G. Besier und H. Seiwert 2 (2001) 103–125; R. Pahud de Morganges / G. A. Rutz / Ch. Winzeler (Hg): Die Zukunft der öffentlichrechtlichen Anerkennung von Religionsgemeinschaften (FVRR 8), Freiburg i.Ue. 2000; R. Pahud de Mortanges: Anerkennung, a.a.O.; ders.: Fragen zur Integration der nichtchristlichen Religionsgemeinschaften in das schweizerische Religionsverfassungsrecht, in: SJKR 3 (1998) 89ff; L. Fischli-Giesser: Die öffentlich- rechtliche Stellung ‹anderer› Religionsgemeinschaften, in: A. Loretan (Hg): Kirche – Staat im Umbruch. Neuere Entwicklungen im Verhältnis von Kirchen und anderen Religionsgemeinschaf-

chen.[77] Während das Bundesrecht die Religionsfreiheit regelt, sind die Verhältnisse zwischen Staat und Kirche Kompetenz des kantonalen Rechtes (Art. 72, Abs. 1 BV). Wenn wir hier die Nuancen (Trennungskantone usw.) beiseite lassen, so können wir sagen, dass in den Kantonen die beiden Mehrheitskonfessionen sowie teilweise zwei weitere Religionsgemeinschaften (die christkatholische und die jüdische Gemeinschaft) zu öffentlichrechtlichem Rechtssubjekt anerkannt sind. Diese Anerkennung hat verschiedene Wirkungen für die Religionsgemeinschaften. Sie betreffen die Steuern, die finanzielle Unterstützung, die Seelsorge, den Religionsunterricht und die Meldung ihrer Mitglieder durch die Einwohnergemeinde. Zugleich ist die öffentlich-rechtliche Anerkennung in den meisten Kantonen mit einer begrenzten staatlichen Oberaufsicht über die Tätigkeit der Religionsgemeinschaften und einer staatlichen Einsicht in ihre Finanzen verbunden; und mancherorts sind die Religionsgemeinschaften verpflichtet, «sich demokratische Entscheidungsstrukturen zu geben und ihre Mitglieder bei der Wahl ihrer Amtsträger mitwirken zu lassen». Die öffentlichrechtliche Anerkennung besteht also «aus einem Bündel von Rechten und Pflichten».[78]

Die Frage, die sich im Zusammenhang mit Religionsfreiheit und religiöser Pluralisierung stellt, ist die nach der Öffnung des Anerkennungssystems, denn eine explizite Beschränkung auf christliche Kirchen und Religionsgemeinschaften bzw. auf die jüdische Gemeinschaft «dürfte gegen den Grundsatz der religiösen Neutralität verstoßen».[79] Auch wenn kein Recht auf Anerkennung besteht und die Kantone dabei einen «Ermessensspielraum» haben, so entspricht der Religionsfreiheit und dem Nicht-Diskriminierungsprinzip in Art. 15 BV, dass die Verleihungsvoraussetzungen grundsätzlich religionsneutral gefasst und gehandhabt werden. Dies hindert die Kantone nicht daran etwa in Analogie zu der bisherigen Praxis gewisse Voraussetzungen zu

---

ten zum Staat, Zürich 1995, 160ff; Chr. Winzeler: Fremde Religionen, a.a.O.; ders.: Einführung, a.a.O.; A. Loretan: Religionsfreiheit und Gleichstellung aus religionsrechtlicher und religionsphilosophischer Sicht, in: P. Richli (Hg): Wo bleibt die Gerechtigkeit? (LBR 5) Zürich 2005, 87–112; G. Nay: Kirche und Staat im Lichte der Religionsfreiheit. Die schweizerische Lösung des Dualismus, in: A. Loretan / F. Luzatto (Hg): Gesellschaftliche Ängste als theologische Herausforderung. Kontext Europa, Münster 2004, 65–78; ders.: Selbstverständnis, Selbstbestimmungsrecht und öffentlich-rechtliche Anerkennung. Voraussetzungen der Anerkennung weiterer, auch islamischer Religionsgemeinschaften in: R. Pahud de Mortanges / E. Tanner (Hg): Muslime, a.a.O., 111–128.

[77] D. Kraus: Status, a.a.O., 103.

[78] R. Pahud de Mortanges: Anerkennung, a.a.O., 55.

[79] D. Kraus: Status, a.a.O., 119.

verlangen bzw. Bedingungen aufzustellen (wie z.b.: Dauerhaftigkeit, einer Kirchengemeinde ähnliche Struktur, Nähe zu Leben und Kultur der Gesellschaft, Art des Bekenntnisses der Religionsgemeinschaft, Verpflichtung auf den *ordre public* usw.).

René Pahud de Mortanges stellt fest, dass das System der Anerkennung auf die christlichen Großkirchen zugeschnitten ist, und plädiert für die Unterscheidung zwischen einer *großen* und einer *kleinen* Anerkennung, da nicht von allen Religionsgemeinschaften das ganze Bündel «an Rechten und Pflichten» gewünscht wird (die dabei aufgestellten Anforderungen zur Beachtung demokratischer Prinzipien oder zur öffentlichen Rechnungslegung machen die Erlangung des staatskirchenrechtlichen Körperschaftsstatus für manche Kirchen und Religionsgemeinschaften von vornherein uninteressant). Daher sehen einzelne Kantone vor, «dass die Religionsgemeinschaft ihren privatrechtlichen Status behält, aber einzelne Rechte verliehen bekommt».[80] Im Bewusstsein dessen, dass das kantonale Anerkennungssystem den Wandel zur religiösen Pluralität der Schweiz unzureichend widerspiegelt, plädiert Pahud de Mortanges auch für die öffentliche Anerkennung von Kirchen und anderen Religionsgemeinschaften auf Bundesebene, etwa auf der Grundlage eines «Religionsartikels»: «Entscheidend ist aber, dass eine solche Bundesanerkennung das kantonale Anerkennungsrecht *nicht ersetzt, sondern ergänzt*», etwa mit ideellen, administrativen und gegebenenfalls auch finanziellen Konsequenzen «auf der Bundesebene».[81]

Die Situation im Hinblick auf die öffentlich-rechtliche Anerkennung weiterer Kirchen- und Religionsgemeinschaften tendiert zu einer größeren Offenheit und Flexibilität bei der Verleihung des staatskirchenrechtlichen Körperschaftsstatus. Wichtig wäre darüber hinaus die Entkoppelung von Rechtsstatus und Statusrechten, damit der Körperschaftsstatus nicht wegen gewisser damit verbundenen Rechtspositionen angestrebt zu werden braucht.[82] Aus theologischer Sicht ist bedenklich, dass es nicht aussichtsreich sein dürfte, die öffentlich-rechtliche Anerkennung auf bestimmte, religiös determinierte Voraussetzungen wie etwa den «Religionsbegriff» festlegen zu wollen.

---

[80] R. Pahud de Mortanges: Anerkennung, a.a.O., 63. Ähnlich auch die Vorschläge von G. Nay: Kirche und Staat, a.a.O.
[81] R. Pahud de Mortanges: Anerkennung, a.a.O., 65.
[82] D. Kraus: Status, a.a.O., 124.

7. Ausblick

Einerseits muss die religiöse Pluralisierung der Gesellschaft unter Wahrung der Religionsfreiheit mitgestaltet werden, andererseits ist diese Pluralisierung selbst nicht ohne Folgen für die Ausgestaltung der Religionsfreiheit. Die BV, die sich die Schweiz an der Schwelle zum dritten Jahrtausend gegeben hat, stellt zwar einen längst fälligen Abschied vom kulturkämpferischen Geist des 19. Jahrhunderts dar, aber sie spiegelt noch nicht die religiöse Pluralisierung der Gesellschaft wider. Dazu wird ein «Religionsartikel» nötig sein, aber auch die behutsame Öffnung des öffentlich-rechtlichen Anerkennungssystems für die bisher «fremden» Religionen – mit großer Flexibilität, aber auch mit deutlichen Auflagen. Dazu gehört aber auch das Ringen um einen «Religionsbegriff», der den Schutz der Religionsfreiheit an die Achtung der Menschenwürde und der hiesigen Werteordnung deutlicher bindet. Nicht zuletzt gehört dazu, dass die christlichen Kirchen als die hier historisch verwurzelten Religionsgemeinschaften, auf die die bisherigen Religionsgesetze zugeschnitten wurden, sich advokatorisch für die Religionsfreiheit der eingewanderten Religionen einsetzen, d.h. eine Kultur ökumenischer und interreligiöser Solidarität pflegen.[83]

---

[83] Die neuerliche Gründung des Rates der Religionen ist hiefür ein Hoffnungszeichen, genauso wie Institutionen wie IRAS/COTIS. Ein Beispiel der hier gemeinten advokatorischen Aufgabe stellt die Verlautbarung zum Thema «Religionsfreiheit und interreligiöser Dialog» dar, welche die drei Landeskirchen anlässlich des internationalen Menschenrechtstages am 10. Dezember 2006 veröffentlicht haben. Darin ist von der «Verantwortung für das Recht des anderen» die Rede: vgl. http://www.sek-feps.ch/media/pdf/themen/ menschenrechte/ULTIMOII-061210 -MR-Tag_D.pdf. Vgl. dazu auch: Chr. M. Rütishauser: Vom Religionspluralismus zum Dialog. Interreligiöse Initiativen in der Schweiz, in: Stimmen der Zeit 224 (2006) 795–808.

II. Teil

Religionsgeschichtliche Aspekte zur Freiheit religiöser Gemeinschaften

Konrad Sahlfeld

Die Religionsfreiheit in der Schweiz
Grundlage für eine Debatte zur religiösen Öffnung der Schweiz

1. Bedeutung der Religion

Die *Bedeutung der Religion* kann daran verdeutlicht werden, wie viele Menschenleben im Namen einer Religion auf der einen Seite geopfert und auf der anderen Seite gerettet worden sind. Die Schweiz wurde in ihrer heutigen Erscheinungsform ganz wesentlich von den Auseinandersetzungen zwischen den beiden großen christlichen Konfessionen geprägt.[1] Zudem hat der Gedanke einiges für sich, dass die Menschenrechte auf der langen Geschichte des Schutzes von religiösen Minderheiten fußen.[2] Dieser Ansatz ist gleichzeitig geradezu modern, wenn man an die bisherige Reformdiskussion im Iran denkt. Dort hatte langsam aber sicher ein vom früheren Präsidenten Chatami initiierter Prozess unter dem Stichwort «Dialog der Religionen» zu greifen begonnen, wonach religiöse Minderheiten wie Armenier, Juden und Zoroastrier zu schützen sind. Am Ende dieses Prozesses werden, so hofften die Reformer, Meinungsäußerungsfreiheit und grundsätzlich die Menschen- und Grundrechte stehen.[3] Es bleibt abzuwarten, ob dieser Prozess von Erfolg gekrönt sein wird.

Ein Satz des verstorbenen Staatsrechtslehrers Peter Saladin zur Lage der verschiedenen Religionsgemeinschaften in der Schweiz von 1848 sei dem zur Seite gestellt[4]: «für ein großzügigeres Verhalten gegenüber andern als den anerkannten christlichen Konfessionen wuchs das Verständnis nur sehr langsam». Die Parallelen zu heute sind unübersehbar, das gilt sowohl für ein Land wie den heutigen Iran als auch für europäische Länder.[5]

---

[1] P. Saladin: Grundrechte im Wandel, Bern 1982³, 2.

[2] M. Scheinin: Article 18, in: G. Alfredsson / A. Eide (Hg): The Universal Declaration of Human Rights, The Hague 1999, 379.

[3] Der Verfasser hatte bei einer Studienreise im Juni 2002 die Gelegenheit, die verschiedenen Meinungen dazu zu hören und sich hierzu ein Bild zu machen.

[4] P. Saladin: Grundrechte, a.a.O., 6.

[5] Vgl. auch M. Nowak: U.N. Covenant on Civil and Political Rights: CCPR commentary, Kehl 1993, N 1, der die fundamentale Bedeutung der Religionsfreiheit für die Entwicklung der heutigen Grund- und Menschenrechte hervorhebt.

Menschen das Denken zu erlauben, stellt für die meisten Staaten kein Problem dar. Erst wenn die Überzeugung des Einzelnen zum Ausdruck kommen soll, Einzelne sich zusammenschließen, um eine Anschauung oder Religion gemeinsam zu (er)leben, offenbart sich, ob der Staat mit seinem Rechtssystem seinen eigenen Ansprüchen genügen kann. Ein Rechtssystem zumeist, welches für neue Formen von Religiosität oder für neue Religionen überhaupt oft schlecht gerüstet ist. Und Religionen, zumindest diejenigen, die sich auch der Mission widmen, sind in der Öffentlichkeit präsent, ja reklamieren für sich trotz oder gerade wegen einer sich verstärkenden Sinn- und Wertekrise einen *Öffentlichkeitsauftrag*.[6] In Ländern, in denen Mission verboten ist, aber auch der Abfall von der Staatsreligion unter Strafe steht, kann nicht wirklich von Religionsfreiheit die Rede sein. Hier sind wir bereits bei einer der Grundbedingungen von Religionsfreiheit angelangt, auf die in einem späteren Abschnitt einzugehen sein wird, nämlich der Toleranz.

Die religionsgeschichtliche Entwicklungsgeschichte der Neuzeit kann im Europa der Nachreformationszeit grob in drei Phasen eingeteilt werden: Zunächst bestimmte – noch im Mittelalter und auch darüber hinaus – der jeweilige Landesfürst die Religion seiner Landeskinder (*ius reformandi*[7]): «cuius regio, eius religio» (Augsburg, 1555[8]). Die Anerkennung von religiösen Minderheiten und das damit verbundene Recht zur Auswanderung, können als die erste Phase von Religionsfreiheit betrachtet werden (*ius emigrandi*[9]).[10] Die zweite Phase dauerte bis in das 20. Jahrhundert hinein und kann mit dem

---

[6] F. Hafner: Die Beteiligung der Kirchen an der politischen Gestaltung des pluralistischen Gemeinwesens, Basel 1985, 29ff; siehe dazu neuestens auch G. Klostermann: Der Öffentlichkeitsauftrag der Kirchen: Rechtsgrundlagen im kirchlichen und staatlichen Recht, Tübingen 2000.

[7] § 15f. des Augsburger Religionsfriedens, in: B. Jeand'Heur / St. Korioth: Grundzüge des Staatskirchenrechts, Kurzlehrbuch, Stuttgart/München u.a. 2000, 33.

[8] Der Augsburger Religionsfrieden sicherte auf lange Zeit hinaus die Parität zwischen den Katholiken und Protestanten Augsburger Bekenntnisses (Lutheraner); B. Jeand'Heur / St. Korioth: Grundzüge, a.a.O., 32f. – Wobei zu berücksichtigen ist, dass die Formulierung «cuius regio, eius religio» im Augsburger Religionsfrieden gerade nicht vorkam.

[9] § 24 des Augsburger Religionsfriedens, in: B. Jeand'Heur / St. Korioth: Grundzüge, a.a.O., 33.

[10] Der Westfälische Frieden von 1648 diente in erster Linie der Friedenssicherung zwischen dem katholischen und protestantischen Lager und dehnte den 1555 in Augsburg gefundenen Kompromiss auch auf die Reformierten (= Calvinisten) aus.

Kampf um tatsächliche Religionsfreiheit charakterisiert werden.[11] In dieser Zeit, zu deren Beginn die Aufklärung stand, ging es darum, auch Atheisten und Agnostikern zu ihrem Recht zu verhelfen. Wichtig war hierbei die Trennung von Recht und Moral; es sollte nur noch auf die Handlungen der Individuen ankommen, nicht mehr darauf, was sie dachten. Die dritte und noch bis heute andauernde Phase sei mit der UNO-Charta[12] angesetzt, die zum Internationalen Übereinkommens über die zivilen und politischen Rechte (UNO-Pakt II) und auch zur Europäischen Menschenrechtskonvention (EMRK) führte. Mit anderen Worten, es hielt eine *Internationalisierung und Individualisierung* des Rechtes auf Religionsfreiheit Einzug. Diese Internationalisierung ging einher mit der Schaffung von Instrumentarien zur Durchsetzung der Menschenrechte, von denen die EMRK das prominenteste ist.

Die Bedeutung der Religionsfreiheit hat in den letzten Jahren eher zu- als abgenommen. Das hängt zu einem großen Teil auch mit der Migration[13] und dem daraus resultierenden Integrationsbedarf und dem dabei auftreten-

---

[11] Erste Tendenzen, religiöse Freiheit zu gewähren markieren, die folgenden Jahreszahlen: 1562 (Toleranzedikt von St.-Germain, Frankreich), 1579 (Utrechter Union, Holland), 1598 (Toleranzedikt von Nantes, Frankreich), 1647 (Agreement of the People, England), 1648 (Westfälischer Frieden, Deutschland), 1653 (Instrument of Government, England), Saladin, Grundrechte, 3. Das Jahr 1685 (Edikt von Fontainebleau, Frankreich) markiert jedoch bereits wieder das Ende der Toleranz (gegenüber dem europäischen Protestantismus).

[12] Zu den «Trauvaux Préparatoires» von Art. 18 der UNO-Charta siehe M. Scheinin: Article 18, a.a.O., 380ff. Darin weist er u.a. auf die Aussage des französischen Mitglieds der Subkommission, welches den Text der letzten Version erarbeitet hatte: Dieser betonte nämlich den heiligen und unverletzlichen Charakter der Gedankenfreiheit, welche die Quelle aller anderer Rechte sei und geradezu eine «metaphysische Bedeutung» habe. Sogar der russische Repräsentant habe dem zugestimmt. – Bei der Formulierung der UNO-Charta waren angelsächsische Theologen des Ökumenischen Rates der Kirchen massgeblich beteiligt. Die protestantischen Kirchen waren denn auch eher bereit, die Menschenrechte und damit die Religionsfreiheit ohne Einschränkungen zu akzeptieren. Bei der römisch-katholischen Kirche dauerte das bis zur Erklärung «Dignitatis Humanae» des 2. Vatikanischen Konzils von 1965; H. Weber: Die aktuelle Diskussion in Deutschland zur Religionsfreiheit, in: RSG 2 (2000) 233, 239 mit weiteren Nachweisen.

[13] Diese gab es zugegebenermassen auch schon früher (man denke an die [katholischen] Gastarbeiter aus Spanien und Italien) – und sie hat damals genauso zu (religiösen) Konflikten geführt, wenn auch die kulturelle bzw. religiöse Verschiedenheit von Einheimischen und Zugewanderten möglicherweise geringer ausfiel als mit der heute erreichten Mobilität.

den Schwierigkeiten zusammen. Die Migranten berufen sich im kulturellen oder religiösen Konfliktfall oft auf die Grundrechte und dabei besonders häufig auf die Religionsfreiheit, die auf dem Weg ist, geradezu ein Auffangtatbestand für interkulturelle Konflikte zu werden. Sie berufen sich deshalb auf die Religionsfreiheit, weil kollektiv geltend zu machende Grundrechte nicht existieren, genauso wenig wie ein allgemeiner Schutz kultureller Minderheiten.[14] Die Grundrechte, die gar nicht für den Fall des Konfliktes zwischen Kulturen konzipiert worden sind, kommen so in einem ganz anderen, als dem vorgesehenen Kontext auf den Prüfstand. Die Religionsfreiheit, die für den intrakulturellen Konflikt gedacht war und hier schon etliches bewegen konnte, wird nun in ähnlicher Weise im interkulturellen Konflikt Dinge in Bewegung setzen. Denn aus der Natur der Grundrechte und der Rechtsgleichheit ergibt sich, dass die gleichen Maßstäbe angelegt werden müssen wie bis anhin. Es kann deshalb nicht sein, dass aus politischen Gründen eine stärkere Einschränkung gewisser Religionen das Ergebnis ist.[15]

2. Staat-Kirche-Beziehung beeinflusst die Religionsfreiheit

Zu den wesentlichen Strukturprinzipien einer nationalen Identität gehören die Grundsätze der Beziehung zwischen Staat und Kirche.[16] In zentralistischen Staaten ist diese Beziehung zumeist einheitlich geregelt, in föderalistischen Staaten finden sich häufig unterschiedliche Modelle. Es ist von entscheidender Bedeutung, *welchen Einfluss das grundsätzliche Staat-Kirche-Verständnis in den jeweiligen Mitgliedstaaten der Europäischen Menschenrechtskonvention (EMRK)* für die Religionsfreiheit hatte oder immer noch hat.[17] Die konkrete Ausgestaltung der Religionsfreiheit ist deshalb vor dem Hintergrund der

---

[14] Kann der Turbanträger von der Helmpflicht befreit werden? Nach dem Gesetz: Welche kulturellen Konflikte zwischen Einheimischen und Zugewanderten entstehen und wie ihnen juristisch begegnet werden kann, in: FAZ Nr. 141, 21.6.02, 49.

[15] Vgl. dazu besonders K. Sahlfeld: Der Islam als Herausforderung für die Rechtsordnung, in: Religion und Weltanschauung im säkularen Staat, Andreas Haratsch u.a. (Hg), 41. Tagung der Wissenschaftlichen Mitarbeiterinnen und Mitarbeiter der Fachrichtung Öffentliches Recht in Potsdam 2001, Stuttgart 2001, 127.

[16] G. Robbers: Staat und Kirche in der Europäischen Union, Baden-Baden 1995, 355.

[17] Siehe hierzu insbesondere K. Sahlfeld: Aspekte der Religionsfreiheit, Zürich 2004, 69ff.

jeweiligen nationalen Geschichte zu betrachten.[18] Das laizistische Modell Frankreichs, vom Kanton Genf kopiert, die «hinkende Trennung» in Deutschland, wie sie auch in «perfektionierter» Version im Kanton Basel-Stadt zu finden ist, die besondere Stellung der griechisch-orthodoxen Kirche in Griechenland, die immer noch spezielle Rolle der katholischen Kirche in Italien, das nun nach und nach abgebaute skandinavische Staatskirchentum – sie alle bringen unterschiedliche Voraussetzungen mit, die von den EMRK-Organen unter eine Rechtsprechung gebracht werden müssen.[19] Generell sind verschiedene Tendenzen aus den letzten Jahren ablesbar. Einerseits werden zunehmend Staatskirchen «privatisiert»[20], andererseits geht die Tendenz mehr und mehr in Richtung Selbstbestimmungsrecht der Religionsgemeinschaften, was den Minderheiten zugute kommt.[21]

Als Grundtypen werden üblicherweise die drei folgenden Modelle genannt: Das Modell der Staatskirche als Einheit von Staat und Kirche, das Modell der strikten Trennung von Staat und Kirche sowie das Modell der Zusammenarbeit von Staat und Kirche. Bei diesen Typisierungen ist von vornherein klar, dass sie nie in Reinkultur vorkommen.

Je mehr man sich mit den verschiedenen Lösungen beschäftigt – und die Schweiz ist hier ein überaus interessantes Experimentierfeld mit ihren verschiedenen Staat-Kirche-Beziehungen –, umso mehr drängt sich die Frage in den Vordergrund, ob es überhaupt *eine ideal konzipierte Religionsfreiheit* bzw. ein ideal konzipiertes Verhalten zwischen Staat und Religionsgemeinschaften gibt. Ist es etwa das amerikanische Modell mit dem Verbot des «establishment of religion»? Aber wieso schwört der amerikanische Präsident dann auf eine Bibel? Ist es das System mit öffentlich-rechtlich anerkannten Religionsgemeinschaften? Aber wieso bleibt das System im Allgemeinen neuen Religionen verschlossen? Ist es die so genannt laizistische Türkei? Aber wieso haben es dort Christen unvergleichlich schwerer, gewisse Positionen zu

---

[18] So für die Schweiz J.-P. Müller: Grundrechte in der Schweiz Im Rahmen der Bundesverfassung von 1999, der UNO-Pakte und der EMRK, Bern 1999, 80.

[19] Gute Übersicht, z.T. allerdings bereits überholt, bei G. Robbers: Staat und Kirche, a.a.O.; aktueller: M. Vachek: Das Religionsrecht der Europäischen Union im Spannungsfeld zwischen mitgliedstaatlichen Kompetenzreservaten und Art. 9 EMRK, Frankfurt a.M. 2000, 32ff.

[20] Als schönes Beispiel sei der Satz «Christianity is part of the law of England» genannt; heute nur noch Rhetorik, kein Recht mehr, in: R. Clayton / H. Tomlinson: The Law of Human Rights, New York 2000, 958.

[21] Vgl. dazu etwa NZZ N 82, 10.8.02, 61, über die Anstrengungen der polnischen Protestanten.

erlangen, als etwa türkische Muslime in dem mit einer Staatskirche ausges-
tattetem Großbritannien?

In allen Systemen wiederkehrende Elemente sind die Grundprinzipien
für ein faires Miteinander von Staat und Religionsgemeinschaften: *Gleichbehandlung oder Parität, Nichtidentifikation und Neutralität des Staates, schließlich Toleranz*.[22]

3. Religionsfreiheit in der Schweiz

Für die Schweiz schreibt weder die Bundesverfassung noch das Bundesgericht ein irgendwie geartetes Modell des Verhältnisses von Staat und Kirche
vor, es gilt die *Kultushoheit der Kantone*.[23] Die Kantone sind weitgehend frei
darin, wie sie das Verhältnis zwischen Staat und Religionsgemeinschaften
gestalten wollen.[24] Die verschiedenen Systeme sind komplex und meist nur
noch historisch zu erklären.[25] Verallgemeinernd kann man die ehemals protestantisch dominierten[26], ehemals katholisch dominierten[27] und konfessionell paritätischen[28] Kantone unterscheiden.[29] In den protestantischen Kantonen war und ist das Verhältnis zwischen Staat und Kirche traditionell
enger.

Saladin weist auf den geradezu revolutionären Charakter der ersten
Helvetischen Verfassung hin, welche die Kantone mit ihrer lange prakti-

---

[22] Siehe A. Campenhausen: Staatskirchenrecht Ein Studienbuch, 3. Auflage,
München 1996, 419ff, der allerdings vor einer zu starken Schematisierung warnt;
jede abkürzende Benennung vernachlässige insbesondere die dem Autor jeweils
nicht genehme Elemente (419).

[23] J.-P. Müller: Grundrechte, a.a.O., 98.

[24] Art. 72 Abs. 1 BV: «Für die Regelung des Verhältnisses zwischen Kirche und
Staat sind die Kantone zuständig». Art. 3 BV: «Die Kantone sind souverän, soweit
ihre Souveränität nicht durch die Bundesverfassung beschränkt ist; sie üben alle
Rechte aus, die nicht dem Bund übertragen sind».

[25] Y. Hangartner: Grundzüge des schweizerischen Staatsrechts, Band II:
Grundrechte, Zürich 1982, 100.

[26] Appenzell Ausserrhoden, Basel-Land, Bern, Schaffhausen, Waadt und Zürich.

[27] Appenzell Innerrhoden, Fribourg, Luzern, Nidwalden, Obwalden, Solothurn, Schwyz, Tessin, Uri, Wallis, Zug.

[28] Aargau, Glarus, Graubünden, St. Gallen, Thurgau.

[29] F. Hafner: Beteiligung, a.a.O., 157f.

zierten Glaubenseinheit unvorbereitet getroffen habe.[30] Ziff. 6 der Verfassung der Helvetischen Republik vom 12. April 1798 lautet: «Die Gewissensfreiheit ist uneingeschränkt; jedoch muss die öffentliche Äusserung von Religionsmeinungen den Gesinnungen der Eintracht und des Friedens untergeordnet sein. Alle Gottesdienste sind erlaubt, insofern sie die öffentliche Ruhe nicht stören und sich keine herrschende Gewalt oder Vorzüge anmaßen. Die Polizei hat die Aufsicht darüber und das Recht, sich nach den Grundsätzen und Pflichten zu erkundigen, die darin gelehrt werden. Die Verhältnisse einer Secte mit einer fremden Obrigkeit sollen weder auf die Staatssachen noch auf den Wohlstand und die Aufklärung des Volkes einigen Einfluss haben.»

Die Anfänge des schweizerischen Bundesstaates waren vom Kampf um die Überwindung religiöser Gegensätze geprägt (Sonderbundskrieg). Die Bundesverfassung von 1848 gewährte nur Kultusfreiheit für anerkannte christliche Konfessionen. Diese gravierende Einschränkung wurde in einer Volksabstimmung im Jahr 1866 beseitigt.[31] 1874 wurde die Religionsfreiheit im heute geltenden Umfang in Art. 49 und 50 aBV verankert. Allerdings galten bis 1973 konfessionelle Ausnahmeartikel (Jesuitenverbot und Klosterartikel). In der Verfassung von 1999 ist die Religionsfreiheit unter der Bezeichnung Glaubens- und Gewissensfreiheit in Art. 15 gewährleistet. Die neue, moderne Formulierung legt das Schwergewicht auf die menschenrechtlichen Aspekte der Religionsfreiheit. Die Sicherung des Religionsfriedens, der bei der Gründung des schweizerischen Bundesstaates noch große Bedeutung zukam, wird nur noch im Rahmen der Zuständigkeitsregelungen angesprochen.[32]

Die Kantone dürfen Religionsgemeinschaften öffentlich-rechtlich anerkennen. Abgesehen von den Kantonen Genf und Neuchâtel, die ein System der partnerschaftlichen Trennung kennen[33], haben alle Kantone die traditionellen christlichen Kirchen öffentlich-rechtlich anerkannt.[34] Die

---

[30] P. Saladin: Grundrechte, a.a.O., 4.

[31] Am 14. Januar 1866. Der Hauptanlass war das Abkommen mit Frankreich, welches den dortigen Juden die Niederlassungsfreiheit in der Schweiz garantierte. Schweizer Juden sollten nicht schlechter gestellt werden. Siehe zur Niederlassungsfreiheit. U. Häfelin / W. Haller: Schweizerisches Bundesstaatsrecht: Ein Grundriss, Zürich 2001[5], Nr. 573ff.

[32] Vgl. Art. 72 Abs. 2 BV.

[33] Dazu F. Hafner: Trennung von Kirche und Staat: Anspruch und Wirklichkeit, in: BJM 5 (1996) 225, 242ff.

[34] Siehe dazu D. Kraus: Schweizerisches Staatskirchenrecht Hauptlinien des Verhältnisses von Staat und Kirche auf eidgenössischer Ebene, Tübingen 1993, 150.

Kantone Basel-Stadt, Bern, Fribourg und St. Gallen haben auch die Israelitische Gemeinde öffentlich-rechtlich anerkannt. Wichtig dabei ist, dass *kein Rechtsanspruch* auf die *öffentlich-rechtliche Anerkennung* besteht. Bundesverfassung und Bundesgericht überlassen es den Kantonen, welche Religionsgemeinschaften sie öffentlich-rechtlich anerkennen. Aufgrund des in Art. 8 BV geregelten Rechtsgleichheitsprinzips ist allerdings zu beachten, dass die Kantone hierbei die Religionsgemeinschaften paritätisch behandeln müssen.[35] Zum Teil sind die Kirchen in der Schweiz durch Landeskirchen mit Kirchengemeinden organisiert, andere haben die öffentlich-rechtliche Organisation nur auf Stufe der Kirchengemeinden.[36]

Der im Mai 2002 vom Waadtländer Verfassungsrat nach drei Jahren Arbeit verabschiedete Verfassungsentwurf wartet, was das Verhältnis von Staat und Kirche angeht, mit einigen Neuerungen auf. So werden zwar die reformierten und römisch-katholischen Pfarreien öffentlich-rechtlich anerkannt, mit gleichzeitigem Recht auf finanzielle Unterstützung, doch verliert die reformierte Kirche ihren Status als «national», womit die Pfarrer nicht mehr kantonale Beamte sondern Angestellte der Kirche sein werden.[37] Der jüdischen Gemeinde wird neu der Rang einer *Institution öffentlichen Interesses* zugebilligt, ohne Kostenfolgen; die Möglichkeit soll anderen Religionsgemeinschaften ebenfalls offen stehen.[38] Das ist sicher ein gangbarer Weg auch für andere Kantone, die gewisse Religionsgemeinschaften abgestuft im öffentlichen Recht anerkennen wollen.

4. Toleranz

Was ist nun *Toleranz* aus der Sicht eines Juristen? Vollendete Toleranz in einer demokratischen Gesellschaft ist nichts anderes als die säkularisierte Form von (Nächsten-)Liebe[39]. Es sollte dabei klar sein, dass Toleranz über ein bloßes Dulden hinausgeht, wie es der Wortlaut vielleicht nahe legen könnte (lat. *tolerare* = dulden).[40]

---

[35] F. Hafner: Trennung, a.a.O., 238.
[36] Y. Hangartner: Grundzüge, a.a.O., 100; siehe zu den verschiedenen Ausformungen Kraus: Schweizerisches Staatskirchenrecht.
[37] Siehe NZZ Nr. 115, 22.5.02, 13.
[38] Vgl. NZZ Nr. 184, 11.8.06, 15.
[39] O. Höffe: Lexikon der Ethik, München 2002[6], 266.
[40] Siehe A. Kaufmann: Rechtsphilosophie, München 1997[2], 329.

Toleranz – die Fähigkeit von Individuen, Gruppen und Organisationen, andere Lebenseinstellungen oder Verhaltensweisen anderer zu respektieren[41], obschon die eigenen festen Überzeugungen in eine andere Richtung gehen[42] – wird von allen Beteiligten verlangt. Toleranz nur auf einer individuellen Ebene reicht nicht; die politische und strukturelle Ebene ist genauso gefordert.[43] Gleichzeitig darf Toleranz nicht nur gegenüber neuen, sondern auch gegenüber bestehenden Religionen gefordert werden, von Minderheiten gegenüber Mehrheiten und umgekehrt.[44] Toleranz, und das möchte ich hervorheben, wird zuvorderst aber denen geschuldet, deren Existenz bzw. Recht bedroht ist.[45]

5. Neutralität

Die zentralen Entscheidungen der letzten Jahre, sei es die Frage nach der öffentlich-rechtlichen Anerkennung, sei es das Schächtverbot oder die Frage, ob eine muslimische Lehrerin im Unterricht ein Kopftuch tragen darf, sie alle kreisen auch darum, wie die gebotene Neutralität des Staates mit religiösen oder weltanschaulichen Absolutheitsansprüchen seiner Bürger zu vereinbaren ist.[46] Es geht also nicht nur um Toleranz, sondern auch um *Neutralität*.

Für den Staat bedingen sich Toleranz und staatliche Neutralität gegenseitig. Ohne das Tolerieren neuer und ungewohnter Religionen staatlicherseits, kann nicht mehr von Neutralität gesprochen werden.[47] Ohne staatliche Neutralität gerät die geforderte Toleranz in Bedrängnis.

---

[41] C. Jakobs: Kreuze in der Schule – Glaubensfreiheit und Benachteiligungsverbot, Frankfurt a.M. u.a. 2000, 56, mit weiteren Nachweisen.

[42] O. Höffe: Ethik, a.a.O., 266.

[43] J.-F. Collange: Religion et avenir des droits de l'homme, in: FS R. Ryssdal / P. Mahoney / F. Matscher / H. Petzold / L. Wildhaber (Hg), Köln u.a. 2000, 268.

[44] Vgl. die Debatte um das «Kruzifixurteil» des Bundesverfassungsgerichts. Siehe A. Nolte: Das Kreuz mit dem Kreuz, in: JöR 48 (2000) 87.

[45] A. Kaufmann: Rechtsphilosophie, a.a.O., 342.

[46] Grundlegend hierzu K. Sahlfeld: Aspekte der Religionsfreiheit, a.a.O., 3, 267ff.

[47] Ein Zitat des Humanisten Sébastien Franck soll das unterstreichen: «[Q]uiconque me veut du bien et peut me supporter à ses côtés est un frère, qu'il soit papiste, luthérien, zwinglien, anabaptiste ou Turc, même si nos sentiments diffèrent, jusqu'à ce que Dieu nous rassemble en un seul troupeau et une foi unique. Que personne ne cherche à se faire mon maître à religion, ni ne me force à le suivre dans ses croyances; chacun doit être mon prochain et devenir mon frère bien aimé; qu'il

Was ist *Neutralität*? Staatliche Neutralität kann sich im Spannungsfeld zwischen staatlicher Indifferenz gegenüber jedem Religiösem auf der einen Seite und Identifizierung mit einer bestimmten Religionsgemeinschaft auf der anderen Seite bewegen.[48] Nach der hier vertretenen Auffassung bedingt eine «demokratische Gesellschaft» im Spiegel der Rechtsprechung des Europäischen Gerichtshofes für Menschenrechte die Nichtidentifikation[49] des Staates mit einer bestimmten gesellschaftlichen Gruppierung, und sei es eine Religionsgesellschaft, weil ansonsten die Entfaltung des Pluralismus im gesellschaftlichen Bereich verloren ginge.[50] Dabei wird das Staatswesen als weder religiös noch areligiös verstanden. Die Nichtidentifikation ist also gerade nicht mit Laizismus gleichzusetzen.

Der Staat überlässt demnach die Suche nach Glück und Heil seinen Bürgern und garantiert ihnen zu diesem Zweck rechtliche Freiheit.[51] In vielen Schulgesetzen ist die Rede davon, dass die Erziehung auf «christliche Grundwerte» verpflichtet wird. J. P. Müller kritisiert dies als normative Festlegung einer Glaubensrichtung und bezweifelt, dass die Neutralität des Staates gewahrt bleibt.[52] Dem neutralen Staat ist es nämlich gerade untersagt, religiöses Verhalten zu bewerten.

Neutralität, das bedeutet jedoch nicht die Gleichsetzung von «Nichtidentifikation» mit «Nichtstun» – aus Furcht vor Verletzung von Grundrechten dritter etwa[53]; der Staat ist vielmehr aufgerufen, die verschiedenen gesellschaftlichen Gruppierungen wahrzunehmen und in den demokratischen Prozess einzubinden – der Staat bewahrt eine «neutrale Offenheit»[54],

---

soit juif ou samaritain, je veux l'aimer et lui donner tout le bien que je puis. Quiconque ne me repousse pas, je ne le repousserai pas non plus», zitiert nach Collange: Religion, a.a.O., 267.

[48] Ausführlich zum Begriff der Neutralität U. Friederich: Kirchen und Glaubensgemeinschaften im pluralistischen Staat. Zur Bedeutung der Religionsfreiheit im schweizerischen Staatskirchenrecht, Bern 1993, 316ff.

[49] A. Frhr. von Campenhausen: Staatskirchenrecht, 421, mit weiteren Nachweisen.

[50] Siehe F. Hafner: Beteiligung, a.a.O., 152, mit weiteren Nachweisen.

[51] So P. Kirchhof: Die Kirchen und Religionsgemeinschaften als Körperschaften des öffentlichen Rechts, in: HdbStKirchR Bd. II, J. Listl / D. Pirson (Hg), Berlin² 1995, 651.

[52] J.-P. Müller: Grundrechte, a.a.O., 90.

[53] F. Hafner: Beteiligung, a.a.O., 152; P. Karlen: Das Grundrecht der Religionsfreiheit in der Schweiz, Zürich 1988, 50f, 115f.

[54] K. Schlaich: Innerstaatliche Neutralität, in: EvStL, R. Herzog u.a. (Hg), Stuttgart 1987³, 2239, 2240; U. J. Cavelti: Kommentar zu Art. 15, Die Schweizerische

was mit staatlichen Vorgaben, aber auch mit unterstützenden Maßnahmen geschehen kann.[55] Mit anderen Worten darf der Staat «jeden Organismus nach dessen Bedeutung für das Gesamtwohl unterstützen».[56] Und dabei sollte er Neutralität bewahren, indem er allen Staatsbürgern die Möglichkeit verschafft und erhält, «ihren religiös-weltanschaulichen Überzeugungen auch im öffentlichen Leben soweit wie möglich Geltung zu verschaffen».[57] Die staatliche Neutralität erleidet keinen Schaden, wenn ein Staat bestimmten Religionsgemeinschaften eine Stelle im öffentlichen Leben zuweist, bzw. ihnen ein rechtliches Gefäß wie die öffentlich-rechtliche Anerkennung, welches ihnen unter Umständen besser gerecht wird als das Privatrecht, zur Verfügung stellt.[58]

6. Parität

Aus der Neutralität, aber auch aus dem Gleichbehandlungsgebot ergibt sich hinsichtlich der verschiedenen Religionsgemeinschaften ein Paritätsgebot, d.h. eine Ungleichbehandlung bestimmter Religionsgemeinschaften wird ausgeschlossen, wenn nicht rechtfertigende sachliche Unterschiede oder Gründe vorliegen. Oder um es in einer leicht abgewandelten Formel des Bundesgerichts zu sagen: Gleiche Religionsgemeinschaften sind in ihrer Gleichheit gleich zu behandeln, ungleiche Religionsgemeinschaften in ihrer Ungleichheit ungleich.

7. Schutzbereich der Religionsfreiheit

Das schweizerische Religionsrecht ist wie gesagt, im nationalen Recht auf Bundesebene in Art. 15 und 72 BV geregelt. Daneben finden sich auch auf internationaler Ebene religionsrechtliche Bestimmungen, die unmittelbar für die Schweiz gelten. So wird die Religionsfreiheit sowohl in Art. 18 UNO-

---

Bundesverfassung. Kommentar, in: B. Ehrenzeller / Ph. Mastronardi / R. J. Schweizer / K. A. Vallender (Hg), Zürich u.a. 2002, Nr. 8 hebt hervor, dass ein kämpferischer Laizismus nicht einer neutralen Haltung des Staates entsprechen würde.

[55] F. Hafner: Glaubens- und Gewissensfreiheit, Verfassungsrecht der Schweiz, § 44 in: D. Thürer / J.-F. Aubert / J.-P. Müller (Hg), Zürich 2001, Nr. 32.

[56] J. G. Fuchs: Aus der Praxis eines Kirchenjuristen in der Zeit ökumenischer Begegnung, Basel 1979, 331.

[57] A. Frhr. von Campenhausen: Staatskirchenrecht, a.a.O., 422.

[58] P. Kirchhof: Körperschaften des öffentlichen Rechts, a.a.O., 655.

Pakt II als auch in Art. 9 der EMRK geschützt. Die von der Schweiz mitunterzeichneten Dokumente der Konferenz über Sicherheit und Zusammenarbeit in Europa (KSZE, heute OSZE) enthalten ebenfalls religionsrechtliche Garantien, denen jedoch keine Verbindlichkeit im rechtlichen Sinn zukommt.

Das Bundesgericht umschrieb den Schutzbereich der Religionsfreiheit in einem Bundesgerichtsentscheid wie folgt: Art. 15 BV und Art. 9 Abs. 1 EMRK «garantieren die religiöse Bezeugung des Einzelnen Menschen als selbstverantwortlichen Bereich, der vom Staat nicht angetastet werden darf. Davon erfasst werden grundsätzlich alle Arten von Vorstellungen über die Beziehung des Menschen zum Göttlichen beziehungsweise zum Transzendenten. Das Glaubensbekenntnis muss allerdings eine gewisse grundsätzliche, weltanschauliche Bedeutung erlangen, somit einer Gesamtsicht der Welt entsprechen; das heißt, dass mit dem Glaubensbekenntnis eine religiös fundierte, zusammenhängende Sicht grundlegender Probleme zum Ausdruck zu gelangen hat, ansonsten die Religionsfreiheit sich zu einer schwer fassbaren Allgemein- und Handlungsfreiheit erweitern würde» (BGE 119 Ia 179 [Schwimmunterricht], 183). Geschützt wird dabei «sowohl die innere Freiheit, zu glauben oder nicht zu glauben, wie auch die äußere Freiheit, religiöse oder weltanschauliche Überzeugungen, innerhalb gewisser Schranken, zu äußern, zu praktizieren und zu verbreiten. Dazu gehört das Recht des einzelnen, grundsätzlich sein ganzes Verhalten nach den Lehren des Glaubens auszurichten und seinen inneren Glaubensüberzeugungen gemäß zu handeln. Zur so gewährleisteten Religionsausübung zählen nicht nur kultische Handlungen – deren Vornahme zusätzlich von der in Art. 50 BV besonders geschützten Kultusfreiheit erfasst wird – und die Beachtung religiöser Gebräuche, sondern auch andere Äußerungen des religiösen Lebens, soweit sie sich im Rahmen gewisser übereinstimmender sittlicher Grundanschauungen der Kulturvölker halten» (BGE 119 Ia 179 [Schwimmunterricht], 184).

Religionsfreiheit wird von mir als *Oberbegriff* für Glaubensfreiheit, Gewissensfreiheit und Religionsausübungsfreiheit verwendet; der Begriff der Weltanschauung fällt mit dem Begriff der Religion zusammen und weist keine eigenständige Bedeutung auf.[59] Das entspricht dem im angelsächsischen

---

[59] So auch M. Schefer: Die Kerngehalte von Grundrechten, Bern 2001, 500. Vgl. auch D. Gomien / D. Harris / L. Zwaak: Law and practice of the European Convention on Human Rights and the European Social Charter, Strasbourg 1996, 265. Dagegen hält etwa G. Czermak: Das System der Religionsverfassung des Grundgesetzes, in: KJ 2 (2000) 229, 232, an der Unterscheidung fest, will aber insge-

Sprachraum üblichen «freedom of religion» und auch dem Ansatz des Bundesgerichts.[60]

Bezeichnend ist, dass neben der EMRK auch andere internationale Konventionen und Verfassungen den Begriff der Religion *nicht definieren*, sondern als bekannt voraussetzen und ihn damit der *Begriffsklärung durch die Gerichte* überlassen. Die Kommission schien in *Chappell* grundsätzlich bereit, Druidentum als Religion anzuerkennen, sah dann aber Zugangsbeschränkungen zu Stonehenge als unter Art. 9 Abs. 2 gerechtfertigt an.[61] Der Begriff Glauben («belief») deckt individuelle Überzeugungen ab, die nicht notwendigerweise religiöser Natur zu sein haben.[62] Pazifismus fällt darunter, Kommunismus sollte ebenso darunter fallen. Ob ein Veganer[63] sich darunter zählen kann, ist fraglich.[64]

An dieser Stelle genügt es, folgendes festzuhalten: die zu schützende Religion bzw. Weltanschauung ist zunächst in einem breiten Raster einzuordnen, um sodann – in erster Linie individuell – konkretisiert zu werden. Entscheidend ist die individuelle Ausübung der Religion(sfreiheit), was der offiziellen Haltung der konkreten Religionsgemeinschaft nicht notwendigerweise entsprechen muss. Es ist allerdings durchaus das Selbstverständnis der Religionsgemeinschaft heranzuziehen, um ein (erstes) Verständnis zu erlangen.[65] Aber auch dieses *Selbstverständnis* kann nicht allein entscheidend sein, sondern ist vielmehr an Kriterien zu messen, welche die Gerichte in ihrer Praxis herausarbeiten. Geradezu selbstverständlich ist eine Herangehensweise ohne vorgefasste Meinung, sei sie der in Frage stehenden Religionsgemeinschaft kritisch oder freundlich gesinnt.

Spätestens hier wird klar, dass die Religionsfreiheit ein sehr spezielles Grundrecht ist. Der Staat garantiert sie, setzt zugleich aber Grenzen, die

---

samt nur «Gläubige» sehen, da auch viele «Nichtgläubige», Czermak, nennt Atheisten, Agnostiker, Humanisten, «gläubig» im Sinne von Grundüberzeugungen sind.

60   F. Hafner: Glaubens- und Gewissensfreiheit, a.a.O., Nr. 2.

61   Cf. EKMR 12587/86 *Chappell ./. Vereinigtes Königreich*, D&R 53 (1987) 241, letztlich wurde die Frage nicht geklärt, ob Druidentum eine Religion oder eine durch Art. 9 geschützte Überzeugung darstellt.

62   In der französischen Fassung heißt es denn auch klar in Abs. 1 «changer de religion ou de conviction»; vgl. dazu auch Nowak: CCPR commentary, Nr. 14.

63   Veganen nehmen keinerlei tierische Produkte zu sich.

64   F. Hafner: Glaubens- und Gewissensfreiheit, a.a.O., Nr. 19, stützt das Bundesgericht, welches das Verhalten eines Vegetariers von der persönlichen Freiheit geschützt sieht; Verweis auf Pra 82/1993 (Vegetarier im Strafvollzug) 420.

65   Grundsätzlich hierzu A. Isak: Das Selbstverständnis der Kirchen und Religionsgemeinschaften, Berlin, 1994.

wiederum von der betreffenden Religionsgemeinschaft mit gesetzt werden. Ganz ähnlich ist es bei der Kunst («das ist Kunst») oder der Wissenschaft («keine Eingriffe in meine wissenschaftliche Freiheit»).[66] Im Unterschied zur Eigentumsfreiheit, zur Vereins- oder Versammlungsfreiheit, bei denen auch der Staat definiert, was geschützt ist, kann eine Religionsgemeinschaft also den Schutzbereich mitgestalten; jedenfalls so weit, wie sie belegen kann, dass ein bestimmtes Verhalten auf eine Religion zurückzuführen ist oder ein für eine Religionsgemeinschaft wesentliches Element darstellt.

8. Religionsfreiheit im Alltag

Zwei Fälle des Eidgenössischen Versicherungsgerichts sollen am Anfang dieser Übersicht zu Fragen der Religionsfreiheit im Alltag stehen. Im ersten Fall wurde die Religionsfreiheit einer Angehörigen der Hindukaste der Brahmanen höher gewertet als die Bürgerpflicht, eine zumutbare Arbeit anzunehmen.[67] Da sie aus religiösen Gründen Fleisch und Fisch weder essen noch berühren durfte, war die Arbeit am Abräumband eines Personalrestaurants nicht zumutbar. Im zweiten Fall wurde eine strenggläubige Muslimin nicht gezwungen, die angebotene Stelle anzunehmen, weil sie gemäß Sicherheitsvorschriften ohne Kopftuch an einer industriellen Nähmaschine hätte arbeiten müssen, was sie mit ihren Glaubensüberzeugungen nicht in Einklang bringen konnte.[68] In beiden Urteilen wurde darauf hingewiesen, dass es etliche andere Stellen für die Arbeitslosen gab, sie also aufgrund ihrer religiösen Überzeugungen nicht etwa unvermittelbar gewesen wären. Beiden Urteilen ist zuzustimmen. Das öffentliche Interesse, nämlich die Schadensminderungspflicht der Arbeitslosen, hatte hinter dem höhergewichtigen Grundrecht der Religionsfreiheit zurückzutreten.

Die Beispiele zeigen, dass ein Staat von seinen Bürgern nicht verlangen kann, die religiösen Überzeugungen über Bord zu werfen, um damit Arbeitslosigkeit zu vermeiden.[69] Gleichzeitig ist klar, dass es kein wie auch im-

---

[66] P. Häberle: Europäische Rechtskultur Versuch einer Annäherung in zwölf Schritten, Baden-Baden 1994, 310f. Häberle bringt die drei genannten Freiheiten mit Goethe unter einen Hut: «Wer Wissenschaft und Kunst besitzt, hat auch Religion; wer jene beiden nicht besitzt, der habe Religion» (Nachlass, Zahme Xenien); vgl. zum Ganzen auch M. Morlok: Selbstverständnis als Rechtskriterium, Tübingen 1993.

[67] BGE C 366/96 Vr (Zumutbare Arbeit für Arbeitslose I).

[68] BGE C 145/94 Vr (Zumutbare Arbeit für Arbeitslose II).

[69] In den Worten des U.S. Supreme Court: «[The state] cannot exclude individual Catholics, Lutherans, Mohammedans, Baptists, Jews, Methodists, Non-believers,

mer ausgestaltetes Recht einer Religionsgemeinschaft auf Nichtstun gibt. Der Staat ist jedoch gehalten, bei der Festlegung der Pflichten Rücksicht auf die Religionen zu nehmen.[70]

Gesetze genereller Art sind beispielsweise auch Steuergesetze. Die Kommission wies etwa das Ansinnen eines Quäkers zurück, Steuern, welche für den Verteidigungshaushalt bestimmt waren, nicht zu bezahlen.[71]

Ähnlich wurde bei den Fällen, in denen aus Gewissensgründen die Zahlung des Krankenkassenobligatoriums oder der Steuern verweigert wurde, entschieden.

Strafgesetze sind ebenfalls nicht unmittelbar geeignet, eine Verletzung der Religionsfreiheit zu bewirken. Als Beispiel sei auf einen schwedischen Fall verwiesen, bei dem es um das Verbot von Körperstrafen ging, welches das Recht der Eltern nicht verletzte, auch wenn diese geltend machten, ihre religiösen Überzeugungen forderten mindestens leichte Körperstrafen.[72] Strafgesetze, welche Proselytismus unter Strafe stellen, verletzen allerdings unter allen Umständen die Religionsfreiheit nach Art. 9[73], weil sie die Mission, welche von der Ausübungsfreiheit umfasst wird, schlicht ausschließen, und in der Regel der Mehrheitsreligion unverhältnismäßigen (staatlichen) Schutz angedeihen lassen.

Vorschriften, die eine *Offenbarung der eigenen religiösen Überzeugung* verlangen – gedacht ist dabei an Steuerregister oder an Ausweispapiere[74] –, geraten mit

---

Presbyterians, or the members of any other faith, because of their faith, or lack of it, from receiving the benefits of public welfare legislation», U.S. Supreme Court *Everson v. Board of Education*, 330 U.S. 1, 16.

[70]   J. A. Frowein / W. Peukert: Europäische Menschenrechtskonvention, EMRK-Kommentar, Kehl/Strassburg/Arlington 1996, 378.

[71]   Siehe generell K. Sahlfeld: Aspekte der Religionsfreiheit, a.a.O., 282.

[72]   EKMR 8811/79 *Sieben Einzelpersonen ./. Schweden*, D&R 29 (1982) 104, 113.

[73]   EGMR *Kokkinakis ./. Griechenland*, Serie A 260-A, N 48. Vgl. aber die *dissenting opinion* der Richter I. Foighel und A.N. Loizou: «One cannot be deemed to show respect for the rights and freedoms of others if one employs means that are intended to entrap someone and dominate his mind in order to convert him. This is impermissible in the civilised societies of the Contracting States. The persistent efforts of some fanatics to convert others to their own beliefs by using unacceptable psychological techniques on people, which amount in effect to coercion, cannot in our view come within the ambit of the natural meaning of the term ‹teach› to be found in paragraph 1 of this Article (Art. 9–1)».

[74]   Vgl. dazu den Fall EKMR 2854/66 *X und Y ./. Österreich*, CD 26 (1968) 46. Hier ging es darum, dass ein Vater bei der Registrierung seines Kindes nicht die Religion der Eltern offenbaren wollte, was aber Bedingung für die korrekte Registrierung gewesen wäre. Der Fall wurde nicht entschieden, da der Beschwerdeführer

der Religionsfreiheit in Konflikt.[75] Zudem hat die Kommission in einem Griechenland betreffenden Fall angedeutet, dass es auch ein Recht auf korrekte Registrierung der eigenen Religion gibt.[76] Eine Reihe von Eingriffen in die Freiheiten des Art. 9 EMRK wurden als verhältnismäßig geschützt: die vorsorglichen Maßnahmen gegen Tuberkulose bei niederländischem Großvieh (Schutz der Gesundheit)[77], eine obligatorische Autoversicherung (Schutz der Rechte und Freiheiten anderer)[78], das Verbot für einen buddhistischen Gefangenen, sich einen Bart wachsen zu lassen (öffentliche Ordnung)[79], die Weigerung, einem Gefangenen ein Buch u.a. über Foltertechniken zukommen zu lassen (öffentliche Ordnung)[80], das Obligatorium für Motorradhelme sowie für Sicherheitsgurten (Schutz der Gesundheit)[81], das obligatorische eigenhändige Reinigen der Zelle (Schutz der Gesundheit des Beschwerdeführers und der übrigen Häftlinge)[82] sowie die Weigerung, für ein Grundstück, welches für religiösen Gebrauch bestimmt war, die Planungsgenehmigung zu erteilen.[83]

9. Einzelfallgerechtigkeit

Wie das Bundesgericht richtig festgehalten hat, muss jeder Einzelfall geprüft werden. Aus Angst vor der Verbreitung anderer Kleidungsstücke, die aus religiösen Gründen getragen werden, kann gegen das viel diskutierte Kopftuch der Lehrerin jedoch kein Verbot ausgesprochen werden. Ein Verbot

nicht den Instanzenzug erschöpft hatte und damit nicht über ein letztinstanzliches Urteil verfügte.

[75] P. van Dijk / G.J.H. van Hoof: Theory and Practice of the European Convention on Human Rights, The Hague 1998[3], 542.

[76] EKMR 16319/90 *H. ./. Griechenland*; der Fall wurde allerdings aus formalen Gründen nicht zugelassen.

[77] EKMR 1068/61 *X ./. Niederlande*, YB 5 (1962) 278; eingegriffen wurde natürlich in die Religionsfreiheit des Tierhalters.

[78] EKMR 2988/66 *X ./. Niederlande*, YB 10 (1967) 472.

[79] EKMR 1753/63 *X ./. Österreich*, CD 16 (1965)20 und YB 8 (1965) 174.

[80] EKMR 6886/75 *X ./. Vereinigtes Königreich*, D&R 5 (1976) 100.

[81] EKMR 7992/77 *X ./. Vereinigtes Königreich*, D&R 14 (1979) 234. Vgl. die Schweizer Verkehrsregelnverordnung (SR 741.11) Art. 3 lit. a u. b.

[82] EKMR 8121/78 *X ./. Vereinigtes Königreich*, D&R 28 (1982) 5, 37f.

[83] EKMR 20490/92 *ISKCON ./. Vereinigtes Königreich*, D&R 76-A (1994) 90; dazu K. Reid: A Practitioner's Guide to the European Convention on Human Rights, London 1998, 347.

des Kopftuches zum Schutz des Religionsfriedens als moralische General-prävention ist unverhältnismäßig.[84] In BGE 12, 95ff. (Heilsarmee) vom 5. Dezember 1894 wurde das Verbot von Versammlungen der Heilsarmee zur Verhinderung von Auseinandersetzungen als unzulässig angesehen. Sicherheitsprobleme sind also nach dem Verhältnismäßigkeitsproblem zu lösen, nicht durch generelle Verbote. Zudem ist das Kopftuch von der Totalverschleierung zu unterscheiden, die dem Kriterium des nicht zu störenden Unterrichts zuwiderlaufen würde, da durch sie die Kommunikation beeinträchtigt wäre.[85]

10. Religionsfreiheit in der Schule

Es ist nicht völlig klar und bleibt eine ewige Streitfrage, ob und unter welchen Bedingungen Eltern ihre Kinder aus dem Schulunterricht abmelden können.

Ein von Religionen geradezu klinisch-freier Unterricht ist nicht möglich und entspräche einem Verständnis des Verhältnisses von Kirche und Staat, welches nur als feindlich gekennzeichnet werden kann. Die Staaten dürfen die Schwelle zur Indoktrination nicht überschreiten. Solange sie dies nicht tun, müssen sie keine Abmeldungen aus dem allgemeinen Unterricht zulassen.

Der U.S. Supreme Court wich im Fall *Wisconsin ./. Yoder* vom Neutralitätsprinzip ab. Die Richter entschieden hier, dass der Staat ein 14-jähriges Kind nicht der Schulpflicht unterwerfen dürfe, weil seine Religion es ihm verbiete.[86] *In casu* ging es um das Recht der *Amish People*[87], ihre eigenen

---

[84] P. Richli: Berufsverbot für Primarlehrerin wegen eines islamischen Kopftuchs? in: ZBJV 134 (1998) 228, 231f. Richli bringt das Beispiel von BGE 12, 95ff (Heilsarmee), in dem das Verbot von Versammlungen der Heilsarmee zur Verhinderung von Auseinandersetzungen als unzulässig angesehen wurde.

[85] E. W. Böckenförde: «Kopftuchstreit» auf dem richtigen Weg?, in: NJW (2001) 723, 727, weist auf die Bhagwan-Entscheide des deutschen Bundesverfassungsgerichts hin. Vorausgesetzt, die Bhagwan-Kleidung sei wirklich aus ihrer Eigenart für sich werbend und die Schülerinnen und Schüler religiös beeinflussend, und werde nicht durch die Persönlichkeit der Lehrperson abgemildert, sei die Toleranzgrenze überschritten.

[86] U.S. Supreme Court *Wisconsin ./. Yoder*, 406 U.S. 205. Vgl. VG Schleswig, Urteil vom 28. Juli 1999, 9 A 332/97 (91), abgedruckt in: NordÖR (2000) 166: Die Verweigerung der Gestattung von Fernunterricht durch ein von den Siebenten-Tags-Adventisten betriebenes Institut unter Befreiung von der allgemeinen Schul-

Schulen zu betreiben und ihre eigenen Lehrpläne zu verfolgen. Die Richter akzeptierten, dass der Schulbesuch an sich gegen Grundrechte verstossen kann. Eine Meinung, die ich so apodiktisch nicht teilen möchte. Möglich erschienen allenfalls Fälle, in denen den Kindern eine adäquate (alternative) Schulbildung garantiert würde. Als oberste Richtschnur sollte das Kindeswohl dienen. Anzuzweifeln bliebe, ob es dem Kindeswohl entsprechen kann, völlig von gesellschaftlichen Einflüssen getrennt zu werden.

---

pflicht kann die Glaubens- und Gewissensfreiheit der betroffenen Schüler und Eltern so lange nicht verletzen, als die öffentlichen Schulen frei sind von weltanschaulich-religiösen Zwängen, solange Raum für eine sachliche Auseinandersetzung mit allen religiösen und weltanschaulichen Auffassungen gewährleistet ist und dabei das Toleranzgebot beachtet wird. Eine solche Schule kann Eltern und Kinder, die eine bestimmte religiöse Erziehung erstreben, nicht in einen verfassungsrechtlich unzumutbaren Glaubens- und Gewissenskonflikt bringen, weil sie der elterlichen Erziehung genügend Raum belässt, dem Kind den individuell für richtig erkannten Weg zu Glaubens- und Gewissensbindungen zu vermitteln; so auch BVerfGE 41, 29 (Simultanschule), 52: «Konfrontation mit einem Weltbild, in dem die prägende Kraft christlichen Denkens bejaht wird, führt jedenfalls solange nicht zu einer diskriminierenden Abwertung der dem Christentum nicht verbundenen Minderheiten und ihrer Weltanschauung, als es hierbei nicht um den Absolutheitsanspruch von Glaubenswahrheiten, sondern um das Bestreben nach Verwirklichung der autonomen Persönlichkeit im weltanschaulichreligiösen Bereich gemäß der Grundentscheidung des Art. 4 GG geht. Eine solche Schule, die Raum für eine sachliche Auseinandersetzung mit allen weltanschaulich-religiösen Auffassungen, wenn auch von einer bestimmten weltanschaulichen Orientierungsbasis her bietet, führt Eltern und Kinder nicht in einen verfassungsrechtlich unzumutbaren Glaubens- und Gewissenskonflikt. Für die elterliche Erziehung bleibt in jeder weltanschaulichreligiösen Hinsicht genügend Raum, dem Kind den individuell für richtig erkannten Weg zu Glaubens- und Gewissensbindungen oder auch zu deren Verneinung zu vermitteln».

[87] Eine informative Übersicht zu dieser Religionsgemeinschaft bieten R. L. Kidder / J. A. Hostetler: Managing ideologies: Harmony as ideology in Amish and Japanese societies, in: Law & Society Review 24/4 (1990) 895, 903ff. Die konfessionellen Wurzeln der Mennoniten liegen in der Reformationszeit. Täufer unterschiedlichster Prägung traten auf und kämpften auf der Grundlage der neutestamentlichen Schriften für eine Reformation, die meist radikaler war als die eines Luther oder Zwingli, sei es in der Schweiz, in Süddeutschland oder in den Niederlanden. Kennzeichnend für die Mennoniten ist Erwachsenentaufe, absoluter Gewaltverzicht und die Weigerung, Eide zu schwören. Eine Untergruppierung der Mennoniten sind die Amischen, welche alle modernen Technologien und Institutionen ablehnen; bekanntestes Beispiel: Sie tragen keine Knöpfe, weil diese im 16. Jahrhundert noch als Schmuck galten. Die Amischen folgten in den 1730er Jahren der Einladung des Quäkers William Penn nach Pennsylvania, wo sie religiöse Freiheit genossen.

Das *Bundesgericht* hat in zwei Fällen der Glaubensfreiheit Vorrang vor der Schulpflicht eingeräumt. Im ersten Fall, *Laubhüttenfest*, stand bezüglich der Weltweiten Kirche Gottes, die das Alte und das Neue Testament als verbindlich betrachtet und damit insbesondere auch die jüdischen Feste feiert, wegen eines einzigen zusätzlichen Tages, für den nicht Dispensation erteilt werden sollte, die Einhaltung des achttägigen Laubhüttenfestes als Ganzes in Frage.[88] Das Bundesgericht verglich mit anderen Religionsgemeinschaften und gelangte zu folgender Auffassung: Benötigen Angehörige einer stark auf dem Alten Testament basierenden Religionsgemeinschaft pro Jahr insgesamt nicht mehr Tage Schuldispensation, als der Kanton Zürich den – meistbegünstigten – Angehörigen der jüdischen Religion zugesteht, so wird das Verhältnismäßigkeitsgebot verletzt, wenn die Schuldispensation für fünf (oder, je nach Jahr, sechs) aufeinanderfolgende Tage mit der Begründung verweigert wird, dass Schüler jüdischen Glaubens nie mehr als vier aufeinanderfolgende Tage Schuldispensation beanspruchen müssen.[89]

Im zweiten Fall, *Schwimmunterricht*, stützte das Bundesgericht den *Dispens* für ein muslimisches Mädchen von der *Teilnahme am gemischtgeschlechtlichen Schwimmunterricht*[90].

1921 beschwerte sich ein *Adventist* aus dem Kanton Solothurn beim Schweizerischen Bundespräsidenten darüber, dass seine Kinder am *Sabbat* in die Schule gehen sollten. Er habe vom Friedensrichter eine Busse bekommen, weil er die Kinder samstags nicht in die Schule schicke. In seiner Antwort hielt das Eidgenössische Justiz- und Polizeidepartement fest, dass der damalige Art. 49 Abs. 5 BV ausdrücklich bestimmte, dass die Glaubensansichten nicht von der Erfüllung der bürgerlichen Pflichten entbänden.[91] Als solche ist in der Tat der Schulbesuch anzusehen.

---

[88] BGE 114 Ia 129 (Laubhüttenfest).

[89] BGE 114 Ia 129 (Laubhüttenfest).

[90] BGE 119 Ia 178 (Schwimmunterricht). Vgl. dazu BVerwGE 6 C 7/93 (Schwimmunterricht): Eine mit der Schulpflicht in Konflikt stehende Glaubensüberzeugung muss hinreichend objektivierbar sein, um eine Befreiung von der Schulpflicht oder von einzelnen Unterrichtsfächern zu rechtfertigen.

[91] W. Burckhardt: Schweizerisches Bundesrecht Staats- und verwaltungsrechtliche Praxis des Bundesrates und der Bundesversammlung seit 1903 (Als Fortsetzung des Werkes von L.R. von Salis), Frauenfeld 1930, N 505.

11. Fazit

Die Frage, ob es überhaupt *eine ideal konzipierte Religionsfreiheit* bzw. ein ideal konzipiertes Verhalten zwischen Staat und Religionsgemeinschaften gibt, habe ich versucht zu beantworten. Einerseits ist das geschichtlich gewachsene Verständnis der Religionsfreiheit eines jeden Landes mit entscheidend. Andererseits kommt es unabhängig davon darauf an, dass die von mir genannten Grundprinzipien für ein faires Miteinander von Staat und Religionsgemeinschaften beachtet werden: *Gleichbehandlung oder Parität, Nichtidentifikation und Neutralität des Staates und schließlich Toleranz.*

Adrian Loretan

Grundrechte in den Religionen

Gläubige in einer pluralistischen Gesellschaft müssen «sich auf die Prämissen des Verfassungsstaates einlassen, die sich aus einer profanen Moral begründen. Ohne diesen Reflexionsschub entfalten die Monotheismen in rücksichtslos modernisierten Gesellschaften ein destruktives Potential.»[1] Am 11. September 2001 ist diese Spannung zwischen säkularer Gesellschaft und Religion explodiert, so Jürgen Habermas.

1. Sind Grundrechte in den Religionen denkbar?

«So unzweifelbar der Gedanke der Menschenrechte sich [u.a.] unter christlichem Einfluss entwickelt hat, so unzweifelbar ist zugleich, dass er gegen erheblichen kirchlichen Widerstand durchgesetzt werden musste»[2], so der evangelische Bischof Wolfgang Huber.[3] Lassen sich Glaubenswahrheiten einerseits und subjektive Freiheitsrechte andererseits in den Religionsordnungen theologisch verbinden?

Welche Rolle spielt der Staat? Nimmt er durch die Gewährung von kollektiven Rechten Partei für die Religionsgemeinschaften? Oder erlaubt er den Mitgliedern der Religionsgemeinschaften, selbst zu definieren, was ihre kulturelle und religiöse Identität ausmacht? Rechtlich ausgedrückt heißt das: Individuelle contra kollektive Religionsfreiheit.

---

1   J. Habermas: Glauben und Wissen, Frankfurt a.M. 2001, 14.
2   W. Huber: Menschenrechte – Christenrechte, in: Recht nach Gottes Wort. Menschenrechte und Grundrechte in Gesellschaft und Kirche. Im Auftrag der Synode der Evangelisch-reformierten Kirchen in Nordwestdeutschland herausgegeben vom Landeskirchenvorstand, Neukirchen 1989, 82–99, 82.
3   Bischof der Evangelischen Kirche in Berlin-Brandenburg-schlesische Oberlausitz und Präsident des Rates der Evangelischen Kirche Deutschlands.

2. Grundrechtsbedarf der Religionen aus sozialwissenschaftlicher Sicht

Die großen Religionen sind aufgrund ihrer Mitgliederstärke und ihrer gesellschaftlichen Stellung «als potentiell grundrechtsgefährdende Macht dem Staat durchaus vergleichbar»[4]. Denn zur Erreichung ihrer ideellen Ziele müssen sie auch materielle, soziale und politische Interessen vertreten, was Machtausübung mit sich bringt, Machtkonflikte in sich birgt und Machtmissbrauch nicht ausschließt.

Grundrechte können zwar nicht den Missbrauch ausschließen. Sie sind aber ein klares Instrument gegen den Machtmissbrauch in den Kirchen und Religionen. Damit dieser Machtmissbrauch hier nicht als etwas rein Theoretisches erscheint, erinnere ich an die sexuellen Übergriffe von religiösen Machtträgern, Priestern und Pastoren, in den Kirchen. «Für das Erzbistum Boston wird laut Staatsanwaltschaft von über 1.000 Fällen sexuellen Missbrauchs seit 1940 ausgegangen.»[5] Hätte die katholische Kirche die innerkirchlichen Grundrechte wirklich so ausgebaut, wie es die Bischöfe 1967 gewünscht haben[6], so hätte sie sich im wörtlichen Sinne einiges ersparen können. Jetzt bietet allein das Erzbistum Boston den mutmaßlichen Opfern sexueller Ausbeutung durch Priester umgerechnet rund 74 Millionen Franken Schadenersatz an.[7]

Das religiöse Recht müsste aus sozialwissenschaftlicher Sicht die Gläubigen vor Machtmissbrauch schützen und könnte dies am wirkungsvollsten mittels durchsetzbarer Menschenrechte bzw. Grundrechte gewährleisten. Daher bedarf es aus sozialwissenschaftlicher Sicht der Menschenrechte in den Religionsgemeinschaften.

---

[4] D. Steuer-Flieser: «Grundrechte» im Codex Iuris Canonici von 1983 im Vergleich mit dem deutschen Grundgesetz. Eine exemplarische Untersuchung anhand der Wissenschaftsfreiheit, Baden-Baden 1999, 83.

[5] Kipa (Agenturmeldung): Erzbistum Boston bietet Schadenersatz an, in: SKZ 171 (2003) 584.

[6] Praefatio (Vorrede) zum CIC 1983, Lateinisch-deutsche Ausgabe, 5. neu gestaltete und verbesserte Auflage, Kevelaer 2001, XXXVII.

[7] Siehe Anm. 5. Vgl. auch H. Ulonska / M. J. Rainer (Hg): Sexualisierte Gewalt im Schutz von Kirchenmauern. Anstösse zur differenzierten (Selbst-) Wahrnehmung, Münster 2003.

3. Grundrechtsbedarf der Religionen aus rechtsphilosophischer Sicht

Montesquieu hat die an sich selbstverständliche Tatsache, dass mit Macht auch die Möglichkeit des Missbrauchs verbunden ist, wie folgt umschrieben: «Eine ewige Erfahrung lehrt…, dass jeder Mensch, der Macht hat, dazu getrieben wird, sie zu missbrauchen.»[8]

Das Selbstbestimmungsrecht der Religionsgemeinschaften, das durch die Religionsfreiheit gewährt wird, ließ die Machtfrage in den Religionsgemeinschaften bisher als tabu erscheinen. Erst der 11. September 2001 hat die Frage verstärkt aufkommen lassen, wie religiöse Leitfiguren mit den Mitgliedern ihrer Religionsgemeinschaft umgehen. Der vom Staat garantierte Austritt aus den Religionsgemeinschaften, der für viele Religionsmitglieder aus theologischen, psychologischen, anthropologischen oder kulturellen Gründen nicht in Frage kommt, genügt nicht. Entsteht mit dem Selbstbestimmungsrecht der Religionsfreiheit eine nichtdemokratische Enklave im demokratischen Rechtsstaat? Werden Religionen in Zukunft zum Sammelbecken der Nichtdemokraten, ideal auch für terroristische Organisationen?

Ein Blick in die Philosophiegeschichte zeigt, dass Machtmissbrauch in Religion und Staat häufig im Namen der religiösen Wahrheit geschah. Es war das zentrale philosophische Anliegen *Immanuel Kants*, Situationen des Zwangs und der Gewalt zugunsten von Vernunft und Recht zu überwinden. Seine aufgeklärte Kritik verstand sich zum einen als Kritik des Politischen, zum andern als Kritik der Religion.[9]

Mit einem Vergleich Kants möchte ich diesen rechtsphilosophischen Abschnitt beschließen: «Ähnlich wie jeder Mensch mit der Verkehrung der Grundsätze sittlichen Handelns den Fall Adams existentiell wiederholt, so lastet auch auf jeder religiösen Institution ‹eine Art von Erbschuld›, nämlich der Hang zur eigenen Verabsolutierung.»[10]

Immanuel Kant warnt vor den sich im Besitz der Wahrheit Wissenden. Dies heißt, dass auch den Religionsgemeinschaften eine ‹Magna Charta› der Grundrechte abzutrotzen ist.

---

[8]   Ch.-L. Montesquieu: Vom Geist der Gesetze, übersetzt von K. Weigand, Stuttgart 1984, 211.

[9]   O. Noti: Religion und Gewalt. Eine theologisch interessierte Erinnerung an Immanuel Kant, in: D. Mieth / R. Pahud de Mortanges (Hg): Recht – Ethik – Religion. Der Spannungsbogen für aktuelle Fragen, historische Vorgaben und bleibende Probleme, Bundesrichter Giusep Nay zu Ehren, Luzern 2002, 134–145, 134.

[10]   O. Noti: Religion und Gewalt, a.a.O., 143.

4. Grundrechtsbedarf der Kirchen aus theologischer Sicht

4.1 Sozialethische Anerkennung der Menschenrechtsidee

Nach den Verurteilungen der Menschenrechte sowohl durch Päpste[11] als auch durch «weite Teile des Protestantismus»[12] erkannten die Kirchen angesichts sozialer Fehlentwicklungen im industriellen Zeitalter und vor allem angesichts totalitärer Staaten zunehmend ihre Aufgabe, für Menschenwürde und Menschenrechte einzutreten. Es waren die Totalitarismen des 20. Jahrhunderts, die die Kirchen dazu führten, sich eindeutig auf die Seite der Menschenrechte zu stellen. Doch der Übergang der Kirchen zu einer positiven Bewertung der Menschenrechte blieb lange Zeit ohne zureichende theologische Begründung.[13] «Erst als in den siebziger Jahren mit der massiven Zunahme von Menschenrechtsverletzungen auch die öffentliche Aufmerksamkeit für sie wuchs, begann in den ökumenischen Zusammenschlüssen der Kirchen und ihnen folgend auch in der Theologie eine intensive Arbeit an der theologischen Begründung der Menschenrechte. Auf der Grundlage dieser Klärungen verbreiterte sich seit Beginn der achtziger Jahre die Basis für eine Diskussion über die Grundrechte in der Kirche.»[14] In der katholischen Kirche setzte die Diskussion früher ein. Aber der CIC 1983 spricht nur an einer einzigen Textstelle von ‹iura fundamentalia›, von Grundrechten. In can. 742 § 2 heißt es: «Der Kirche kommt es zu, ... die sittlichen Grundsätze über die soziale Ordnung zu verkünden ..., insoweit die Grundrechte der menschlichen Person ... dies erfordern.»

Daraus folgt, dass die Menschenrechte, die in der Würde der Person gründen und damit der innerkirchlichen Rechtsordnung vorgegeben sind, im innerkirchlichen Raum ebenfalls Beachtung finden müssen.[15]

---

[11] Vgl. z.B. Pius IX.; er verwirft im ‹Syllabus› (1864) ausdrücklich die Gewissens- und Kultfreiheit.

[12] W. Huber: Grundrechte in der Kirche, in: G. Rau / H.-R. Reuter / K. Schlaich (Hg): Das Recht in der Kirche, Bd. 1, Zur Theorie des Kirchenrechts, Gütersloh 1997, 518–544, 519.

[13] Auch heute wird die Menschenrechtsfrage eher sozialethisch, d.h. als nach aussen gerichtet verstanden, weil die theologische Bewertung noch mangelhaft ist. Vgl. J. Niewiadomski: Menschenrechte: ein gordischer Knoten der heutigen Gnadentheologie, in: Theologisch-Praktische Quartalschrift 145 (1997) 269–280.

[14] W. Huber: Grundrechte in der Kirche, a.a.O., 522.

[15] Aus der Begründung der Menschenwürde in der Gottebenbildlichkeit zieht Aymans zwei Folgerungen: 1. Die Menschenwürde wird vorstaatlich begriffen. D.h. sie wird «auch durch die Kirche nicht geschaffen oder vermittelt», sondern ist auch der Kirche vorgegeben. 2. «Die Kirche beteiligt sich an der Menschenrechtsdebatte

Sechs Grundtypen der theologischen Argumentation der Kirchen können mit Huber unterschieden werden:

1. *Auf eine theologische Begründung* der Menschenrechte im Horizont des christlichen Glaubens soll *verzichtet* werden, weil nur so die Allgemeinheit der Menschenrechte und ihr säkularer Charakter respektiert werden könnten.[16] «Der Verzicht auf jede theologische Begründung scheitert daran, dass die Würde jeder menschlichen Person aus Gründen der profanen Vernunft allein nicht einsichtig gemacht werden kann»[17], so Huber.

2. Eine doppelte Begründung sehen *katholische* Argumentationen vor. Philosophisch bzw. naturrechtlich werden von Johannes XXIII. in ‹Pacem in terris›[18] (1963) erstmals allgemeine und unveräußerliche Menschenrechte formuliert, ausgehend vom Menschen als Person. *Eine theologische Begründung* liefert das *Konzil* Vaticanum II (1962-65): «Da alle Menschen … nach Gottes Bild geschaffen sind …, muss die grundlegende Gleichheit aller Menschen immer mehr zur Anerkennung gebracht werden. … Jede Form einer Diskriminierung in den gesellschaftlichen und kulturellen Grundrechten der Person, sei es wegen des Geschlechts oder der Rasse, der Farbe, der gesellschaftlichen Stellung, der Sprache oder der Religion, muss überwunden und beseitigt werden, da sie dem Plan Gottes widerspricht.»[19] Der Einsatz für die Menschenrechte ist deshalb nicht eine nur philosophisch begründete Pflicht, sondern gehört *konstitutiv zum Zeugnis des Evangeliums*.

3. Die *Heiligkeit des Lebens* wird in *orthodoxen* Diskussionen hervorgehoben. Die Teilhabe des Menschen am umfassenden Geschenk des Lebens tritt in den Vordergrund. Die Frage der menschlichen Würde und Freiheit tritt zurück.

4. In der *reformierten* Tradition wird die These vertreten, dass gerade um der Allgemeinheit der Menschenrechte willen deren Begründung im «Recht Gottes auf den Menschen» notwendig sei. «Aus der *offenbarungstheologischen* Begründung ergibt sich die Gefahr, dass die besonderen historischen und

---

aus einem eigenen Erkenntnisgrund, nämlich auf Grund der Offenbarung.» W. Aymans: Kirchliche Grundrechte und Menschenrechte, in: AfkathKR 149 (1980) 395.

16 W. Huber: Grundrechte in der Kirche, a.a.O., 522.

17 W. Huber: Grundrechte in der Kirche, a.a.O., 527.

18 Auf die Anfänge in der Spätscholastik werden wir noch zu sprechen kommen. Papst Leo XIII. hatte die Koalitionsfreiheit im Zusammenhang mit der Arbeiterfrage schon 1891 in ‹Rerum novarum› anerkannt. Die katholische Kirche anerkannte damit also zuerst soziale Grundrechte, bevor sie dazu überging, auch individuelle Grundrechte zu befürworten.

19 GS 29.

rechtlichen Strukturen der Menschenrechte wie ihre historische Variabilität nicht zureichend berücksichtigt werden»[20], so Huber.

5. *Eine funktionale theologische Theorie* der Menschenrechte zielt darauf ab, funktionale Entsprechungen zwischen dem Appell an die Unverfügbarkeit der menschlichen Würde und dem Gedanken der Rechtfertigung vor Gott allein durch Gnade herauszuarbeiten. Damit kann diese Theorie einen funktionalen Sinn des christlichen Glaubens im Horizont neuzeitlichen Wahrheits- und Freiheitsbewusstseins herausarbeiten. Dabei treten «diejenigen Elemente der christlichen Überlieferung in den Hintergrund, die sich nicht einfach in das neuzeitliche Menschenrechtsbewusstsein – insbesondere in seiner liberalen Ausprägung – einfügen lassen. Das kritische Potential der jüdisch-christlichen Überlieferung … kommt nicht in zureichendem Maße zum Zuge.»[21]

6. Mit *Entsprechung und Differenz* umschreibt Huber sein Modell, das nach Analogien zwischen den neuzeitlichen Menschenrechten und den Grundinhalten des christlichen Glaubens fragt und so den säkularen Charakter der Menschenrechte ernst nimmt. Die Menschenrechte sollen *die Stellung der Einzelperson im Gemeinwesen* bestimmen und sichern. Sie tun dies, indem Freiheit, Gleichheit und Teilhabe zusammen die Grundfigur der Menschenrechte ausmachen.

Der Zugang zu den Menschenrechten soll für alle Menschen offen gehalten werden, unabhängig von ihren religiösen oder politischen Überzeugungen. Die Menschenrechte «implizieren ein Verständnis der menschlichen Würde, das gerade dadurch bestimmt ist, dass keine weltliche Macht zu einer abschließenden Definition dessen befugt ist, *was den Menschen zum Menschen macht.* Dem christlichen Glauben erschließt sich der Sinn dieses Verbots daraus, dass die menschliche Person durch ihre Beziehung zu Gott konstituiert wird. Daraus begründet sich die Unverfügbarkeit der menschlichen Würde, in deren Dienst die Menschenrechte in ihrer rechtlichen Ausgestaltung und politischen Verwirklichung stehen.»[22]

Ein glaubwürdiges Eintreten einer Institution für die Menschenrechte nach außen stellt diese Institution vor die Frage, wie sie es selber mit den Grundrechten nach innen hält.

---

[20] W. Huber: Grundrechte in der Kirche, a.a.O., 524.
[21] W. Huber: Grundrechte in der Kirche, a.a.O., 525.
[22] W. Huber: Grundrechte in der Kirche, a.a.O., 527.

4.2 Ist die theologische Glaubwürdigkeit der Kirchen ohne Grundrechte denkbar?

In pluralistischen Gesellschaften wird das allgemeine Rechtsbewusstsein wesentlich durch die Grundrechte geprägt. Alle Religionsgemeinschaften sehen sich daher mit der universelle Geltung beanspruchenden Menschenrechtsidee konfrontiert, vor allem dann, wenn sie in ein grundrechtlich-rechtsstaatliches Umfeld eingebettet sind.

Die Kirchenzugehörigkeit stellt heute, nach dem Wegfall des konfessionell geschlossenen Staates und dessen ‹brachium saeculare›, eine subjektive Entscheidung dar und beruht auf freier Gefolgschaft. Je grösser der Graben zwischen kirchlichem Recht und allgemeinem Rechtsbewusstsein ist, umso eher ist die Frage erlaubt, «ob die Kirchen überhaupt noch Tradierungsfähigkeit besitzen»[23]. Müssten sie sich nicht auch «in ihrer inneren Organisationsstruktur der sie umgebenden Menschenrechtskultur anpassen, zumal es sich um eine Rechtskultur handelt, die … von den Kirchen als grundsätzlich der christlichen Sozialethik entsprechend anerkannt wird»[24]. Als Beispiel sei auf die weitgehende Inkulturation des frühen Christentums in die heidnisch römisch-hellenistische Antike verwiesen, die bis heute das Recht der katholischen Kirche entscheidend prägt. Weshalb soll «eine entsprechende Inkulturation der Kirchen und ihrer Organisationsstrukturen in den Kontext der neuzeitlichen Menschen- und Grundrechtsidee ausgeschlossen sein»[25]?

Werden einige christliche Kirchen in einem modernen Rechtsstaat zum Fremdkörper? Ist das Selbstbestimmungsrecht der Religionsfreiheit das geeignete Mittel, um diese Fremdheit, dieses Nicht-Inkulturieren nach der Französischen Revolution zu schützen?

Für Bischof Huber setzt ein glaubwürdiges Eintreten der Kirchen für die Menschenrechte in der Gesellschaft «eine Klärung der Frage voraus, ob und in welchem Umfang und welcher Transformation derartige Rechte auch innerhalb der Kirche selbst Gültigkeit beanspruchen können»[26].

Auch Papst Paul VI. hat unmissverständlich festgestellt, dass der Einsatz der Kirche für die Menschenrechte eine dauernde Selbstprüfung und Reini-

---

[23] D. Steuer-Flieser: «Grundrechte» im Codex Iuris Canonici von 1983, a.a.O., 92.

[24] F. Hafner: Kirchen im Kontext der Grund- und Menschenrechte, Freiburg i.Ue. 1992, 175.

[25] F. Hafner: Kirchen im Kontext, a.a.O., 176.

[26] W. Huber: Grundrechte in der Kirche, a.a.O., 528.

gung ihres eigenen Lebens, ihrer Gesetze, Institutionen und Handlungsweisen verlangt.[27]

4.3 Innerkirchliche Grundrechtsgeltung

Das theologische Begründungsmodell der Menschenrechte, das von lutherischen[28] und katholischen[29] Autoren mehrheitlich vertreten wird, anerkennt *die säkularen Wurzeln* der Menschenrechte, sieht daneben aber auch aus der christlichen Botschaft nachweisbare Entsprechungen.

a) Im evangelischen Bereich

Dietrich Pirson stellt in seiner Abhandlung über «Innerkirchliche Grundrechte aus der Sicht der evangelischen Kirchenrechtslehre» fest, «dass die Beziehung zwischen Reformation und Individualismus einigermaßen kompliziert» sei.[30]

Er gelangt sowohl für das Luthertum als auch für den Calvinismus zu dem Schluss, dass trotz der Aufwertung der personalen Stellung der Gläubigen innerhalb der Kirche «der Gedanke einer besonderen rechtlichen Stellung von individuellen Positionen, die den Belangen der Kirchen gegenüberstehen, gar nicht aufkommen konnte»[31]. Das Prinzip des allgemeinen Priestertums vermochte nicht der Legitimierung einer grundsätzlichen Gleichheit der Kirchenglieder zum Durchbruch zu verhelfen. Denn das kirchliche Verfassungsrecht ist mit «der Antinomie von Amtsverantwortung und gleichberechtigter Verantwortung aller Gläubigen als Priester ... nie eindeutig fertig»[32] geworden.

---

[27] Paul VI.: «Botschaft über Menschenrechte und Versöhnung» aus Anlass der Bischofssynode von 1974, deutsche Übersetzung in: HerKorr 28 (1974) 624.

[28] Eine ausführliche theologische Diskussion findet sich bei W. Huber: Grundrechte in der Kirche, a.a.O.

[29] Vgl. H. J. Münk: Das Projekt Weltethos in der Diskussion, in: Stimmen der Zeit 2/2004, 101–113. Eine gute Zusammenfassung der katholischen Diskussion findet sich bei F. Hafner: Kirchen im Kontext der Grund- und Menschenrechte, Freiburg i.Ue. 1992, 187–191.

[30] D. Pirson: Innerkirchliche Grundrechte aus der Sicht der evangelischen Kirchenrechtslehre, in: Zeitschrift der Savigny-Stiftung für Rechtsgeschichte, Kanonistische Abteilung 98 (1981) 339ff, 344.

[31] D. Pirson: Innerkirchliche Grundrechte, a.a.O., 345.

[32] D. Pirson: Innerkirchliche Grundrechte, a.a.O., 346.

Erst der *Kollegialismus* hat zur Deutung der evangelischen Kirchen als Gemeinschaft gleichberechtigter Individuen geführt. Im 18. Jahrhundert entfaltet sich die «Freiheit in der Kirche im Kollegialsystem, das die Kirche als korporativen Zusammenschluss des religiösen Individualismus konstruiert»[33].

Das korporationsrechtliche Denken der Aufklärung hatte also auch in der Kirchenrechtswissenschaft seinen Einzug gehalten.[34] Durch die Aufklärung geprägte Denker suchten die Territorialkirche naturrechtlich als eine Korporation zu verstehen, zu der sich die Christen zur Pflege ihres gemeinsamen Glaubens zusammengeschlossen hatten. «Die Gemeinsamkeit im Bekenntnis hatte ihre Bedeutung als rechtliche Klammer ... eingebüsst.»[35] Die Bekenntnisbindung trat in eine Spannung zur Gewissensfreiheit. Bekenntnisbindung wurde als Glaubenszwang missverstanden.

Das Eigenartige der *Schweizer staatskirchenrechtlichen Entwicklung* liegt darin, dass in der Folge der Aufklärung die evangelische Kirche in den Staat eingegliedert wurde. «So entstand unter dem Einfluss des Liberalismus die für die Schweiz typische bekenntnisoffene Kirche, ja teilweise wurde gar die [staatliche] Glaubens- und Gewissensfreiheit von den kantonalen Kirchengesetzen übernommen und als innerkirchliches Grundrecht anerkannt. Das kirchenpolitische System stand so ganz im Zeichen des Einzelnen und seiner [Religions-]Freiheit, während der Gedanke der Freiheit der Kirche ... im Hintergrund blieb.»[36]

Dieses liberale[37] Kirchenverständnis förderte Elemente einer Auflösung des Kirchenbegriffs. Als Resultat dieser Entwicklung unterscheiden sich die schweizerischen reformierten Kirchen sehr stark von ihren lutherischen und reformierten Schwesterkirchen.

Während in der *Bundesrepublik Deutschland* das Verhältnis von Kirche und Staat nach der Zeit des Nationalsozialismus aufgrund der Erfahrungen des

---

[33] M. Heckel: Zum Sinn und Wandel der Freiheitsidee im Kirchenrecht der Neuzeit, in: Zeitschrift der Savigny-Stiftung für Rechtsgeschichte, Kanonistische Abteilung 86 (1969) 396ff, 422.

[34] Vgl. D. Pirson: Das Bekenntnis im Recht der Kirche, in: SJKR 2000, Bern 2001, 13–31, 19. Zur Entwicklung des Bekenntnisbegriffs vgl. bes. 15–22.

[35] D. Pirson: Das Bekenntnis, a.a.O., 19.

[36] P. Karlen: Das Grundrecht der Religionsfreiheit in der Schweiz, Zürich 1988, 130.

[37] «La suppression du caractère obligatoire des confessions historiques est également issue du libéralisme et, plus particulièrement, de la politique et théologie libérale du 19e siècle.» Chr. Winzeler: Le droit ecclésial protestant en Suisse. Principes et questions fondamentales, in: SJKR 2000, Bern 2001, 101–110, 104.

Kirchenkampfes der Bekennenden Kirche eine grundsätzliche Neuorientierung erfuhr, blieb das schweizerische Staatskirchenrecht von den deutschen Ereignissen weitgehend unberührt, trotz der führenden Rolle des Basler Theologen Karl Barth bei der Arbeit an der Theologischen Erklärung von Barmen vom 29.–31. Mai 1934.

Die Erkenntnis der Kirche, dass sie ihre rechtliche Ordnung selbst theologisch zu verantworten hat,[38] führte in der Bundesrepublik Deutschland zu einer fast völligen Verselbstständigung der Kirchen gegenüber dem Staat und zur Entlassung aus der staatlichen Kirchenhoheit (hinkende Trennung).

In der Schweiz dagegen blieb die in der Kulturkampfzeit errichtete religionsrechtliche Ordnung in den meisten Kantonen vorerst unverändert.[39] Dennoch sollte man die Bekenntnisfreiheit *nicht* etwa verwechseln mit der *Bekenntnislosigkeit*. Aber politischer und religiöser Liberalismus haben bewirkt, dass in vielen evangelischen Kirchenverfassungen der Schweiz kein bestimmtes, dogmatisch umschriebenes Bekenntnis zur Kirchenzugehörigkeit verlangt wird.[40]

Aber auch in der bekenntnisoffenen Kirche stellt sich die Frage nach dem *Verhältnis zwischen subjektiver Eigenverantwortlichkeit und objektiver Bekenntnisgebundenheit*. Es mag nicht überraschen, dass sich die gegenwärtige Diskussion um die Grundrechtsgeltung innerhalb der evangelischen Kirchen, wie sie insbesondere von Pirson eingeleitet wurde, zu grundrechtstheoretischen Lösungsansätzen gelangt, «die sich in den Grundzügen mit denjenigen der *Kanonistik durchaus vergleichen lassen*»[41], obschon «die Debatte bisher noch nicht mit vergleichbarer Ausführlichkeit geführt worden»[42] ist.

Die Bedeutung der Grundrechte in der Kirche kommt dann nicht angemessen zum Ausdruck, «wenn lediglich die im staatlichen Bereich vorgefun-

---

[38] Vgl. das Kapitel «Der Arierparagraph» des staatlichen Rechts, wonach nur Arier Pfarrer werden konnten, in: E. Bethge: Dietrich Bonhoeffer: Eine Biographie, Gütersloh 1994, 357–378.

[39] «La Suisse réformée n'a pas connu de pression suffisante de l'Etat pour inciter les Eglises nationales à revenir aux sources de leur droit comme les églises allemandes au cours des années 1930 et 1940. L'exception est l'Eglise libre vaudoise.» Chr. Winzeler: Le droit ecclésial protestant en Suisse, a.a.O., 104.

[40] Vgl. J. G. Fuchs: Aus der Praxis eines Kirchenjuristen in der Zeit ökumenischer Begegnung, Zürich 1979, 146–150.

[41] F. Hafner: Kirchen im Kontext der Grund- und Menschenrechte, a.a.O., 180.

[42] W. Huber: Grundrechte in der Kirche, a.a.O., 531.

denen Grundrechte in den kirchlichen Bereich übertragen werden»[43], wie das in der Schweiz des 19. Jahrhunderts der Fall war. Es braucht dazu eine *«schöpferische Transformation»*[44]. Worin bestehen die Transformationsregeln für die Einfügung von Grundrechten in der Kirche?

Die Forderung nach kirchlichen Grundrechten ist nicht unabhängig von der staatlichen Rechtsentwicklung entstanden, wie ich oben ausführte. Dennoch muss die Formulierung und Ausgestaltung von kirchlichen Grundrechten sich an dem Geschehen orientieren, das die Kirche konstituiert. «Die Freiheit, die in kirchlichen Grundrechten ihre rechtliche Entsprechung findet, ist nicht die bürgerliche Freiheit, sondern die Freiheit aus dem Glauben, sie ist nicht selbstbezüglich, sondern antwortende Freiheit.»[45] *Entscheidende Transformationsregeln* für die kirchliche Rezeption der allgemeinen Menschenrechte sind für Huber die gleiche Würde aller Menschen und die vorrangige Option für die Armen. «Soweit die Glieder der Kirche sich wechselseitig als Gleiche anerkennen, muss auch allen die Möglichkeit offen stehen, am Leben der Kirche verantwortlich mitzuwirken. ... Insofern scheint einleuchtend zu sein, dass Grundrechte in ihrer *produktiven,* zur Gestaltung anregenden *Funktion* für die Sozialgestalt der Kirche eine wichtige Bedeutung gewinnen.»[46] Grundrechte sollen also dazu beitragen, dass die Sozialgestalt der Kirche durch Freiheit, Gleichheit und Teilhabe geprägt ist und dadurch «exemplarische Bedeutung für die Gestaltung anderer gesellschaftlicher Bereiche gewinnen kann»[47].

Neben diesem produktiven Sinn der Grundrechte in der Kirche muss auch auf *die protektive Funktion der Grundrechte* in der Kirche hingewiesen werden. Wenn Huber meint, diese Funktion habe im kirchlichen Bereich «gerin-

---

[43] Aus evangelischer Sicht: Huber: Grundrechte in der Kirche, a.a.O., 533.

[44] Aus katholischer Sicht: G. Luf: Rechtsphilosophische Grundlagen des Kirchenrechts, in: J. Listl / H. Müller / H. Schmitz (Hg): Handbuch des katholischen Kirchenrechts, Regensburg 1983, 24–32, 32.

[45] W. Huber: Grundrechte in der Kirche, a.a.O., 531f.

[46] W. Huber: Grundrechte in der Kirche, a.a.O., 535.

[47] Ebd. Karl Barth hat von einer exemplarischen Bedeutung der Kirchenordnung im Verhältnis zur staatlichen Ordnung gesprochen (vgl. K. Barth: Christengemeinde und Bürgergemeinde, in: ders.: Rechtfertigung und Recht. Christengemeinde und Bürgergemeinde, Zürich 1984³, 80). Für Huber hängt das daran, dass seine Fragestellung noch an der klassischen Dualität Kirche-Staat ausgerichtet ist. Akzeptiert man, dass das Verhältnis Kirche – Staat im Rahmen des Verhältnisses Gesellschaft – Staat gesehen werden muss, «muss die Frage nach dem exemplarischen Charakter kirchlicher Ordnung im Blick auf alle Teilbereiche der Gesellschaft gestellt werden.» W. Huber: Grundrechte in der Kirche, a.a.O., 535.

gere praktische Bedeutung als im staatlichen Bereich»[48], so ist seinem ausgezeichneten Aufsatz «Grundrechte in der Kirche» an dieser Stelle zu widersprechen. Ich denke hier an die sexuellen Übergriffe, die gezeigt haben, dass Menschen vor Machtmissbrauch kirchlicher Amtsträger ebenfalls geschützt werden müssen.

Huber ist der Ansicht, dass *Grundrechte Regeln sind, an denen der Missbrauch kirchlicher Machtpositionen überprüft* und geahndet werden kann. Grundrechte sind als Orientierungsangebote zu verstehen, an denen Gestalt und Handhabung kirchlicher Ordnung sich auszurichten haben.

Wie in der katholischen Diskussion wird zwischen *Menschenrechten und Christenrechten* unterschieden. Besondere *Gruppenrechte* wie in der katholischen Kirche[49] grundrechtlich zu verankern, widerspricht evangelischem Kirchenverständnis. Eine solche Differenzierung im evangelischen Kirchenrecht entspricht nicht dem Gedanken der Gleichheit aller Glieder. «In der Kirche gebührt der allen Menschen *gleichen Würde (dignitas) der eindeutige Vorrang vor einer Differenzierung* gemäß der mit unterschiedlichen Positionen und Funktionen verbundenen Würde (*honor*).»[50] Von hier aus bedürfen «hierarchische» Leitungsstrukturen der kritischen Überprüfung und Revision.

Huber hat einen eigentlichen Katalog von Grundrechten in der Kirche ausgearbeitet, der als Vorbild für evangelische und reformierte Kirchen gelten kann. Aber auch andere Kirchen werden um diesen Grundrechtskatalog nicht herumkommen, wenn eine theologisch und rechtlich differenzierte Grundrechtsdiskussion in der entsprechenden Kirche entfaltet werden soll.[51]

b) Im katholischen Bereich

Im Gegensatz zum vorkonziliaren Kirchenverständnis der Gemeinschaft der Ungleichen («societas inaequalis») betont das Konzil die ‹vera aequalitas›, die wahre Gleichheit der Gläubigen. Das Konzil hält fest: «Es gibt ... in der Kirche keine Ungleichheit in Bezug auf die Rasse oder die Nation, die soziale Stellung oder das Geschlecht. ... Alle nämlich seid ihr ‹einer in Christus›» (LG 32 d).[52] Über die Gleichheit rückte *der gemeinsame rechtliche Grundstatus*

---

[48] W. Huber: Grundrechte in der Kirche, a.a.O., 536.
[49] Vgl. die Rechte der Laien (cc. 224–231), die Rechte der Kleriker (cc. 273–289) und die Rechte der Ordensleute (cc. 662–672).
[50] W. Huber: Grundrechte in der Kirche, a.a.O., 534.
[51] W. Huber: Grundrechte in der Kirche, a.a.O., 537–544.
[52] Vgl. Gal 3, 28; c. 208 des CIC 1983.

aller Gläubigen in den Vordergrund und damit verbunden die Frage nach der *verfahrensmäßigen Sicherung*.[53] Die Bischofssynode von 1967 approbierte 10 Leitsätze zur Revision des neuen Gesetzbuches der katholischen Kirche. Diese Leitsätze fordern den Schutz der Menschenrechte und der Christenrechte sowie die verfahrensmäßige Sicherstellung des Schutzes der subjektiven Rechte in der Kirche. Das neue Kirchenverständnis mündete fast «zwangsläufig in die Anerkennung von Fundamentalrechten[54] innerhalb der kirchlichen Rechtsordnung»[55]. Das gescheiterte Projekt der Lex Ecclesiae Fundamentalis, des kirchlichen Grundgesetzes, sowie eine sehr breit geführte theologische und kirchenrechtliche Diskussion über die Grundrechte in der katholischen Kirche erinnern daran.[56]

Dagegen wurde eingewandt, dass die Gewährleistung von *Freiheit* in der katholischen Kirche an der Verpflichtung *gegenüber der Wahrheit* ihre Grenze habe, für deren Beachtung das kirchliche Lehramt eine besondere Verantwortung trage.[57] Da damit «jedoch der CIC 1983 von einem *‹schrankenlosen Vorbehalt zugunsten der kirchlichen Autorität›* ausgeht, kann von Grundrechten in einem strikten Sinn nicht die Rede sein; denn deren Wesen besteht darin, dass sie der Ausübung von amtlicher Autorität Schranken setzen.»[58]

«Es wäre zu wünschen, dass evangelische [katholische und orthodoxe] Kirchen ihren Kirchenordnungen oder Kirchenverfassungen eigene Grundrechtsbestimmungen einfügen. … Das kann zu einer Entwicklung beitragen, die eines Tages vielleicht in eine ‹Ökumenische Erklärung kirchlicher Grundrechte› mündet.»[59] Bis dahin ist noch ein weiter Weg zurückzulegen.

---

[53] Vgl. cc. 208-223 des CIC 1983.

[54] Vgl. W. Aymans: Das Projekt einer Lex Ecclesiae Fundamentalis, in: J. Listl / H. Müller / H. Schmitz (Hg): Handbuch des katholischen Kirchenrechts, Regensburg 1983, 65–71.

[55] F. Hafner: Kirchen im Kontext der Grund- und Menschenrechte, a.a.O., 189.

[56] «In den evangelischen Kirchen ist die Debatte bisher noch nicht mit vergleichbarer Ausführlichkeit geführt worden.» W. Huber: Grundrechte in der Kirche, a.a.O., 531.

[57] Vgl. W. Kasper: Wahrheit und Freiheit. Die «Erklärung über die Religionsfreiheit» des II. Vatikanischen Konzils. Sitzungsberichte der Heidelberger Akademie der Wissenschaften. Philosophisch-historische Klasse, Heidelberg 1988.

[58] W. Huber: Grundrechte in der Kirche, a.a.O., 531.

[59] W. Huber: Grundrechte in der Kirche, a.a.O., 543–544.

5. Rechtsbegründungen im Zeichen der Freiheit

Die «Autonomie oder Subjektstellung des Menschen» zum «archimedischen Punkt zu machen, verbindet Verfassungsstaat und Kirche»[60]. Die Achtung der Menschenwürde kann heute als gemeinsames Element säkularer und christlicher Menschenrechtsbegründung angesehen werden.[61] Damit wird anerkannt, dass die rechte, sittliche Ordnung im Menschen selbst, in seiner Autonomie, liegt.[62] Dies trifft sich mit der Maxime von *Immanuel Kant*, wenn sie normativ verstanden wird. Im Rahmen seiner philosophischen Ethik hat er die Maxime aufgestellt, wonach jeder Mensch den anderen «jederzeit zugleich als Zweck» zu betrachten habe und ihn «niemals bloß» zum «Mittel» degradieren dürfe.[63] Diese Goldene Regel findet sich auch in den verschiedenen Weltreligionen.[64] Aus dieser Autonomie entspringen unveräußerliche Menschenrechte. Diese *Autonomie* war lange als *Angriff auf die Theonomie* gewertet worden.

Evangelischerseits wurden die Menschenrechte abgelehnt mit dem Argument, dass die Kirche auf Erden die Verwirklichung des göttlichen Heilsplanes zu fördern habe und deshalb keine subjektiven Rechte anerkennen könne. Eine solche Verwechslung der Relation *coram Deo* und *coram hominibus* musste aufgedeckt werden. «Grundrechte in der Kirche sind *immer Rechte coram hominibus*.»[65]

---

[60] D. Steuer-Flieser: «Grundrechte» im Codex Iuris Canonici von 1983, a.a.O., 87. Während das Autonomieverständnis in der zweiten Auflage des LThK (1957) ausschliesslich kirchenrechtlich als «Selbstbestimmungsrecht kirchlicher Körperschaften» knappe Erwähnung findet, lässt sich im LThK der dritten Auflage von 1993 eine umfassendere Begriffsbestimmung ausmachen. Der Begriff wird unter philosophischer, theologischer, religionspädagogischer sowie kirchenrechtlicher Sicht behandelt.

[61] F. Hafner: Kirchen im Kontext der Grund- und Menschenrechte, a.a.O., 162–171.

[62] Vgl. R. Spaemann: Über den Begriff der Menschenwürde, in: E.-W. Böckenförde / R. Spaemann (Hg): Menschenrechte und Menschenwürde. Historische Voraussetzungen, säkulare Gestalt, christliches Verständnis, Stuttgart 1987, 299ff, 303f.

[63] I. Kant: Grundlegung der Metaphysik der Sitten (1785), W. Weischedel (Hg) (Schriften zu Ethik und Religionsphilosophie, Bd. IV, 1963), 73ff.

[64] Vgl. Weltreligionen, Weltfrieden, Weltethos: Stiftung Weltethos für interkulturelle und interreligiöse Forschung, Bildung und Begegnung, o.J., 18–19.

[65] W. Huber: Grundrechte in der Kirche, a.a.O., 532.

Katholischerseits wurde diese Sicht mit dem Konzil überwunden, z.B. in der «Erklärung über die Religionsfreiheit», die auf der Würde der menschlichen Person gründet.[66]

5.1 Der säkulare Personenbegriff

Der säkulare Personenbegriff hat aber auch eine eigene theologische Tradition, die über Jahrhunderte von den Kirchen selber übersehen wurde. Das Wissen um die Würde jedes einzelnen Menschen unabhängig von Volkszugehörigkeit, sozialer Stellung oder Geschlecht ist in der Bibel verankert, wie die alte Taufformel belegt, die Paulus schon vorfand: «Es gibt nicht mehr Juden und Griechen, nicht Sklaven und Freie, nicht Mann und Frau; denn ihr alle seid einer in Christus.»[67] Die Würde jedes einzelnen Menschen ist in der Gottebenbildlichkeit begründet: «Als Abbild Gottes schuf er ihn [den Menschen]. Als Mann und Frau schuf er sie.» (Gen 1, 27)

Die Gleichheitsforderung dieser biblischen Texte ist aber vom Rechtsinstitut der Menschenrechte noch weit entfernt, wie Otfried Höffe anmerkt.[68] Denn die allen Menschen gemeinsame Würde wurde weder in der Spätantike noch im Mittelalter zum bestimmenden Orientierungspunkt für die kirchliche oder die politische Ordnung. Ob es derartige Gleichheitsrechte in der Neuzeit gibt, entscheidet sich erst, wenn beim Eintritt in die Rechtssphäre der Gleichheitsgedanke nicht *wie ein Meteor verglüht*.

Als Person galt nur das getaufte Individuum. An die Taufe heftete sich auch das Bürgerrecht in weiten Gebieten der Schweiz bis ins 19. Jahrhundert. Durch die Exkommunikation verlor man folglich nicht nur die Rechte der Kirchenmitgliedschaft, sondern auch das Bürgerrecht. Der Personenbegriff des westlichen Rechtsdenkens unterschied zwischen zwei Gruppen: den Getauften und den Nichtgetauften. Bis in die Neuzeit hinein war die menschliche Würde und damit das Person-Sein weithin das Privileg der Christen.[69] Häretiker, Juden und Heiden konnten auf diese Würde und die damit verbundenen Personenrechte keinen Anspruch erheben. Ketzerver-

---

66 Vgl. A. Loretan: Wie entwickelte die Römisch-katholische Kirche ein Ja zum demokratischen Rechtsstaat und seinen Grundrechten?, in: ders. / T. Bernet-Strahm (Hg): Das Kreuz der Kirche mit der Demokratie. Zum Verhältnis von katholischer Kirche und Rechtsstaat, Zürich 2006, 19–34.

67 Gal 3, 28; vgl. LG 32 u. c. 208 CIC 1983.

68 O. Höffe: Vernunft und Recht. Bausteine zu einem interkulturellen Rechtsdiskurs, Frankfurt a.M. 1996, 101–102.

69 Obwohl in dieser Zeit noch nicht von der «Person» im neuzeitlichen Sinn gesprochen werden kann.

folgungen, Judenpogrome und Kolonisationen werden als Folge dieses einseitigen Personenbegriffs interpretiert.[70]

Aus Impulsen der naturrechtlichen Spätscholastik (Vitoria, Las Casas)[71], des Humanismus, der Reformation und der Aufklärung entstand eine Wende im Menschenbild. Nun trat der Gedanke in den Vordergrund, dass alle Menschen, nicht nur die Christen, über gleiche Würde und Personenrechte verfügen. Jeder Mensch erhielt damit das Recht, seine Religion selbst wählen zu können. Insofern stand die Religionsfreiheit von Anfang an im Zentrum des neuzeitlichen Menschenrechtsdenkens. Es setzte sich die Einsicht durch, dass die Rechtsstellung der menschlichen Person nur geachtet wird, wo ihre Gewissensfreiheit Anerkennung findet.

Bis anhin hatte sich die Kirche vom Gedanken leiten lassen, dass dem Irrtum kein Recht zukommt. Nur um des Friedens willen kann der Irrtum toleriert werden.[72]

5.2 Die neuzeitliche Freiheitsidee

Die neuzeitliche Freiheitsidee – verstanden als Autonomie des Menschen im Zeichen sittlich verantworteter Willensbestimmung – wird von Luf auch für die Rechtsordnung der Kirchen fruchtbar gemacht.[73] Freiheit im Sinne der Aufklärung bedeutet keineswegs Bindungslosigkeit. Es geht vielmehr darum, die Fremdbestimmung abzuschütteln und diese durch Bindung zu ersetzen, die aus Einsicht erfolgt.

a) Individuelle Verwirklichung von Freiheit

Das Konzil hat die individuelle Verwirklichung von Freiheit im Glaubensakt herausgestellt (DH 10). Es forderte auch die Freiheit für den Vollzug des

---

[70] W. Huber: Gerechtigkeit und Recht. Grundlinien christlicher Rechtsethik, Gütersloh 1996, 228.

[71] Vgl. F. Hafner / A. Loretan / Chr. Spenlé: Naturrecht und Menschenrecht. Der Beitrag der Spanischen Spätscholastik zur Entwicklung der Menschenrechte, in: F. Grunert / K. Seelmann (Hg): Die Ordnung der Praxis. Neue Studien zur Spanischen Spätscholastik, Tübingen 2001, 123–153.

[72] Die Toleranzlehre der mittelalterlichen Kirche hat erstaunliche Ähnlichkeiten mit der islamischen Toleranzlehre, wie sie von den klassischen Rechtsschulen im 8. und 9. Jahrhundert ausgebildet wurde. Vgl. J. Schwartländer: Freiheit der Religion. Christentum und Islam unter dem Anspruch der Menschenrechte, Mainz 1993, 32.

[73] Vgl. G. Luf: Rechtsphilosophische Grundlagen des Kirchenrechts, a.a.O.

Glaubens. Denn die Würde des Menschen verlangt, dass er personal, von innen her bewegt und nicht unter bloß äußerem Zwang, handelt (GS 17).

Papst Paul VI. hat diese Forderung in das neue Kirchenrecht aufnehmen wollen. Die Gewährung des erforderlichen Freiraumes für die persönliche Entscheidung in Glaubensfragen muss die Perspektive des gesamten Kirchenrechts sein. Paul VI. bezeichnete es als die vornehmste Aufgabe des Kirchenrechts, dass es einen Raum wahrer Freiheit ermöglicht.[74]

b) Gemeinschaftliche Verwirklichung der Freiheit

Die neuzeitliche Freiheitsidee hat ihre gemeinschaftsbezogene Ausfaltung in der Entwicklung zum demokratischen Verfassungsstaat erfahren, in dem der Einzelne nicht mehr einfach regiert wird, sondern von der *Fremdbestimmung* zur *Selbstbestimmung* gelangt.

Von dieser gemeinschaftlichen Verwirklichung der neuzeitlichen Freiheitsidee sieht der damalige Kardinal Joseph Ratzinger das Leben der Kirche in der Gegenwart wesentlich mitgeprägt. Er wertet die Versuche einer so genannten *Demokratisierung der Kirche* als die konkrete Weise, wie sich das Ringen um Freiheit in der Kirche heute abspielt.[75] Wie weit demokratische Elemente auf die Verfassung der Kirche übertragbar sind, ohne Wesen und Sendung der Kirche zu verfälschen, hängt entscheidend vom Verständnis des *Verhältnisses zwischen geistlicher Autorität und christlicher Freiheit* ab. Es wird geprägt vom Verhältnis zwischen individuellen Freiheitsrechten der Mitglieder und den korporativen Rechten der Kirchen-Gemeinschaft.

Damit wird deutlich, dass weder im innerkirchlichen noch im staatlichen Recht nur die geistliche Autorität, die Hierarchie, rechtlich geschützt wird, sondern dass auch die subjektiven Rechte, die Grund- oder Menschenrechte aller Gläubigen, rechtlich garantiert sein sollten.

Zusammenfassung: Für den Ratspräsidenten der Evangelischen Kirche in Deutschland, Wolfgang Huber, und für das Zweite Vatikanische Konzil hat das Recht der Kirche nicht nur das Recht der Wahrheit (geistliche Autorität), sondern auch das Recht des Subjekts, die persönliche Würde (Menschenrechte), zu schützen. Kirchenrecht und Staatskirchenrecht stehen in der Funktion der Freiheit.

---

[74] Lat. in: AAS 69 (1977) 211ff.

[75] J. Ratzinger: Freiheit und Bindung, in: E. Corecco (Hg): Die Grundrechte des Christen in Kirche und Gesellschaft, Freiburg i.Ue. 1981, 40. Vgl. J. Ratzinger / H. Maier: Demokratie in der Kirche. Möglichkeiten und Grenzen, 2005².

III. Teil

Systematisch-theologische Perspektiven

Reinhold Bernhardt

Religionsfreiheit als Recht auf Differenz

Der ehemalige deutsche Bundespräsident Johannes Rau sagte in einer Rede anlässlich des 275. Geburtstags von Gotthold Ephraim Lessing am 22. Januar 2004: «Im demokratischen Rechtsstaat gilt das Recht auf Unterschiede, aber es gilt kein unterschiedliches Recht.»[1] Judith Wyttenbach, Fürsprecherin und Mitarbeiterin am Departement für öffentliches Recht an der Universität Bern, bezieht die von Rau prägnant zusammengefasste Korrelation von Gleichheit vor dem Recht und Differenzgewährung durch das Recht auf die Grundwerte der Verfassung: «Der Staat muss eine Balance zwischen der *Anerkennung von Differenz* (Achtung der Grundrechte der Einzelnen, Achtung ihres Andersseins) und der *Wahrung der Verfassungswerte* (Rechtstaatlichkeit, Rechtsgleichheit, Wahrung öffentlicher Interessen und Achtung der Rechte Dritter) finden.»[2] Dieses immer neu auszutarierende Gleichgewicht zwischen der Gewährung des Rechts auf größtmögliche Selbstbestimmung des Einzelnen und dem rechtsstaatlichen Gebot der rechtlichen Gleichbehandlung aller, tritt in den Verständigungsdebatten um Umfang und Grenzen des Grundrechts auf *Religionsfreiheit* in besonderer Weise zu Tage. Denn die Gewährung dieses Rechts führt zu Ausnahme- und Sonderregelungen für bestimmte religiöse Gruppen, um ihnen die Praktizierung von Lebensformen zu ermöglichen, in denen sich ihre religiöse, weltanschauliche und kulturelle Identität realisiert. Die strikt gleiche Anwendung der Rechte und Pflichten für alle Bürger würde in bestimmten Fällen die Freiheit der Religionsausübung beeinträchtigen und damit u.U. zu tiefen Identitätsverletzungen führen.

Religionsfreiheit gewährt das Recht auf Differenz und damit auf Wahrung und Entwicklung der je besonderen religiösen Identität. Weil religiöse Identitätsmuster – seien sie ererbt oder selbst gewählt – in die tiefsten Schichten des personalen Existenzverständnisses reichen und mit starken Verpflichtungsansprüchen verbunden sind, sind sie in besonderer Weise auf geschützte Entfaltungsräume angewiesen. Religionen stellen umfassende,

---

[1] Rede von Bundespräsident Johannes Rau beim Festakt zum 275. Geburtstag von Gotthold Ephraim Lessing in der Herzog-August-Bibliothek zu Wolfenbüttel, 22. Januar 2003, einzusehen unter: www.bundespraesident.de.

[2] J. Wyttenbach: Religionsfreiheit im Lichte des Bundesgerichts, in: Reformatio 4 (2005) 266–283, 281.

über die empirische Wirklichkeit hinausgehende Weltdeutungen und Lebensorientierungen von je eigenem Gepräge dar. Individuen und Gemeinschaften, die den von ihnen gewiesenen Wegen folgen, indem sie sich auf ihre normativen Sinnzentren ausrichten, bedürfen des Rechts auf existenzielle Selbstbestimmung in Differenz zu anderen Formen der religiösen und weltanschaulichen Lebensorientierung und -gestaltung.

Religionsfreiheit im rechtlichen Sinn der Gewährung von Glaubens-, Bekenntnisfreiheit sowie der Freiheit zur ungestörten Religionsausübung ist dabei eingebunden in weiterreichende Bestimmungszusammenhänge, die über die Beziehung zwischen Politik (bzw. Staat) und Religion hinausgehen. In einem ersten Teil der folgenden Überlegungen sollen daher zunächst die unterschiedlichen Dimensionen des Verhältnisses von Religion und Freiheit ausgeleuchtet werden: die gesellschaftliche, die religionsstrukturelle und die systematisch-theologische. Diese Unterscheidung führt vor die – im zweiten Teil zu erörternde – Frage, wie das inhaltlich gefüllte Freiheitsverständnis der Religionen und Weltanschauungen zum formalen Freiheitsverständnis des säkularen Staates in Beziehung steht bzw. gesetzt werden kann. Im dritten Teil sollen dann die Notwendigkeit einer theologischen Begründung der Forderung nach allgemeiner Religionsfreiheit reflektiert und Möglichkeiten dazu benannt werden.

1. Vier Bedeutungsdimensionen des Begriffs «Religionsfreiheit»

Legt man sich nicht von vornherein fest auf die in der abendländischen Geistesgeschichte geprägte religions*rechtliche* Bedeutung des Kompositums «Religionsfreiheit», tritt man vielmehr einen Schritt zurück und fragt grundsätzlicher nach der darin vorgenommenen Relationierung von Religion und Freiheit, dann eröffnen sich vier semantische Dimensionen, die auf die folgenden vier Relationen verweisen:
(1) auf die Relation zwischen dem religiösen Individuum und der Religionsgemeinschaft zum relativ religionsneutralen Staat;
(2) auf die Relation des religiösen Individuums und der Religionsgemeinschaft zur säkularen, kulturell und religiös pluralistischen Gesellschaft;
(3) auf die Relation der Religionsgemeinschaft zu ihren eigenen Anhängern sowie
(4) auf die Relation der Religionsgemeinschaft zu ihren Traditionsquellen und -inhalten, zugespitzt gesagt, auf die Relation von Religion und Offenbarung.

(1) Es handelt sich bei der Religionsfreiheit zunächst um ein von der politischen Legislative eingeräumtes, von der staatlichen Exekutive in den

jeweiligen Kontexten ihres Handelns zu gewährendes und gegenüber den staatlichen Organen juristisch einklagbares grundlegendes Freiheitsrecht des Individuums gegenüber der staatlichen Ordnung und Herrschaftsausübung. Dieses umfasst zum einen das Grundrecht auf freie Überzeugungsbildung (also Glaubens-, Gewissensfreiheit) und zum anderen das Recht auf freie Ausübung der Religion in privaten und öffentlichen Räumen (also Bekenntnis-, Versammlungs- und Kultusfreiheit). Religionsfreiheit ist demnach einerseits auf die religiöse Gesinnung, andererseits auf den Handlungsvollzug der religiösen Praxis bezogen. Sie hat eine individuelle und eine kollektive Seite, betrifft nicht nur die Gesinnungsbildung und Religionsausübung des *einzelnen*, sondern auch der Glaubens*gemeinschaften*, seien sie als Körperschaften des öffentlichen Rechts oder als privatrechtliche Vereine organisiert.

Weiterhin umfasst sie negative (Freiheit *von* …) und positive (Freiheit *zu* …) Bestimmungen: einerseits die Eingriffsabwehr, d.h. den Anspruch auf Unterlassung von Zwang, den Schutz vor Störungen, die Abwendung von Diskriminierungen, die Vermeidung von Beeinträchtigung der freien Religionsausübung, andererseits die Gewährung von Rahmenbedingungen für die relativ ungehinderte Religionspraxis, also die Zuweisung von geschützten, aber auch begrenzten Freiräumen. Dies kann in der Anerkennung von Religionsgemeinschaften als Körperschaften öffentlichen Rechts seinen Ausdruck finden.[3]

Die positive und die negative Seite kommt in Art. 15 der Schweizerischen Bundesverfassung von 1999 in den Einleitungen der Sätze zum Ausdruck: «*Jede Person hat das Recht,* ihre Religion und ihre weltanschauliche Überzeugung frei zu wählen und allein oder in Gemeinschaft mit anderen zu bekennen. *Jede Person hat das Recht,* einer Religionsgemeinschaft beizutreten oder anzugehören, eine religiöse Handlung vorzunehmen oder religiösem Unterricht zu folgen. *Niemand darf gezwungen werden,* einer Religionsgemeinschaft beizutreten oder anzugehören, eine religiöse Handlung vorzunehmen oder religiösem Unterricht zu folgen.» Darin sind Formulierungen aus Artikel 18 der Allgemeinen Erklärung der Menschenrechte der Vereinten Natio-

---

[3] Siehe dazu: P. Karlen: Zur öffentlich-rechtlichen Anerkennung weiterer Religionsgemeinschaften, in: SJKR 1 (1996) 39–46; R. Pahud de Mortanges: Fragen zur Integration der nichtchristlichen Religionsgemeinschaften in das schweizerische Kirchenverfassungsrecht, in: Schweizerisches Jahrbuch für Kirchenrecht 3 (1998) 89–108; Chr. Winzeler: Fremde Religionen in der Schweiz unter Gesichtspunkten der Religionsfreiheit und des Religionsverfassungsrechts, in: Zeitschrift für schweizerisches Recht, NF 117 (1998) 237–261; C. R. Famos: Die öffentliche Anerkennung von Religionsgemeinschaften im Lichte des Religionsgleichheitsprinzips, Freiburg i.Ue. 1999.

nen (1948)[4] und Artikel 18 des Internationalen Paktes über bürgerliche und politische Rechte (1966)[5] aufgenommen.

In der schweizerischen Bundesverfassung – wie auch in Art. 4 des deutschen Grundgesetztes – ist die Religion der weltanschaulichen Überzeugung gleichgestellt. Glaubens- und Gewissensfreiheit beziehen sich auf religiöse wie nichtreligiöse Überzeugungen. Religionsfreiheit schließt die Negation des Religiösen mit ein. Darin drückt sich eine Akzentverschiebung des in der Neuzeit erkämpften Grundrechts aus. Während zu Beginn dieser Entwicklung nichtchristliche und mehr noch nichtreligiöse Weltanschauungen aus der Glaubens- und Gewissensfreiheit z.T. dezidiert ausgeschlossen waren (in der schweizerischen Bundesverfassung von 1848 betraf das noch die Juden), wird das Recht auf *Religions*freiheit heute zunehmend zu einem Anwendungsfall einer allgemeineren, von religiösen Grundlagen gelösten *Überzeugungs*freiheit. Parallel dazu treten religiöse und weltanschauliche Bezüge in der Begründung der Religionsfreiheit wie überhaupt der Grundrechte in den Säkularisierungsschüben seit Mitte der 1960er Jahre zurück.[6]

Die Inanspruchnahme des in der Bundesverfassung in allgemeiner Form eingeräumten Rechts auf Differenz kann in einen Konflikt mit geltenden Rechtsbestimmungen führen, wo eine religiöse Überzeugung oder Vorschrift die Befolgung bürgerlicher Obliegenheiten – etwa hinsichtlich des Militärdienstes oder der Schulpflicht – verbietet. Aus solchen Spannungen ergibt sich die Forderung nach Dispensen von den gesetzlichen Pflichten aus religiösen Gründen, die dann in der Regel juristische Klärungen notwendig machen: Darf ein Sikh einen Turban statt eines Helms beim Motorradfahren tragen? Dürfen Zeugen Jehovas Bluttransfusionen für sich oder

---

[4]   Darin heißt es: «Jedermann hat das Recht auf Gedanken-, Gewissens- und Religionsfreiheit; dieses Recht umfasst die Freiheit, seine Religion oder seine Weltanschauung zu wechseln, sowie die Freiheit, seine Religion oder seine Weltanschauung allein oder in Gemeinschaft mit anderen, öffentlich oder privat durch Unterricht, Ausübung, Gottesdienst und Beachtung religiöser Bräuche zu bekunden».

[5]   Dort ist (auf Druck islamischer Staaten) allerdings nicht mehr das Recht gewährleistet, die Religion zu wechseln, sondern nur noch, eine Religion eigener Wahl zu haben oder anzunehmen.

[6]   Für die diesbezügliche Rechtsentwicklung in Deutschland siehe: P. Badura: Das Grundgesetz vor der Frage des religiösen und weltanschaulichen Pluralismus, in: G. Baadte / A. Rauscher (Hg): Religion, Recht und Politik, 1997, 39–61, bes. 41ff. Für die Schweiz siehe: P. Karlen: Das Grundrecht der Religionsfreiheit in der Schweiz, Zürich 1988; U. Friederich: Kirchen und Religionsgemeinschaften im pluralistischen Staat. Zur Bedeutung der Religionsfreiheit im schweizerischen Staatskirchenrecht, Bern 1993.

ihre schutzbefohlenen Angehörigen ablehnen? Dürfen Mädchen oder gar Erzieherinnen und Lehrerinnen in Kindergarten und Schule ein Kopftuch anlegen? Darf es religiös begründete Befreiungen vom Sexualkunde- und vom Sport-, besonders vom Schwimmunterricht in der Schule geben? Soll das Schächten erlaubt sein? Usw.

Besondere Brisanz erhalten solche Konflikte zwischen religiösen Geboten und geltendem Recht, wo andere Grundrechte und elementare Rechtsgüter tangiert sind, wie etwa das Recht auf körperliche Unversehrtheit (aus dem sich die Helmpflicht ergibt) oder auf Ausbildung (welches den Sportunterricht einschließt), der Tierschutz (der beim Schächten verletzt wird) oder die Aufrechterhaltung der öffentlichen Ordnung (die bei bestimmten Formen aufdringlicher missionarischer Tätigkeiten in Gefahr geraten kann).[7]

Auch die positive und die negative Seite der Religionsfreiheit können in Konflikt miteinander geraten, etwa wo eine Erzieherin ihre (positive) Freiheit zur Religionsausübung durch Anlegen eines Kopftuchs in Anspruch nimmt, die Eltern sich dadurch aber in ihrem Erziehungsrecht und die Schüler sich in ihrer (negativen) Religionsfreiheit beeinträchtigt fühlen. Vergleichbar ist die Konfliktlage in Fällen, in denen ein religiöses Symbol – etwa ein Kruzifix – in einem öffentlichen Gebäude platziert werden soll.

(2) In einem weiter gefassten, über den juridischen Bereich hinausgehenden Sinn bezieht sich Religionsfreiheit auf die rechtlich nicht mehr geregelten und in vielen Fällen auch nicht regelbaren Bereiche der Beziehung zwischen den Religionsgemeinschaften und der Gesellschaft: Welche Freiräume zur Selbstdarstellung werden diesen Gemeinschaften in der zivilgesellschaftlichen Öffentlichkeit eingeräumt, etwa für die Bekanntmachung von Veranstaltungen in der Presse oder für den Protest gegen Darstellungen ihrer Religion, die in ihren Augen diskriminierend oder verletzend sind (wie im Streit um die Mohammed-Karikaturen) oder für die öffentliche Präsentation religiöser Symbole? Inwieweit dürfen sie an der Willensbildung der politischen Organe partizipieren, etwa in Form interreligiöser Stadträte (wie in Birmingham)? Wird ihnen die Möglichkeit gegeben, Kultus und Gemeinschaftsräume einzurichten und diese als solche auch nach außen kenntlich zu machen (etwa durch den Bau von Minaretten)? Erhalten sie die Möglichkeit, Verstorbene ihren Traditionen gemäß zu bestatten? Usw.

In der gesellschaftlichen Meinungs- und Willensbildung finden Aushandlungsprozesse statt, die für das Verständnis und die Interpretation der Religionsfreiheit relevant sind und die dann wiederum auf die Religionspolitik

---

[7] Siehe dazu: J. Wyttenbach: Religionsfreiheit im Lichte des Bundesgerichts, a.a.O., 272ff.

und -gesetzgebung zurückwirken. Nur ein kleiner Teil davon wird rechtlich geregelt oder juristisch ausgetragen. Und doch handelt es sich bei den öffentlichen Debatten um die Inhalte, Regeln und Grenzen der (positiven) Religionsfreiheit gewissermaßen um den Horizont, in dem sich dann die Festlegung rechtlicher Regelungen, ihre politische Anwendung und ihre juristische Klärung vollziehen. Diese steht in «metajuristischen Sinnzusammenhängen»[8].

(3) In der ersten und zweiten der bisher unterschiedenen Bedeutungen des Begriffs «Religionsfreiheit» ist damit die von der staatlichen Rechtsordnung und den gesellschaftlichen Aushandlungsprozessen bestimmte, aber auch beschränkte Freiheit *für* die Religion bzw. *zur* Religion gegenüber Staat und Gesellschaft gemeint. In einem dritten Sinn bezieht sich Religionsfreiheit auf die interne Freiheit, die Religionsgemeinschaften ihren eigenen Anhängern zu gewähren haben, d.h. auf die Freiheit *in* der Religion *gegenüber* den religiösen Autoritäten. Die individuelle Religionsfreiheit beinhaltet somit nicht nur gegenüber dem Staat, sondern auch gegenüber der jeweiligen Religionsgemeinschaft die Freiheit *von* der Religion oder bestimmten ihrer Formen. Das schließt die Freiheit zum Austritt aus der Religionsgemeinschaft sowie zum Wechsel der Religionszugehörigkeit ein.

Als eine Zusammenfassung des damit verbundenen Anspruchs auf Alterität und Differenz lässt sich die Definition der Religionsfreiheit lesen, die der tunesische (muslimische) Rechtswissenschaftler Mohamed Charfi gegeben hat. Er bestimmt Religionsfreiheit als das (auch der eigenen Religionsgemeinschaft gegenüber geltend zu machende) «Recht, seine Religion selbst zu wählen, ebenso das Recht, eines jeden, seinen Fähigkeiten und seinem Gewissen entsprechend seine Religion zu verstehen und die heiligen Texte zu interpretieren; das Recht, die Religion ganz, teilweise oder gar nicht auszuüben, und schließlich das Recht, die Religion zu wechseln.»[9]

Wo eine Religionsgemeinschaft Freiheitsrechte ihrer Mitglieder beschneidet, die ihnen nach den staatlich gewährten unveräußerlichen Grund- bzw. Menschenrechten zugestanden werden müssen, haben staatliche Instanzen das Recht und die Pflicht einzugreifen, womit wieder die erste der bisher

---

[8] H. Schneider: Religiöser Glaube und kirchliches Wirken im neuen Europa. Religionsfreiheit, Kulturkampf – oder was sonst? Teil 1, in: Religionen unterwegs 1 (2006) 10–16, 14.

[9] M. Charfi: Die Menschenrechte im Bezugsfeld von Religion, Recht und Staat in den islamischen Ländern, in: J. Schwartländer (Hg): Freiheit der Religion. Christentum und Islam unter dem Anspruch der Menschenrechte (Forum Weltkirche: Entwicklung und Frieden 2), Mainz 1993, 93–118, 102.

unterschiedenen Dimensionen der Religionsfreiheit zur Geltung käme. Viele der Freiheitsbeschränkungen, die von den Religionsgemeinschaften gegenüber ihren Mitgliedern ausgehen, liegen aber unterhalb dieser Schwelle, in rechtlich nicht relevanten repressiven Strukturen, die oft von den Mitgliedern selbst nicht einmal als solche empfunden werden, sondern als identitätsstiftende kulturell-religiöse Orientierungsvorgaben gelten. Innen- und Außenperspektive können also in dieser Hinsicht sehr verschieden voneinander sein.

Auf dieser dritten Ebene bedeutet Religionsfreiheit nicht die Religionsals Überzeugungsgemeinschaften *eingeräumte* Freiheit, sondern die von ihnen *eingeforderte* Freiheit, nicht die ihnen gewährte, sondern die von ihnen (ihren Mitgliedern gegenüber) zu gewährende Freiheit, nicht das ihnen zugesicherte Recht auf Differenz, sondern die moralische und teilweise auch rechtliche Verpflichtung, in ihrem Binnenraum Differenz zu dem für sie normativen Selbstverständnis, mithin einen internen Pluralismus zuzulassen. Das schließt auch die Vorgaben ein, die sie ihren Mitgliedern für den Austritt und den Wechsel der Religionsgemeinschaft, sowie für die Bestimmung und Gestaltung der Beziehung nach außen, d.h. zu anderen Religionskulturen machen.

(4) Auf einer vierten, vom Bereich des Juridischen am weitesten entfernt liegenden Bedeutung des Begriffs «Religionsfreiheit» steht die Beziehung zwischen Freiheit und Religion *theologisch* zur Debatte. Hier geht es um Freiheit *aus* der Religion: Welches Verständnis von Freiheit und welche Impulse zur Realisierung dieses Verständnisses gehen aus den geistigen Grundlagen, d.h. den kanonischen und geschichtlichen Überlieferungen der jeweiligen Religionskulturen hervor? Auf dieser Ebene ist nicht mehr von Religionsfreiheit als einem einerseits zugestandenen und andererseits in Anspruch genommenen Recht die Rede, auch nicht der Gewährung gesellschaftlicher Entfaltungsmöglichkeiten, auch nicht von der internen Pluralität und Liberalität der Religionsgemeinschaften, sondern von der Freiheit, die in der Transzendenzbeziehung grundgelegt ist und sich realisiert in der letzlichen Ent-Bindung des Menschen von allem, wovon er psychisch, physisch, ökonomisch, sozial, politisch, kulturell und auch religiös abhängig ist.

2. Freiheit als formaler Rahmen und als inhaltliche Bestimmung

Spätestens mit der vierten der oben unterschiedenen Bedeutungsebenen kommt ein inhaltlich gefülltes Freiheitsverständnis zur Sprache, das von dem formal bestimmten der säkularen Staatsauffassung charakteristisch unterschieden ist. In seiner substantialen Selbstzurücknahme bietet das ‹formale› den Rahmen für die Zulassung inhaltlich differenter Freiheitsüberzeugungen. Die Egalität des Rechts erlaubt und fördert positionelle Differenz, Alterität und Pluralität.[10] Zwischen dem prinzipiell egalitären formalen Recht und den inhaltlichen Überzeugungen besteht aber die Beziehung gegenseitiger Inanspruchnahme. «Dieses Ineinander-Gelagertsein zeigt ein fein austariertes Verhältnis der inneren Differenz und der äußeren Konkordanz zwischen dem staatlich-säkularen und dem kirchlich-bekenntnisgebundenen Freiheitsbegriff.»[11]

Die Überzeugungsgemeinschaften nehmen die formale Freiheitsbestimmung des säkularen Staates in Anspruch, um ihre Selbstentfaltung in der Gesellschaft gegen staatliche Beschränkung zu sichern und wohl auch um die Einflussnahme anderer Religionsgemeinschaften auf die gesellschaftliche und staatliche Ordnung in den Grenzen des damit gesetzten Rahmens zu halten. Umgekehrt muss der Staat darum bemüht sein, bei den Überzeugungsgemeinschaften Akzeptanz für das formale Freiheitsverständnis zu gewinnen – und dies nicht nur durch pragmatische, auf die Erfordernisse friedlicher Koexistenz hinweisender Begründungen, sondern auch durch die Rückbindung dieses Freiheitsverständnisses an die kulturellen und religiösen Traditionen der in der Gesellschaft lebenden und sie tragenden Gruppen. Auch der religiös neutrale Staat wird also zumindest eine Offenheit für das Religiöse an den Tag legen müssen, worauf Hermann Lübbe immer wieder hingewiesen hat.[12]

Doch reicht die Angewiesenheit des formalen Freiheitsverständnisses auf das inhaltliche noch weiter. Sie beschränkt sich nicht auf die Gewinnung von Anerkennung und damit auf faktische Legitimierung durch die Überzeugungsgemeinschaften; so als würde der in sich gründende, für sich beste-

---

[10] Siehe dazu: J. Dierken: Das Religionsrecht und die Dialektik der Freiheit, in: ZThK 100 (2003) 64–89, bes. 67ff.

[11] M. Heckel: Art. Religionsfreiheit, I. Geschichte und Grundsatzfragen, in: Evangelisches Staatslexikon, Bd. 4, 1988[7], 820–825, 824f.

[12] H. Lübbe: Religion nach der Aufklärung, 1986; ders.: Das Christentum, die Kirchen und die europäische Einigung, in: EGTSK 31 (1997) 107–126.

hende und seiner Geltung sichere Freiheitsrahmen lediglich nach äußerer Akzeptanz streben. Demgegenüber ist immer wieder darauf verwiesen worden, dass dieser formale Rahmen selbst von inhaltlichen Überzeugungen getragen ist. Der Grundsatz relativer inhaltlicher Neutralität des Staates gegenüber religiösen, ethischen und weltanschaulichen Positionen ist angewiesen auf anthropologische, gesellschaftstheoretische, sozialethische, politikphilosophische Anschauungen mit normativem Charakter. Diese wiederum wurzeln in den Traditionen der abendländischen Geisteskultur einschließlich ihrer religiösen Komponenten. Eher andeutungshaft kommt das in dem von Theologen und Kirchenvertretern gerne und oft zitierten[13] Diktum Böckenfördes zum Ausdruck: «Der freiheitliche, säkularisierte Staat lebt von Voraussetzungen, die er selbst nicht garantieren kann.»[14]

In der Begründung zum sog. «Kruzifix-Urteil» hatte das deutsche Bundesverfassungsgericht formuliert: «Auch ein Staat, der die Glaubensfreiheit umfassend gewährleistet und sich damit selber zu religiös-weltanschaulicher Neutralität verpflichtet, kann die kulturell vermittelten und historisch verwurzelten Wertüberzeugungen und Einstellungen nicht abstreifen, auf denen der gesellschaftliche Zusammenhalt beruht und von denen auch die Erfüllung seiner eigenen Aufgaben abhängt. Der christliche Glaube und die christlichen Kirchen sind dabei, wie immer man ihr Erbe heute beurteilen mag, von überragender Prägekraft gewesen, die darauf zurückgehenden Denktraditionen, Sinnerfahrungen und Verhaltensmuster können dem Staat nicht gleichgültig sein».[15]

---

13 Exemplarisch: H. Bedford-Strohm: Geschenkte Freiheit. Von welchen Voraussetzungen lebt der demokratische Staat? in: ZEE 49 (2005) 248–265.

14 E. W. Böckenförde: Die Entstehung des Staates als Vorgang der Säkularisierung (1967), in: ders.: Recht, Staat, Freiheit. Studien zur Rechtsphilosophie, Staatstheorie und Verfassungsgeschichte, Frankfurt a.M. 1991, 92–114, 112. Böckenförde präzisiert seine Aussage folgendermaßen: Der säkularisierte Staat lebt «letztlich aus jenen inneren Antrieben und Bindungskräften …, die der religiöse Glaube seinen Bürgern vermittelt» (a.a.O., 113).

15 BVerfG, 1 BvR 1087/91, BVerfGE, 93, 1 vom 16.5.1995, Abs. 22. Diese Aussage wurde in der 1997 hg. Erklärung des Rates der EKD «Christentum und politische Kultur. Über das Verhältnis des demokratischen Rechtsstaates zum Christentum» (EKD Texte 63) aufgenommen (Ziffer 4, 26, 33) in das Zentrum der im Untertitel genannten Beziehungsbestimmung gestellt. Aus dieser Aussage folgerten die Autoren, dass «bei aller staatlichen Neutralität ein besonderes Verhältnis zwischen dem Denken und dem Handeln christlicher Kirchen und ihrer Glieder einerseits und der staatlichen Gemeinschaft andererseits (besteht)» (Ziffer 49, siehe auch Ziffer 52 u.ö.). Dazu ist kritisch anzumerken, dass nicht schon die historische Präge-

Die Verwurzelung des Rechts und der Politik in geisteskulturellen, ethischen, weltanschaulichen und religiösen Wertefundamenten wird besonders augenfällig, wo der Staat in der Anerkennung solcher Werte seine Macht selbst beschränkt, um seinen Bürgern unveräußerliche Schutzrechte zu garantieren. Diese Grundrechte, die aller staatlichen Verfügbarkeit voraus liegen, gründen in den kulturellen und religiösen Traditionen Europas. Die Religionsfreiheit, die man nicht zu Unrecht als «Eckstein der Menschenrechte» bezeichnet hat[16], speist sich ideengeschichtlich aus den Quellen des Humanismus (etwa Castellio)[17], der spanischen Barockscholastik, des frühneuzeitlichen Naturrechtsdenkens, der aufklärerischen Konstruktionen einer Natur- bzw. Vernunftreligion, den religionskritischen Forderungen der Französischen Revolution und den Grundsätzen des Liberalismus. Sie geht aus vom Verständnis des Menschen als eines mit Geistigkeit, unverwechselbarer Individualität, unveräußerlicher Würde, Sozial- und Transzendenzbezug begabten, zur Selbstbestimmung in Freiheit berufenen, anderen Menschen grundsätzlich gleichberechtigten Wesens.

Das Prinzip der Religionsfreiheit geht weiter von einem bestimmten, spezifisch neuzeitlichen (vor allem in der Aufklärung ausgeprägten) allgemeinen Religionsbegriff aus, der die einzelnen historischen Religionen als Spezifizierungen dieses Genus auffasst und damit den Pluralismus der Reli-

---

kraft der christlichen Tradition zu einer solchen ‹besonderen Würdigung› der Kirchen (Ziffer 52) berechtigen darf, sondern einzig ihr gegenwärtiger und zukünftiger Beitrag zum «gedeihlichen Zusammenleben der Bürgerinnen und Bürger» (Ziffer 53). «Dazu gehören Demokratienähe, der Toleranzgehalt des Christentums und die Verpflichtung auf Freiheit und Gleichheit der Menschen ebenso wie die nachhaltige Förderung und Stärkung der Gemeinschaftsfähigkeit durch die Kirchen» (Ziffer 53). An diesen Maßstäben wären dann allerdings die christlichen wie auch alle anderen Religionsgemeinschaften immer wieder neu zu messen. – Siehe dazu auch: H. Goerlich: Art. Religionsfreiheit, in: Evangelisches Staatslexikon, Stuttgart 2006, 2004–2006 (dort findet sich auch die aktuellste Zusammenstellung der themarelevanten Literatur).

In der am 12.12.06 in der Humboldt-Universität gehaltenen «5. Berliner Rede zur Religionspolitik» nahm die deutsche Bundesjustizministerin Brigitte Zypries das Wort von der «überragender Prägekraft» des Christentums auf, leitete daraus aber keine besondere Beziehung des Staates zu den Kirchen ab, sondern betonte die Notwendigkeit, den Religionsgemeinschaften gleiche Aufmerksamkeit zukommen zu lassen (Service, Pressemitteilungen und Reden abrufbar unter http://www.bundesjustizministerium.de, Stand: 8.1.07).

[16] J. Schwartländer (Hg): Freiheit der Religion, a.a.O., 29, 57, vgl. auch 229.

[17] Siehe dazu: J. Lecler: Geschichte der Religionsfreiheit im Zeitalter der Reformation, 2 Bde., Stuttgart 1965.

gionen schon im Religionsverständnis anlegt. Freiheit wird dabei vor allem für die individuelle Religiosität gefordert, d.h. für die religiöse Gesinnungsbildung.

Die Idee der Religionsfreiheit geht zudem von einer bestimmten Zuordnung von Staat bzw. Politik und Religion bzw. Religionsgemeinschaften aus: von einer Beziehung der weitgehenden bis vollkommenen Entflechtung. Die Palette der möglichen Zuordnungsmodelle reicht vom laizistischen Modell der vollständigen Trennung über das Modell einer ‹privilegierten Partnerschaft›, in der die Partner in relativer Unabhängigkeit zur Bewältigung bestimmter gesellschaftlicher Aufgaben zusammenwirken.[18] Religionsfreiheit kann auch in staatskirchlich verfassten Gesellschaften – wie etwa in Skandinavien – praktiziert werden, wenn den religiösen Minderheiten rechtlich geschützte freie Entfaltung gewährt wird.

Unverträglich ist dieses Grundrecht jedoch mit der Sakralisierung des Rechts und der Politik, d.h. der Monopolisierung einer Religion, deren Repräsentanten politische Macht ausüben und anderen Religionsgemeinschaften dabei bestenfalls eine Tolerierung gewähren, ihnen aber keine Freiheitsrechte übereignen. Dies raubte nicht nur den religiösen Minderheitsgemeinschaften die Freiheit, sondern auch der herrschenden Religion. Denn: «Nur dann kann sich die Religion gestalten in reinem Verhältnis, wenn sie neben dem Staat steht. Diese Stellung gebührt ihr.»[19]

All diese Voraussetzungen sind präjuridischer, anthropologischer, sozialethischer Art und stehen damit im Bezugsrahmen philosophischer, religiöser oder weltanschaulicher Überzeugungskomplexe. Sie sind implizit mit in Anspruch genommen, wo ein Staat sich auf die Grundrechte im Allgemeinen und auf die Gewährung zur Religionsfreiheit im Besonderen verpflichtet. In diesem Sinne ist die gegenüber inhaltlichen religiösen und weltanschaulichen Positionen relativ neutrale Garantie der Religionsfreiheit auf vorgängige inhaltlich bestimmte Positionen angewiesen – und dies nicht nur zur äußeren Sicherung ihrer Verbindlichkeit, sondern auch zu ihrer substantiellen Grundlegung.

Allerdings haben sich die genannten Voraussetzungen (und das auf sie gegründete Recht auf Religionsfreiheit) nicht mit Notwendigkeit aus der inneren Logik der christlichen Tradition ergeben, sondern mussten dem

---

[18] Wolfgang Huber spricht von einer «wechselseitigen Unabhängigkeit von Kirche und Staat», die in der Religionsfreiheit gründet (W. Huber: Gerechtigkeit und Recht. Grundlinien christlicher Rechtsethik, Gütersloh 1996, 453).

[19] F. Schleiermacher: Die Lehre vom Staat, Kolleg 1817, Nachschriften Varnhagen, in: KGA II.8, Berlin/New York 1998, 370.

kirchlich verfassten Christentum erst abgerungen werden. Das hatte historisch seinen Grund auch darin, dass sie mit kirchenkritischen politischen Programmen verbunden waren, wie sie im Zusammenhang der Französischen Revolution vertreten worden sind. Dass es starke Kompatibilitäten zwischen dem christlichen Verständnis der Menschenwürde und den allgemeinen Grundrechten gibt, wurde von den Kirchen Europas erst in der Abwehr der Totalitarismen im 20. Jh. erkannt und herausgearbeitet. Erst diese historische Krisensituation führte dazu, die in der christlichen Tradition durchaus angelegten geistigen Voraussetzungen für die Forderung nach Gewährung von Religionsfreiheit, stark zu machen. Die christliche Tradition musste also einer teleologischen Auslegung unterzogen, d.h. auf die Grundrechtsbegründungen hin ausgelegt werden.

Die inhaltlichen Widerstände, die es zu überwinden galt (und die es auch in anderen, nichtchristlichen Religionsgemeinschaften zu überwinden gilt) haben in den o.g. Implikationen, die das Prinzip der Religionsfreiheit in sich schließt, ihren Grund: die Anerkennung der gegenseitigen Unabhängigkeit von Staat und Religionsgemeinschaften, die Unterstellung unter einen allgemeinen Religionsbegriff, die Akzeptanz eines religiösen Pluralismus, die gleichberechtigte Anerkennung nichtreligiöser und sogar antireligiöser Weltanschauungen. All diese Postulate verlangten dem Christentum und verlangen auch den anderen religiösen Überzeugungsgemeinschaften eine Selbstbeschränkung und damit auch Relativierung ihrer religiösen Geltungsansprüche und ihres Einflusses auf Moral, Recht und Politik in der Gesellschaft ab. Diese Implikationen stellen besonders für diejenigen Religionstypen eine enorme Zumutung dar, die nicht primär auf Erlösung von der Welt, sondern auf die Gestaltung der Welt ausgerichtet sind und die der von ihnen in Anspruch genommenen Wahrheit einen eindeutigen Vorrang vor der Gewährung von Freiheit einräumen. Der Blick in die Religionsgeschichte fördert zahlreiche Belege dafür zu Tage und bestätigt damit im Wesentlichen das Urteil von Robert Leicht: «Die Religionsfreiheit gehört, erstens, nicht zu den Bedingungen der Möglichkeit von Religion – sehr wohl aber zu den Bedingungen der Freiheit. Noch schärfer, zweitens: Freiheit kann Religion nicht unterdrücken – sehr wohl aber Religion die Freiheit, zumindest in einigen Spielarten der Religion.»[20]

---

[20] R. Leicht: Religion und Freiheit – ein historisches Spannungsverhältnis, in: EKD (Hg): Bedrohung der Religionsfreiheit. Erfahrungen von Christen in verschiedenen Ländern - Eine Arbeitshilfe, EKD-Texte 78, Hannover 2003, 10; ders.: In Wahrheit frei. Protestantische Profile und Positionen, Tübingen 2006, 25. – Als Kontrast zu dieser Aussage ist an Tocquevilles Einsicht zu erinnern: «Der Despo-

Die Entwicklung eines freiheitsfördernden Selbstverständnisses durch die Religionsgemeinschaften kann nur von diesen selbst geleistet werden (a). Die staatliche Religionspolitik kann und darf aber darauf Einfluss nehmen (b):

(a) Von den Religionsgemeinschaften im säkularen Staat muss die Entwicklung eines Freiheitsverständnisses erwartet werden, das mit den Grundsätzen der freiheitlichen Demokratie und der allgemeinen Religionsfreiheit zusammenstimmt. In seiner Rede anlässlich der Verleihung des Friedenspreises des Deutschen Buchhandelns hat Jürgen Habermas drei Reflexionsleistungen benannt, die dem religiösen Bewusstsein in den abendländischen Gesellschaften abverlangt werden müssen: «Das religiöse Bewusstsein muss erstens die kognitiv dissonante Begegnung mit anderen Konfessionen und anderen Religionen verarbeiten. Es muss sich zweitens auf die Autorität von Wissenschaften einstellen, die das gesellschaftliche Monopol an Weltwissen innehaben. Schließlich muss es sich auf die Prämissen des Verfassungsstaates einlassen, die sich aus einer profanen Moral begründen. Ohne diesen Reflexionsschub entfalten die Monotheismen in rücksichtslos modernisierten Gesellschaften ein destruktives Potential.»[21]

Diese Reflexionsanforderungen muten christlichen wie nichtchristlichen Religionsgemeinschaften zu, sich den Rahmenbedingungen der pluralistisch verfassten Gesellschaft, der vernunftgeleiteten Geisteskultur und des säkularen Staates zu unterstellen. Wenn die damit verbundene Selbstzurücknahme universaler gesellschaftlicher, kultureller und politischer Geltungsansprüche nicht nur in einem äußerlichen Zugeständnis bestehen, sondern in innerer Zustimmung gründen soll, muss auch in den außerchristlichen Religionsgemeinschaften die Bereitschaft wachsen, ihre Traditionsinhalte daraufhin auszulegen. Über die genetisch-exegetische, am Ursprungssinn orientierte Interpretation der Traditionsinhalte ist also eine teleologische Deutung auf die anvisierte Aussageabsicht hin erforderlich. Dabei werden die Ausleger bestrebt sein, die Kompatibilität ihrer Positionsbestimmungen mit den für normativ erachteten Überzeugungen ihrer jeweiligen Tradition zu wahren und zu erweisen.

---

tismus kommt ohne Glaube aus, die Freiheit nicht» (A. Tocqueville: Über die Demokratie in Amerika I, Stuttgart 1959, 340).

[21] J. Habermas: Glauben und Wissen. Friedenspreis des Deutschen Buchhandels 2001, Frankfurt a.M. 2001, 13f. Siehe auch: ders.: Religion in der Öffentlichkeit. Kognitive Voraussetzungen für den «öffentlichen Vernunftgebrauch» religiöser und säkularer Bürger, in: ders.: Zwischen Naturalismus und Religion. Philosophische Aufsätze, Frankfurt a.M. 1995, 119–154.

(b) Der Staat kann und muss nicht nur (im Sinne der negativen Religionsfreiheit) Freiräume für die religiösen Agenten garantieren und auch nicht nur (im Sinne der positiven Religionsfreiheit) Rahmenbedingungen schaffen, in denen religiöse Gesinnungen innerlich frei gebildet und äußerlich frei praktiziert werden können. Über eine solche mehr oder weniger ‹blinde› Neutralität hinaus darf er durchaus auch Einfluss nehmen, um bestimmte Formen der Religionskultur aktiv zu fördern, etwa solche, die reflexiv-diskursive, pluralismusfähige, auf Kenntnis und Anerkennung religiöser Differenz zielende religiöse Selbstbestimmung hervorbringen. So sehr sich der Staat selbst religionspolitischer Parteinahmen zu enthalten hat, so wenig muss demnach die vom Religionsrecht geforderte Neutralität zu einer Beschränkung auf eine lediglich passive Respektierung von Freiräumen und auf eine aktive Schaffung von Regelungen zur freien Selbstentfaltung des religiösen Lebens in seiner Eigendynamik führen. Er kann und darf selbst als Träger einer freiheitlichen Religionsbildung (im Sinne von Bildung *in* der Religion, aber auch Bildung *der* Religion) tätig werden, um die Entstehung und Stärkung innerreligiöser Reflexionskulturen im Horizont der ihn tragenden Werte zu unterstützen und um die Religionsgemeinschaften zu einem produktiven Umgang mit religiös Differentem, zum Aushalten und Austragen der Differenzen in wechselseitigem Respekt anzuleiten – wie es Habermas fordert –, aber auch um die Wertpotenziale der religiösen Traditionen kulturell konstruktiv zur Geltung zu bringen. Zu diesem Zweck darf er staatlichen Religionsunterricht an den Schulen und die Ausbildung von Geistlichen an staatlichen Fakultäten unterstützen und auch reglementieren.

Das deutsche Bundesverfassungsgericht hat in diesem Zusammenhang von einer «fördernden Neutralität» des Staates gesprochen, die den Grundsatz der Gleichbehandlung der Religionsgemeinschaften nicht verletzt. In der Begründung eines Urteils, in dem das Gericht einer Beschwerde gegen das in Baden-Württemberg ausgesprochene Verbot für Lehrkräfte, an Schulen ein Kopftuch zu tragen, recht gab, heißt es: «Die dem Staat gebotene religiös-weltanschauliche Neutralität ist indes nicht als eine distanzierende im Sinne einer strikten Trennung von Staat und Kirche, sondern als eine offene und übergreifende, die Glaubensfreiheit für alle Bekenntnisse gleichermaßen fördernde Haltung zu verstehen. Art. 4 Abs. 1 und 2 GG gebieten auch in positivem Sinn, den Raum für die aktive Betätigung der Glaubensüberzeugung und die Verwirklichung der autonomen Persönlichkeit auf weltanschaulich-religiösem Gebiet zu sichern».[22] Offen bleibt hier allerdings,

---

[22] BVerfG, 2 BvR 1436/02 vom 3.6.2003, Absatz-Nr. 43, http://www.bverfg.de/ entscheidungen/rs20030924_2bvr143602.htm, Stand: 5.1.07.

124

worin die Förderung besteht und welchen Religionsgemeinschaften sie in welcher Weise zugute kommen soll.

3. Religionsfreiheit und christlicher Glaube

In der bisherigen Darstellung habe ich zunächst vier unterschiedliche Verständnisse dessen, was mit «Religionsfreiheit» gemeint sein kann, gegenübergestellt und dann vor allem die Beziehung zwischen dem primär formal bestimmten Freiheitsverständnis des säkularen Rechtsstaates und der inhaltlich bestimmten Freiheit religiöser Subjekte und Gemeinschaften thematisiert. Dabei habe ich betont, dass das Postulat religiöser Neutralität des Staates als regulative Idee nach wie vor unaufgebbar, für die religionspolitische Aktivität des Staates aber nicht ausreichend ist. Dieser muss ein Interesse daran haben, bestimmte Weisen der religiösen Selbstbestimmung zu fördern: solche, die zu einem reflektierten, differenzbewussten, freiheitlichen Umgang mit der eigenen Tradition und anderen Religionskulturen führen, indem sie die Forderung anerkennen, dass Religionsfreiheit immer auch die Freiheit des Andersgläubigen einschließt[23], und die auf diese Weise zur Freiheit in der Religion und zum Frieden zwischen den Religionen beitragen. Vielleicht ließe sich auch der Verfassungsauftrag von Art. 72. Abs. 2 der Schweizerischen Bundesverfassung in dieser Weise deuten. «Bund und Kantone können im Rahmen ihrer Zuständigkeit Maßnahmen treffen zur Wahrung des öffentlichen Friedens zwischen den Angehörigen der verschiedenen Religionsgemeinschaften.»

Im nächsten Schritt meiner Überlegungen möchte ich die Frage aufgreifen, auf welchen Wegen eine christlich-theologische Rechtfertigung einer solchen, zur Anerkennung allgemeiner Religionsfreiheit führenden Selbstbestimmung möglich ist. Ich frage also nach der Beziehung von Wahrheit und Freiheit in der christlichen Religion und wende mich damit der vierten der eingangs unterschiedenen Ebenen zu. Mit dem Betreten dieser Ebene wechselt der Diskurs schwerpunktmäßig vom Feld der theologischen Ethik, in deren Zuständigkeitsbereich die Grundrechtsthematik in der Regel verwiesen wurde und wird, in das der Dogmatik. Ihr Beitrag zu diesem Diskurs besteht in der Offenlegung von Gründen, die aus der Perspektive des christlichen Glaubensdenkens für die Gewährung von Religionsfreiheit angeführt werden können. Eine scharfe Trennung von dogmatischer und ethischer

---

[23] Nach: R. Leicht: In Wahrheit frei, a.a.O., 25, in Abwandlung des bekannten Ausspruchs von Rosa Luxemburg.

Behandlung dieser Thematik kann und soll damit jedoch nicht vollzogen werden.

Zunächst ist zu fragen, ob es überhaupt spezifisch theologische Konzepte zur Begründung des Grundrechtes auf Religionsfreiheit geben sollte und geben darf. Würde damit nicht ihr säkularer Charakter und damit ihre Unabhängigkeit von religiösen und weltanschaulichen Traditionen und damit wiederum ihre Allgemeingültigkeit gefährdet? Ist also aus Respekt vor der inhaltlichen Neutralität dieses Grundrechts Zurückhaltung gegenüber inhaltlichen Begründungsversuchen geboten, um jeden Anschein einer theologischen Vereinnahmung zu vermeiden?

Andererseits wird das Grundrecht auf Religionsfreiheit – wie oben gesagt – die Anerkennung durch die Religionsgemeinschaften nur dann dauerhaft gewinnen können, wenn es sich aus ihren Traditionen heraus untermauern lässt. Es bedarf des Aufweises von traditionsimmanenten Gründen, die den Anhängern der jeweiligen Religionsgemeinschaft ein Eintreten für eine möglichst weitgehende, prinzipiell alle Religionen, Konfessionen und auch nichtreligiöse Weltanschauungen umfassende Religionsfreiheit nahe legen.

Die Darstellung von Gründen muss aber in dem Bewusstsein erfolgen, dass die Geltung des Grundrechts der Religionsfreiheit – wie auch die Geltung aller anderen Grundrechte – nicht von der Validität dieser Gründe oder gar von der Zustimmung zu ihnen abhängig sein darf. Sonst stünde diese Geltung in den Begründungsdiskursen immer wieder neu zur Disposition. Demgegenüber muss daran festgehalten werden, dass sie axiomatisch (mit dem Postulat selbst gesetzt), universal (die Religionstraditionen übergreifend) und unbedingt (von keiner Geltungsbedingung abhängig) ist. Die Bindung der Geltung an spezifische, bestimmten religiösen oder philosophischen Traditionen verhaftete Begründungen würde die Geltung beschränken.[24]

Die Forderung, inhaltliche Gründe für Prinzipien anzuführen, die aber nicht beanspruchen, die Geltung dieser Prinzipien zu konstituieren, wird einlösbar, wenn diese Fundierungen im Sinne von *Rechtfertigungen* oder von

---

[24] Die von Stefan Grotefeld in seinem Buch «Religiöse Überzeugungen im liberalen Staat. Protestantische Ethik und die Anforderungen öffentlicher Vernunft» (Forum Systematik 29), Stuttgart 2006 ausführlich und tiefgreifend diskutierte Frage, ob es eine moralische Verpflichtung gibt, religiöse Überzeugungen aus politischen Beratungs- und Entscheidungsprozessen auszuklammern, bietet viele weiterführende Hinweise zu der hier erörterten Problematik inhaltlicher systematisch-theologischer Untermauerungen der Forderung nach Religionsfreiheit. Siehe auch: W. Pannenberg: Christliche Rechtsüberzeugungen im Kontext einer pluralistischen Gesellschaft, in: ders.: Beiträge zur Ethik, Göttingen 2004, 55–68.

Untermauerungen statt von Begründungen (im strengen Sinn von Ableitungen) aufgefasst werden. Begründungen gehen dem Postulat sachlich voraus, Rechtfertigungen folgen ihm nach.[25] Rechtfertigungen leiten das Postulat nicht aus übergeordneten Axiomen ab, sondern gehen von ihm aus und suchen seine Geltung zu erweisen, nicht aber hervorzubringen. Mit der (allen Begründungsstrategien voraus liegenden) Geltungsanerkennung ist dessen Begründungsoffenheit zugestanden, d.h. die Möglichkeit eingeräumt, es auf unterschiedliche Weise im Rahmen verschiedener Traditionen zu verankern.

Solche Begründungsoffenheit eignet den Grundrechten als basalen, nicht begründungsbedürftigen Setzungen[26]: «Was für alle gelten soll, kann jeder auf seine Weise rechtfertigen (und so in der eigenen Gruppe zustimmungsfähig machen).»[27] Es geht bei den hier anvisierten Rechtfertigungen nicht um den von Heinz Eduard Tödt und Wolfgang Huber zu Recht zurückgewiesenen Versuch, die Menschenrechte «im nachhinein für christlich zu erklären oder sie christlich zu legitimieren»[28], sondern darum, ihre außer Frage stehende Legitimität aus dem christlichen Glauben heraus darzulegen. Kants klare Unterscheidung von Recht und Ethos (inkl. Religion) bleibt bestehen.

Nach dieser Vorüberlegung sollen nun die m.E. wichtigsten systematisch-theologische Rechtfertigungsfiguren zur Untermauerung des Grundrechts auf Religionsfreiheit ausgewiesen werden. Sie stehen nicht nebeneinander, sondern in Beziehung zueinander, ergänzen und korrigieren sich wechselseitig. Ich rekonstruiere sie nicht aus bestimmten Entwürfen, sondern als idealtypische Argumentationsstränge.

---

[25] Siehe zu dieser Unterscheidung: A. Plantinga: Warranted Christian Belief, New York/Oxford 2000.

[26] Siehe dazu die Überlegungen von Wolfgang Vögele zur Begründungsoffenheit von Menschenwürde: W. Vögele: Menschenwürde und Gottebenbildlichkeit, in: J. Dierken / A. von Scheliha (Hg): Freiheit und Menschenwürde. Studien zum Beitrag des Protestantismus (Religion in Philosophy and Theology 16), Tübingen 2005, 265–276, bes. 271ff.

[27] F.-W. Graf: Mehr als eine Idee, in: EK 29 (1999) 639.

[28] W. Huber / H. E. Tödt: Menschenrechte. Perspektiven einer menschlichen Welt, München 1988³, 71.

3.1 Der Ansatz bei der Glaubens- und Gewissensfreiheit

Zu Recht hat Trutz Rendtorff die Glaubens- und Gewissensfreiheit als «materiale(n) Kern protestantischen Staatsverständnisses»[29] bezeichnet. Ihre Traditionslinie lässt sich bis zu Paulus zurückverfolgen. Dabei zeigt sich allerdings auch, dass zwischen Glaubens- und Gewissensfreiheit unterschieden werden muss: Nach Paulus ist das Gewissensurteil nicht mit dem Glaubensvollzug identisch, denn das Gewissen eignet auch dem natürlichen Menschen (wie sich aus Röm 2,14f ergibt). Der Christ hat das Gewissensurteil anderer zu achten, auch wenn er es für falsch hält. Die erkannte Wahrheit darf sich nicht über die Liebe zum Nächsten hinwegsetzen, sondern muss sich darin bewähren. Das zeigt sich an der paulinischen Position zum Genuss des Götzenopferfleisches (1. Kor 8,7-13).

Wenn auch nicht im neuzeitlichen Sinn der autonomen Selbstbestimmung, so lokalisiert doch Luther das unvertretbare Personzentrum des Menschen in dessen Gewissen. Die Freiheit des Gewissens liegt ihm zufolge allerdings nicht in diesem selbst. Es ist vielmehr von der Sünde im Gesetz gefangen und kommt erst im Freispruch durch das Evangelium von der Gnadentat Gottes in Christus zur Freiheit – als ‹Gefangensein› im Wort Gottes. Das Gewissen kann und darf allerdings nur von Gott bezwungen werden, niemals von Menschen. Daraus ergibt sich die Forderung Luthers, dass niemand zum Glauben gezwungen werden darf.[30]

Die Wahrheit des christlichen Glaubens geriete in einen performativen Selbstwiderspruch, wenn sie sich mit Zwangsmitteln durchsetzen wollte. Wie sie der Liebe weder über- noch untergeordnet werden kann, sondern in dieser selbst besteht, so darf sie auch der Freiheit nicht entgegen gestellt werden. Sie führt in die Freiheit (Joh 8,32).

In der sog. neuprotestantischen Theologie ist diese pisteologische Rechtfertigungsfigur dann subjektivitätstheoretisch ausgebaut und auf den *Akt* der Gewissensbildung bzw. auf den *Vollzug* des Glaubens als personaler Selbstbestimmung zentriert worden. Für das am Gewissen der Person orientierte Glaubensverständnis des neuzeitlichen Protestantismus ist Freiheit die fundamentale, von Gott gegebene Konstitutionsbedingung des Glaubens wie der Subjektivität überhaupt. Daher widersprechen Glaubensinhalte, welche die Freiheit des Glaubensvollzugs bestreiten, dem Wesen des Glaubens. Der Glaubensvollzug ist ein Freiheitsvollzug. Freiheit ist dem Glaubens*inhalt*

---

[29] T. Rendtorff: Die Autorität der Freiheit. Die Stellung des Protestantismus zu Staat und Demokratie, in: ders.: Vielspältiges. Protestantische Beiträge zur ethischen Kultur, Stuttgart/Berlin/Köln 1991, 92.

[30] WA 11, 264.

gegenüber vorrangig. Als wesenhaft uneingeschränkte muss die Freiheit des Glaubens dann auch die Selbstbestimmung zu anders- und nichtchristlichen, sowie zu anders- und nichtreligiösen Überzeugungs- und Gewissensbildungen einschließen und d.h. prinzipiell jede religiöse und nichtreligiöse Haltung unter Rechtsschutz stellen. Aus dem Wesen der subjektiven Selbstbestimmung *zum* und *im* Glauben leitet sich demnach die Forderung nach Religionsfreiheit ab.

Im Blick auf die Konsequenzen für das Verständnis der Religionsfreiheit ist dieser subjektivitätstheoretisch ausgerichtete, von der Analyse des Glaubensvollzuges als religiöser Selbstbestimmung des Menschen ausgehende Ansatz jedoch in dreifacher Hinsicht diskussionswürdig – aufgrund seiner Subjektzentriertheit, seines verinnerlichenden bzw. vergeistigenden Glaubensverständnisses und seiner starken Betonung des Glaubens*vollzuges*.

(a) Zum einen geht er aus von einer durch das individuelle Subjekt vollzogenen sittlichen und religiösen Selbstbestimmung, ist also an einem spezifischen anthropologischen, subjekt- und subjektivitätszentrierten Vorverständnis orientiert, das eine Tendenz zum Individualismus hat und die Dimensionen der Sozialität als sekundär erscheinen lässt. Damit steht er in Spannung zur Priorisierung der Beziehungshaftigkeit des Menschen vor seiner Individualität in der philosophischen und theologischen Anthropologie in der zweiten Hälfte des 20. Jhs. und er steht auch in Spannung zu kommunitär ausgerichteten Traditionen innerhalb und außerhalb des Christentums.

(b) Zum zweiten geht sie von der Innerlichkeit des Glaubens aus und fokussiert den Blick damit ganz auf die innere Gewissens- und Glaubensfreiheit. Die äußere Bekenntnis- und Kultusfreiheit, also die Freiheit zur öffentlichen Religionsausübung erscheint dann als deren Derivat. Die Gewährung äußerer Religionsfreiheit ergibt sich religionsrechtlich und -politisch aber keineswegs selbstverständlich aus der Gewährung der inneren. Deren Freigabe kann auch mit der Zurückdrängung der Religion in die Sphäre des Privaten verbunden sein und die öffentliche Religionsausübung damit gerade einschränken. Die heute drängenden Fragen betreffen jedoch die juristischen und präjuridischen Vermessungen der Spielräume für die *öffentliche* Religionspraxis und sie betreffen – damit zusammenhängend – nicht nur die individuellen, sondern auch die korporativen religiösen Handlungssubjekte, d.h. die Vergemeinschaftungen.

Die Religionspraxis kann nicht nur – wie es der subjektivitätstheoretische Ansatz tut – als primär individuelles Ausagieren persönlicher religiöser Überzeugungen gedeutet werden. Die relative Eigenständigkeit und Eigendynamik religiöser Gemeinschaften, Institutionen und Traditionen bleibt dabei unterbestimmt. Als Grundrecht ist die Religionsfreiheit auf die einzelne Person bezogen; die Wahrnehmung und Ausübung von Religionsfreiheit bezieht sich aber darüber hinaus auf die Beziehung von korporativer Religionspraxis und ziviler Gesellschaft – bis hin zum Recht der Religionsgemeinschaften, die politisch Herrschenden öffentlich zu kritisieren. Gegenüber den in dieser Beziehung vorzunehmenden Konkretionen der Religionsfreiheit – sei es in religionsrechtlichen Bestimmungen oder in der Aushandlung gesellschaftlicher Darstellungs- und Handlungsspielräume – bleibt der subjektivitätstheoretische Ansatz relativ abständig.

(c) Der subjektivitätstheoretische Ansatz geht drittens von einem formalisierten Glaubensverständnis aus, das sich ganz auf den *Vollzug* des Glaubensaktes konzentriert und diesen Vollzug als Realisierung der Konstitutionsbedingungen der Subjektivität deutet. Alle spezifisch christlichen Glaubensinhalte treten zurück. Damit tritt auch die Notwendigkeit zurück, Religionsfreiheit aus diesen Glaubensinhalten zu begründen.

Wenn das allgemeine Grundrecht auf Religionsfreiheit aber von den christlichen Religionsgemeinschaften nicht nur äußerlich und aus pragmatischen Erwägungen anerkannt, sondern in der christlichen Tradition verankert und aus ihr heraus entfaltet werden soll, dann braucht es inhaltliche Rechtfertigungsfiguren aus der Mitte des christlichen Glaubensdenkens, die sich nicht nur auf den *Vollzug* der Freiheit beziehen, sondern auf deren *Ermöglichung*. Ohne dem Ansatz bei der Glaubens- und Gewissensfreiheit seine Geltung insgesamt zu bestreiten, nenne ich vier weitere solcher Rechtfertigungsfiguren, die sachlich eng verbunden sind: Sie kreisen um die Gravitationszentren der Theologumena von der Schöpfungsliebe, der Gnade, der Geschichtsherrschaft und der Entzogenheit Gottes.

3.2 Der schöpfungstheologisch-fundamentalanthropologische Ansatz

Zur Untermauerung nicht nur des Rechts auf Religionsfreiheit, sondern der Grundrechte insgesamt wurde und wird sowohl in der katholischen wie in der protestantischen Theologie immer wieder Bezug genommen auf die Prädikation der Gottebenbildlichkeit des Menschen. Als erster Freigelassener der Schöpfung und Mandatar Gottes in der Schöpfung ist der Mensch Träger von unveräußerlicher Würde und daraus folgenden Freiheitsrechten. Zu diesen Grundrechten gehört auch das Recht auf religiöse Selbstbestimmung; theologisch gewendet: das Recht, in Freiheit die Antwort auf das Wort Gottes zu geben oder auch zu verweigern, d.h. in Sünde zu fallen. Daraus ergibt sich die Forderung, die Person mit ihren Überzeugungen und ihrem Recht der freien Überzeugungsbildung als Geschöpf Gottes anzuerkennen.

Diese Rechtfertigungsfigur steht im Zentrum des theologischen Durchbruchs zur Anerkennung der Religionsfreiheit durch die römisch-katholische Kirche. Unter Zurückdrängung eines subjektivitätstheoretisch angelegten

Freiheitsverständnisses stellt die «Erklärung über die Religionsfreiheit» («Dignitatis humanae») des Zweiten Vatikanischen Konzils fest, «das Recht auf religiöse Freiheit (sei) nicht in einer subjektiven Verfassung der Person, sondern in ihrem Wesen selbst begründet» (d.h. in ihrer Gottebenbildlichkeit; DH 2). Hinzu tritt der offenbarungstheologische Gedanke, dass Gottes Selbstmitteilung nach einer freiwilligen Antwort und Annahme verlangt (DH 9ff), die nur in der «Freiheit des christlichen Glaubensaktes» (DH 9f) gegeben werden kann.[31]

3.3 Der soteriologisch-rechtfertigungstheologische Ansatz

Während die bei der Prädikation der Gottebenbildlichkeit ansetzende Rechtfertigungsfigur von der Geschöpflichkeit des Menschen ausgeht und darin anschlussfähig für philosophisch-naturrechtliche Begründungsfiguren ist, nimmt die *soteriologisch-rechtfertigungstheologische* ihren Ausgang bei der in Christus eröffneten «Freiheit eines Christenmenschen», die im Glauben zugeeignet wird. Hier wird der Ermöglichungsgrund der im Gewissen wahrgenommenen Freiheit thematisch. Er liegt in der zugesagten Freiheit, die ihren Ursprung in Gottes befreiender Gnade hat und die sich in der Bedingungslosigkeit der göttlichen Anerkennung der menschlichen Person unabhängig von ihren Taten und auch von ihren Überzeugungen realisiert.

Als ‹in Christus› eröffnete Freiheit ist sie zunächst jedoch nur auf die christliche Existenz bezogen. Darin scheint die Schwäche dieser Rechtfertigungsfigur gegenüber den philosophischen, mit allgemeingültigen Vernunftargumenten operierenden und auch gegenüber den schöpfungstheologischen, bei der Gottebenbildlichkeit ansetzenden Grundlegungen zu bestehen. Schließlich soll Religionsfreiheit nicht als Christenrecht, sondern als allgemeines Menschenrecht verantwortet werden. Da vor allem protestantisch bestimmte Erklärungen zur Religionsfreiheit auf christozentrisch-rechtfertigungstheologische Begründungen rekurrieren[32], muss herausgear-

---

31 Aus der Fülle der Literatur zu «Dignitatis humanae» siehe: J. Hamer / Y. Congar (Hg): Die Konzilserklärung über die Religionsfreiheit, Paderborn 1967; E.-W. Böckenförde: Religionsfreiheit. Die Kirche in der modernen Welt (Schriften zu Staat – Gesellschaft – Kirche, Bd. 3), Freiburg i.Br. 1990, 13ff; Th. Weißenborn: Religionsfreiheit. Christliche Wahrheit und menschliche Würde im Konflikt? Marburg 2003, bes. 159ff.

32 Wie dies etwa in der «Erklärung zur Religionsfreiheit» der Vollversammlung des ÖRK in Amsterdam 1948 (abgedruckt in: F. Lüpsen [Hg]: Amsterdamer Dokumente. Berichte und Reden auf der Weltkirchenkonferenz in Amsterdam 1948, Bethel 1948², 70–73) und in der «Stellungnahme zur Religionsfreiheit» der Vollver-

beitet werden, inwiefern sich aus diesem Ansatz überhaupt ein Bekenntnis zur allgemeinen Religionsfreiheit gewinnen lässt.[33]

Es ist dies möglich, wenn die im Glauben zugesprochene Freiheit, die in der Teilhabe an Christus gründet, auf ihre Folgen hin ausgelegt wird. Die erste und wichtigste Frucht, die sie hervorbringt, besteht in der freiheitsgewährenden Liebe zum Nächsten, die dessen Anders- und Besonderheit respektiert. Da Liebe in die Gemeinschaft führt, kommt hier die Sozialität der Freiheit zum Tragen, die einer einseitig individualisierenden Auslegung der grundlegenden Freiheitsrechte entgegengesetzt werden kann. Auch Religionsfreiheit realisiert sich demnach als «kommunikative Freiheit» in achtender Teilhabe und d.h. auch als Freiheit des verantwortlichen Handelns in der Welt.[34]

3.4 Der geschichtstheologisch-pneumatologische Ansatz

Nicht mehr nur auf die Person und damit auf die subjektive Freiheit, sondern auf die Religionen als Geschichtswirklichkeiten bezogen ist der *geschichtstheologisch-pneumatologische* Ansatz. Er ist in der Geschichtsphilosophie des Deutschen Idealismus ausgebaut worden. Geschichte als Prozess zunehmender Freiheit gründet demnach in der Vergeschichtlichung der un-

---

sammlung in Neu-Delhi 1961 (abgedruckt in: W. A. Vissert't Hooft [Hg]: Neu-Delhi 1961. Dokumentarbericht über die dritte Vollversammlung des Ökumenischen Rates der Kirchen, Stuttgart 1962, 178–181) der Fall war. Siehe dazu: Th. Weißenborn: Religionsfreiheit, a.a.O., 226–242; D. C. Epps: Der ökumenische Beitrag, in: EKD (Hg): Bedrohung der Religionsfreiheit, a.a.O., 16–24.

[33] Die deutliche Differenz zwischen dem theologischen Freiheitsbegriff der reformatorischen Theologie und der Rechtsgarantie auf Religionsfreiheit als «Wahlfreiheit des freien Individuums zwischen verschiedenen religiösen Meinungen und Gruppen» ist präzise herausgearbeitet in: M. Heckel: Art. Religionsfreiheit, I. Geschichte und Grundsatzfragen, in: Evangelisches Staatslexikon, a.a.O., 822f. Siehe auch: ders.: Die Menschenrechte im Spiegel der reformatorischen Theologie, Heidelberg 1987. – Die Behauptung, dass «mit der Anerkennung der Konstitutionsbedingungen eigener Gewissheit», wie sie der Christ im Glauben erfährt, «notwendig die Anerkennung anderer, ebenso durch Unverfügbarkeit und Freiheit konstituierter Gewissheiten gegeben» ist und dass Religionsfreiheit «damit im ureigensten Interesse religiöser Gewissheitsbildung selbst» liegt (D. Schlenke: Art. Religionsfreiheit, in: RGG⁴, Bd. 7, Tübingen 2004, 308), verzichtet auf eine inhaltliche Vermittlung zwischen der theologisch bestimmten christlichen Freiheit und der allgemeinen Religionsfreiheit und stützt sich ganz auf das Prinzip der Wechselseitigkeit.

[34] Siehe dazu: W. Huber: Christliche Freiheit in der freiheitlichen Gesellschaft, in: EvTh 56 (1996) 99–116, bes. 108f.

endlichen zur endlichen Freiheit, in der Selbstverendlichung, Selbstverge-
genwärtigung, Kontextualisierung der absoluten göttlichen Freiheit. Darin
ist nicht nur das menschliche Personsein konstituiert, sondern die geschichtliche Wirklichkeit insgesamt – als Geschehen endlicher Freiheit, das in den
Religionen in kulturspezifischen Formen subjektiv erfasst und vergewissert
wird. Dieser Sicht zufolge gehören die Religionen als Geschichtswirklichkeiten mit in das von Gott konstituierte Freiheitsgeschehen, auch wenn sie dies
in ihren Lehr-, Organisations- und Praxisformen zuweilen eher ver- als ent-
bergen. In politisch auszuhandelnden Grenzen ist ihnen das größtmögliche
Recht auf Selbstentfaltung zuzugestehen.

3.5 Der offenbarungstheologisch-eschatologische Ansatz

Bei der spezifischen Verfasstheit der christlichen Wahrheitsgewissheit setzt
ein Rechtfertigungsversuch an, den man als *offenbarungstheologisch-eschatologi-*
schen bezeichnen kann und der in einer gewissen Nähe zur Dialektischen
Theologie steht. In vorsichtiger Übertragung kann er aber auf alle Offenba-
rungsreligionen bezogen werden. All diese Religionen wissen mehr oder
weniger deutlich um die Dialektik von Offenbarung und bleibender Ge-
heimnishaftigkeit Gottes bzw. um die Differenz zwischen ihrem Konstituti-
onsgrund aller Wirklichkeit und den in ihren Traditionen vorgenommenen
Symbolisierungen dieses Konstitutionsgrundes. Indem sie diesen ‹eschatolo-
gischen Vorbehalt› zur Geltung bringen, führen sie ein religionskritisches
Prinzip ein. Das Bewusstsein der unaufhebbaren Differenz und Alterität
Gottes müsste sie dazu bewegen, Freiheitsräume für religiöse Differenz und
Alterität zu eröffnen.

Der Dialektik von Offenbarkeit und Entzogenheit Gottes entspricht die
prinzipielle Ungesichertheit des Glaubens, der seinem Wesen gemäß nicht
über eine *certitudo* hinaus zur *securitas* gelangen kann. Auch daraus ergibt sich
die theologisch begründete Notwendigkeit, differente Vergewisserungsfor-
men – bis hin zur Gottesleugnung – zuzulassen. Oft haben gerade atheisti-
sche Positionen mit quasi prophetischer Kraft erstarrte Glaubensgewisshei-
ten aufgerüttelt.

Unter den Bedingungen der Entzogenheit Gottes und der Geschicht-
lichkeit und Endlichkeit der menschlichen Existenzverfassung kann es
Wahrheit nicht in einem abstrakten An-Sich geben. Sie existiert immer nur
im Wahrheitsbewusstsein konkreter Subjekte. Daher «gibt es kein abstraktes
Recht der Wahrheit, sondern nur das Recht konkreter Menschen, nach der
Wahrheit zu suchen und nach der erkannten Wahrheit zu leben. Das Recht
kann deshalb nicht die Wahrheit selbst oder gar die absolute Wahrheit verwirklichen … Das Recht kann und muss aber den Raum der Freiheit ge-

währleisten, in dem die Wahrheit gesucht und gemäß der erkannten Wahrheit gelebt werden kann.»[35]

Zusammenfassend kann man sagen, dass sich aus dem christlichen Glaubensdenken heraus starke Argumentationsfiguren zur Rechtfertigung der Forderung nach Religionsfreiheit ergeben. Es sind dies zum einen pisteologische Denkformen, die bei der Gewissensbildung und beim freien Glaubensvollzug des einzelnen ansetzen, zum zweiten schöpfungstheologische, von der ontologischen Wesens- und der funktionalen Auftragsbestimmung des Menschen als Ebenbild Gottes ausgehende Ansätze, zum dritten rechtfertigungstheologische, die nach dem Grund und den Früchten der christlichen Freiheit fragen, viertens geschichtstheologische Konzepte, welche die Religionen als mehr oder weniger gebrochene Manifestationen des freiheitsschaffenden Geistes Gottes würdigen und schließlich die ‹eschatologische› Erinnerung an die Differenz zwischen der Wahrheit Gottes und den Wahrheitsansprüchen der Religionen bzw. der religiösen Subjekte. Sie alle lassen sich auf unterschiedliche Weise mit den Grundsätzen der christlichen Ethik verbinden – wie dem Gebot der unbedingten Nächstenliebe, die nach 1. Kor 13,7 zu einer ‹Alltoleranz› führt.

Diese (erweiter- und ausbaubare) Zusammenstellung von Rechtfertigungsfiguren kann die Forderung nach allgemeiner Religionsfreiheit aus der Mitte des christlichen Glaubensdenkens heraus unterstützen. Christen können und sollen sich aus gutem Grund dafür einsetzen, freiheitliche Grundordnungen in den Gesellschaften zu stärken und den Religionsgemeinschaften darin möglichst weitgehende Freiheitsrechte einzuräumen. Nicht die Freiheitsgewährung, sondern die Freiheitseinschränkung ist rechtfertigungsbedürftig. Nur dort, wo hochrangige Werte verletzt zu werden drohen, wo etwa die freiheitliche, demokratische Ordnung des Rechtsstaates oder der innere Frieden der Gesellschaft gefährdet ist oder wo es zu Verletzungen von Menschenrechten kommt, darf die Freiheit der Religionsausübung für einzelne und Religionsgemeinschaften beschränkt werden – und auch dies nur, soweit es unbedingt notwendig ist.

---

[35] W. Kasper: Religionsfreiheit als theologisches Problem, in: J. Schwartländer (Hg): Freiheit der Religion, a.a.O., 288.

Reiner Anselm

Mahner – Makler – Lobbyisten
Zur Funktion von Religionsorganisationen in der Gesellschaft

Wer nach der Funktion von Religionsorganisationen in der Gesellschaft fragt, hat immer schon eine Emanzipationsgeschichte vor Augen. Sie handelt von der zunehmenden Differenzierung und Abgrenzung zwischen Gesellschaft und Religionsorganisationen, für unseren Kontext also zunächst einmal von der zunehmenden Distanz zwischen Kirche und Gesellschaft im Kontext des Werdens der modernen bürgerlichen Gesellschaft. Wie alle Emanzipationsgeschichten partizipiert auch diese dabei an der Grundgeschichte menschlicher Emanzipation, der Pubertät. Wie sich Kinder von ihren Eltern zunächst durch eine Überschärfung der Gegensätze abgrenzen müssen um zu einer eigenen Identität zu gelangen, sind auch im Emanzipationsprozess von Kirche und Gesellschaft manche pubertätsspezifischen Überreaktionen nicht ausgeblieben, kam es sowohl zu übersteigerten Abgrenzungsbestrebungen, als auch zu trotzigen bis altväterlichen Bemühungen, der wachsenden Selbstständigkeit entgegenzutreten. Ich möchte nun versuchen, eine gewisse Phase der Adoleszenz einzuläuten und dazu die Eckpunkte für ein zukunftsfähiges, aufgeklärtes Verhältnis von Kirche und Gesellschaft zu bestimmen, in dem sich beide Seiten der ihnen zukommenden Rolle und Aufgabe bewusst sind. Ein solches aufgeklärtes Verhältnis weiß um die Notwendigkeit eigener Identität und damit der Abgrenzung voneinander, ohne dabei die gemeinsame Vergangenheit zu leugnen und die gemeinsame Gestaltung der Zukunft zu negieren.

Den Rahmen für eine solche Zukunftsgestaltung und damit zugleich für die konstruktive Funktion von Religionsgemeinschaften in modernen Gesellschaften, näher in modernen Gesellschaften westlichen Typs, möchte ich in Anschluss an Wolfgang Huber mit den Begriffen *Mündigkeit bewirken* und *Freiheit befördern* bestimmen[1], mit zwei Idealen also, die sich zugleich mit der Tradition des Protestantismus und der europäischen Aufklärung verbinden und so selbst ein deutliches Zeichen für die Verbundenheit von Kirche und moderner Gesellschaft darstellen. Auch wenn diese Begrifflichkeit zunächst eine Konzentration auf die Bedeutung von Religion und Religionsgemein-

---

[1] W. Huber: Der Geschmack von Freiheit und Mündigkeit – Eine Antwort auf die Frage: Was ist eine gute Religion?, in: NZZ vom 27.3.06.

schaften für den *Einzelnen* nahe zu legen scheint, möchte ich diese Frage hier nicht in den Mittelpunkt stellen, sondern gezielt nach Bedeutung der Religionsgemeinschaften für das gesellschaftliche Zusammenleben fragen und dabei die individuelle Religiosität vorrangig in ihrem Bezug auf die gesellschaftliche Praxis thematisieren.

Die angesprochenen Leitlinien für die Zukunftsgestaltung verdanken sich dabei deutlich identifizierbar dem Wissen um eine bestimmte Herkunftsgeschichte. Damit stelle ich mich selbst in die Tradition einer bestimmten Leiterzählung, mit der gewisse Vorentscheidungen getroffen sind: Meine Analyse ist geprägt von einem spezifischen Erfahrungshintergrund, aber auch von einem Leitideal: Der Vorstellung nämlich eines liberal-pluralen Gemeinwesens, das sich den Prinzipien von Freiheit, Gleichheit und Solidarität ebenso verpflichtet weiß wie es das Recht auf individuell-plurale Religionsausübung anerkennt.

Die Besinnung auf die eigene Herkunft dient dabei nicht nur der Klärung der eigenen Position. Sie verweist – im Sinne der gemeinsamen Vergangenheit – darauf, dass sich die Herausforderungen der Gegenwart als das Ensemble ihrer Problemgeschichte begreifen lassen. Dementsprechend werde ich versuchen, die gegenwärtige Situation von den in sie eingeflossenen historischen Problemkonfigurationen her aufzuschlüsseln. Dazu verwende ich drei Kategorien, mit denen ich die unterschiedlichen Facetten der gegenwärtigen Konstellation illustrieren möchte: Mahner – Makler – Lobbyisten. Alle drei Begriffe entstammen nicht der theologisch-dogmatischen Sprache und sollen darin dazu beitragen, die Frage nach der Funktion der Religionsorganisationen in der Gesellschaft nicht immer schon aus der Perspektive einer theologischen Sozialtheorie zu beantworten, sondern zunächst das Assoziationsfeld zu erweitern. Dennoch dürfte es für theologische Leser leicht sein, die entsprechenden Äquivalente der Ekklesiologie zu identifizieren, stellt die Trias Mahner – Makler – Lobbyisten doch eine Variation des klassischen Dreiklangs von Prophet, Priester und Pastor dar. Damit ist zugleich auch angezeigt, dass es sich bei den drei Kategorien nicht um sich ausschließende Alternativen, sondern vielmehr um sich gegenseitig ergänzende und korrigierende Gesichtspunkte handelt, auch wenn ich im Folgenden ein gewisses Entwicklungsmodell und damit auch eine Rangfolge plausibel machen möchte: Denn so sehr das Modell des Mahners und – mit Einschränkungen – auch des Maklers auf eine lange Tradition und eine große Wirkungsbreite zurückblicken können, so sehr scheint mir das Konzept der Lobbyisten am ehesten an das Selbstverständnis und die Anforderungen moderner Gesellschaften westlichen Typs anschlussfähig zu sein.

1. Mahner

Zwar bietet die Verhältnisbestimmung von *imperium* und *sacerdotium* ein jederzeit aktualisierbares Konfliktpotenzial, dennoch aber gilt seit der Spätantike bis hinein in die Sattelzeit protestantischer Theologie unhinterfragt: Kirche und Gesellschaft sind letztlich deckungsgleich. Denn alle drei Teilbereiche der Gesellschaft bilden *gemeinsam* die Kirche. So heißt es klassisch bei Johann Gerhard: Es gibt drei von Gott eingesetzte Stände oder Ordnungen *in* der Kirche, den *status ecclesiasticus*, den *status politicus* und den *status oeconomicus:* Während die Aufgabe des *status oeconomicus* in der Vermehrung des menschlichen Geschlechts gesehen wird, hat sich der *status politicus* um dessen Verteidigung gegenüber inneren und äußeren Feinden zu kümmern. Der *status ecclesiasticus* schließlich hat die Funktion, zum ewigen Heil zu führen; auf Grund dieser besonderen Aufgabe komme ihm auch eine hervorgehobene Rolle zu, aus der die lutherischen Theologen der Barockzeit sodann besondere Funktionen für die Amtsträger, gerade auch als Gegenüber zur Obrigkeit und auch zum *status oeconomicus* ableiten[2]. Kirche umfasst die gesamte Gesellschaft, und deren funktionsspezifische Untergliederungen sind nur Ausformungen der einen Kirche. Diese Auffassung hat nun auch wesentliche Konsequenzen für die Verhältnisbestimmung von Kirche und Öffentlichkeit: Kirche ist die Öffentlichkeit, insofern sie gerade das umfasst, was alle Menschen gemeinsam angeht.

Von diesem Verständnis aus erklärt sich auch die Forderung der Reformatoren nach der Öffentlichkeit der Verkündigung und ihre Kritik an den Winkelmessen. Denn insofern das Öffentliche das zum Ausdruck bringt, was alle gleichermaßen angeht und allen gemein ist, kann die Wahrheit der Evangeliumsverkündigung auch nur *im Öffentlichen* angemessen zur Geltung gebracht werden: «Das Predigtamt» – so heißt es bei Luther – «soll daher leuchten wie die Sonne, nicht im Dunkeln schleichen [...] sondern frei am Tage handeln und ihm wohl lassen unter die Augen sehen [...] So mach es du auch; wenn du im Amt bist und Befehl hast zu predigen, so tritt frei öffent-

---

[2] Dementsprechend setzt Johann Gerhard auch den *status ecclesiasticus* sowohl systematisch, als auch in der konkreten Ausarbeitung des entsprechenden dogmatischen Lehrstücks an die erste Stelle: «De ecclesiastico ordine primo loco agendum, tum propter dignitatem objecti sive materiae circa quam, quae sunt animae hominum; tum propter dignitatem materiae in qua, quae sunt mysteria divina; tum denique propter dignitatem finis, hujus enim ordinis institutio atque constitutio immediate animarum salutem ac propagationem et incrementum ecclesiae spectat, politicus vero et oeconomicus ordo mediate duntaxat ac certo respectu», J. Gerhard: Loci theologici, E. Preuss (Hg), Berlin 1863ff, XII, 2.2.

lich auf und scheue niemand. Auf dass du könnest dich rühmen mit Christo: Ich habe frei und öffentlich gelehrt vor der Welt und habe nichts im Winkel geredet.»[3] Das Öffentliche ist das Allgemeine, und so wie das Allgemeine notwendig öffentlich sein muss, so gilt dann auch im Umkehrschluss, dass das Öffentliche das Allgemeine und damit auch das Richtige ist.

Im Hintergrund dieser Auffassung steht dabei ein Verständnis, in dem diese Allgemeinheit gerade durch die vorgegebenen und darin gottgegebenen Hierarchien repräsentiert wird. Das Allgemeine ist darin also gerade keine Größe, die sich aus der adäquaten Gewichtung aller verfügbaren Partikularinteressen gleichsam «bottom-up» aufbaut, sondern sie steht vorab fest und wird von den dafür eingesetzten Ordnungen und Amtsträgern dargestellt. Daher gilt dann auch, dass das «öffentliche Lehren», von dem CA XIV spricht, eine ordentliche Berufung zur Voraussetzung haben muss, die genau diese Repräsentanz des Allgemeinen zum Ausdruck bringt. Es genügt darum eben nicht, die Wahrheit der Verkündigung im Sinne eines Marktmodelles dem öffentlichen Diskurs darüber anzuvertrauen.

Die Auffassung, derzufolge die Kirche das Allgemeine für die Gesellschaft abbildet, stellt die Grundlage für die Auffassung dar, die Kirche könne und müsse in der Gesellschaft ein Wächteramt ausüben, müsse also immer dann als Mahner auftreten, wenn das Gemeinwesen sich von den Idealen des Allgemeinen und damit auch des Wahren distanzieren wolle. Der Gedanke, dass die Kirche und insbesondere deren Repräsentanten für das Allgemeine stehen, ist bis heute wirkmächtig und tief in das intellektuelle Selbstverständnis kirchlicher Amtsträger eingeprägt – und wenn ich recht sehe prägt er auch das Selbstbild anderer Religionsgemeinschaften. Darüber hinaus steht diese Auffassung auch im Hintergrund, wenn die religionssoziologische Klassik argumentierte, die Religion sei eine Praxis, die den inneren Zusammenhalt der Gesellschaft garantiere. Spätestens seit Émile Durkheim gilt Religion als eine «im wesentlichen kollektive Angelegenheit»[4], die vor allem durch ein «System von Überzeugungen und Praktiken» gekennzeichnet ist und die eine «moralische Gemeinschaft» entstehen lassen kann[5]. Alle Klassiker der Soziologie nach Durkheim, über Max Weber bis hin zu Talcott Parsons, haben in ähnlicher Weise argumentiert. Denn auf Grund ihrer Repräsentanz des Allgemeinen in der Gesellschaft bietet die Religion nicht allein eine Motivation für die Hinwendung zum Nächsten und darin also die

3   M. Luther: Wochenpredigten über Matth 5–7 (1530/32) WA 32, 303.
4   É. Durkheim: Die elementaren Formen des religiösen Lebens, Frankfurt a.M. 1981, 68.
5   Ebd.

Garantie des Zusammenhalts. Sondern ihre Vorstellungsmuster bilden eben selbst das Allgemeine ab – darin liegt ihre besondere Bedeutung für die Gesellschaft, dass sie es rechtfertigen, sich selbst als Mahner für die rechte Wahrnehmung des Allgemeinen positionieren.

Ungeachtet des Selbstanspruches besonders der beiden großen Kirchen ist diese Vorstellung unter den Bedingungen der Moderne mit schwerwiegenden Problemen behaftet. Denn diese Vorstellung basiert auf Voraussetzungen, die so in der Gegenwart weder praktisch noch theoretisch als gültig betrachtet werden können. Uns gilt das Allgemeine längst nicht mehr als eine prästabil vorgegebene und darum nur der Darstellung bedürftige Größe, sondern als etwas, was in mühsamen Prozessen allererst hergestellt werden muss. Insofern können dann auch die Kirchen als die organisierte Form von Religion nicht als Repräsentantinnen des Allgemeinen auftreten, auch wenn sie selbst immer wieder mit diesem Anspruch in der Öffentlichkeit agieren.[6]

Die Erfahrung des Verlustes einer besonderen Repräsentationsfunktion der Kirche für das Allgemeine nimmt dabei ihren Ausgang an der Schwelle zwischen Mittelalter und Neuzeit und wird durch die innere Pluralisierung der abendländischen Christenheit nach der unvollendet gebliebenen Reformation nachhaltig befördert. Seit dem Ende des 16. Jahrhunderts breitet sich, zunächst in Frankreich, dann auch in Deutschland eine Verschiebung der Auffassung von «Öffentlichkeit» aus. «Zugrunde lag ihm [sc. dem Bedeutungswandel dieses Begriffs] die in den westeuropäischen Staaten gemeinsame Erfahrung der religiösen Bürgerkriege, die überall das Bedürfnis nach einer Fundierung des Rechts jenseits der konfessionellen Grenzen förderte.»[7] Die Sachwaltung für das allgemeine Wohl geht nun auf den Staat

---

6 Vgl. dazu exemplarisch die Formulierung aus dem «Sozialwort» der beiden großen Kirchen in Deutschland, die Kirchen «wollen nicht selbst Politik machen, sie wollen Politik möglich machen. [...] Sie betrachten es als ihre besondere Verpflichtung, dem Anliegen jener Gehör zu verschaffen, die im wirtschaftlichen und politischen Kalkül leicht vergessen werden, weil sie sich selbst nicht wirksam artikulieren können: der Armen, Benachteiligten und Machtlosen, auch der kommenden Generationen und der stummen Kreatur. Sie wollen auf diese Weise die Voraussetzung für eine Politik schaffen, die sich an den Maßstäben der Solidarität und Gerechtigkeit orientiert.» (Für eine Zukunft in Solidarität und Gerechtigkeit, Wort des Rates der Evangelischen Kirche in Deutschland und der Deutschen Bischofskonferenz zur wirtschaftlichen und sozialen Lage in Deutschland, Gemeinsame Texte 9, Hannover/Bonn 1997, 4.)

7 L. Hölscher: Art. Öffentlichkeit, in: GG 4 (1978) 422.

über. Die allgemeine Ordnung verweist nun auf eine neue, staatlich hervor-gebrachte und durch den *Fürsten* repräsentierte Ordnung.

Diese Vorstellung führt zu einer signifikanten Verschiebung in der Zu-ordnung von Kirche und Staat, aber auch für das Gesellschaftsverständnis. Aus der Integration des Staates in das von der Kirche repräsentierte Allge-meine wird die Integration der Kirche in den Staat – und an dieser Zuord-nung hat sich bis heute dem Grundsatz nach nichts geändert. Gesellschaftli-che Verantwortung für die Religion wird nun nicht von der Kirche, sondern vom Staat ausgeübt, der seit der Frühmoderne die Aufsicht über die Religi-on übernimmt. Zunächst erfolgt das direkt, über das Religionsrecht, später, seit der Aufklärung, zunehmend durch die Steuerung der Rahmenbedingun-gen für Religionsgemeinschaften auf der Grundlage der Religionsfreiheit und der Menschenrechtsgarantie.

Dass dies nicht ohne Spannungen ablaufen konnte, ist selbstverständlich. Insbesondere kommt es hier in gewisser Weise zu einer Neuauflage des Streits um die Vorherrschaft zwischen *imperium* und *sacerdotium*. Denn wäh-rend seit der Frühmoderne der Staat sich als Souverän zu betrachten beginnt und damit eine umfassende Regelungskompetenz für alle Bereiche des ge-sellschaftlichen Zusammenlebens an sich zieht, erhält sich in den Selbstver-ständnissen der Religionsgemeinschaften das Paradigma des «Mahners» mit der darin eingeschlossenen Überzeugung, die Kirche – und zwar jede ein-zelne Kirche! – fungiere als Repräsentantin des Allgemeinen, das durch den Staat und seine Organe eben nicht beachtet werde. Dementsprechend posi-tionieren sich die Kirchen als Vertreterinnen des Allgemeinwohls, in Ab-grenzung zu den Macht- und Partikularinteressen des Staates. Aus dieser Konstellation entsteht ein Spannungsverhältnis, das bis in die Gegenwart hinein jederzeit zu Konflikten führen kann. Dabei bieten beide Seiten in gleichem Maße Anschauungsmaterial, das die Position des jeweils anderen plausibilisiert: Gerade die Geschichte des 20. Jahrhunderts bietet genügend Beispiele dafür, dass sich – um es vorsichtig auszudrücken – Legalität und Legitimität keineswegs immer paaren müssen. Umgekehrt muss jedoch auch immer wieder in Erinnerung gerufen werden, dass auch die Religions-gemeinschaften keineswegs immer die von ihnen selbst in Anspruch ge-nommene Funktion gesellschaftlicher Integration wahrnehmen. Religiöse Wahrheitsansprüche sind nur bedingt kompatibel mit den Grundprinzipien modern-pluraler Staatswesen. Auf Grund dieses Pluralismus beschränkt sich die von den Religionsorganisationen in Anspruch genommene (oder auch ihnen zugeschriebene) Integrationsfunktion zunehmend auf den kleinen Kreis der Sympathisanten und Anhänger der eigenen Überzeugung und wirkt gerade darin angesichts der faktischen Pluralität von Religionsgemein-schaften selbst desintegrierend.

Dieses Desintegrationspotenzial bleibt so lange überdeckt, so lange wie sich ausweitenden Bemühungen des Staates um eine Normierung aller Bereiche gesellschaftlichen Zusammenlebens weitgehend konform gehen mit den Vorstellungen der Religionsgemeinschaften. Und tatsächlich ist es ja auch so, dass die staatlichen Bemühungen, die bestehenden Formen des gesellschaftlichen Zusammenlebens der eigenen Gestaltungskraft zu unterziehen, sich seit der frühen Neuzeit weitgehend an die von den dominierenden Kirchen vorgegebenen Maßstäbe des Zusammenlebens halten: Zunächst über die Polizeiordnungen, dann und in zunehmendem Maße über die Entwicklung des Sittlichkeits- und des Religionsstrafrechts wird versucht, tief in die Sphäre des Privaten einzugreifen und eine Normierung des Zusammenlebens zu erreichen.

Die Kirchen machen sich dabei – gewissermaßen in Prolongierung ihres Selbstverständnisses als Makler – die Durchsetzungskraft des Staates gerne zu eigen, wo sie den eigenen Vorstellungen und Zielen entspricht; gleichzeitig entsteht hier aber auch ein latentes Konfliktpotenzial, das immer dann aktualisiert werden kann, wenn staatliche Regulierungsinteressen und kirchliche Vorstellungen miteinander in Konflikt geraten. Die Vermischung von Sittlichkeit und Recht auch in den modernen Strafrechtskorpora hat hier ihre Wurzeln. Sie dauert an bis in die Gegenwart, auch wenn im Zuge der Strafrechtsreform vieles bereits aus dem Bestand staatlicher Reglementierung des Sittlichen gestrichen worden ist. Dabei lassen sich aber auch zahlreiche Beispiele dafür finden, dass die Kirchen selbst immer wieder versuchen, sittliche Maßstäbe in das Recht einzutragen und damit versuchen, die Normierung der Ebene des gesellschaftlichen Zusammenlebens zu erreichen.

Dies kann aber unter den Bedingungen der Gegenwart nur dort erfolgreich sein, wo die Religionsgemeinschaften nicht mehr in der Rolle dessen agieren, der selbstverständlich das Allgemeine für sich in Anspruch nimmt, sondern wo sie versuchen, im Horizont des politischen Diskurses für die eigene Position Unterstützung zu gewinnen, wo sie also als Lobbyisten agieren und nicht mehr nur als Mahner auftreten, der für eine nicht relativierbare und darin auch nicht diskursfähige Auffassung steht und agiert. Diese Verschiebung ist allerdings selbst als das Produkt einer recht vielschichtigen Transformation zu sehen, in der die Religionsgemeinschaften zunächst als Makler zwischen den verschiedenen Absolutheitsansprüchen individueller Religiosität positioniert werden müssen.

2. Makler

Mit dem Perspektivwechsel von einem nur *repräsentierten* zu einem *konstruierten* Allgemeinen wird auch dasjenige Antriebspotenzial freigesetzt, das in der beginnenden Moderne für eine sich ständig beschleunigende Modernisierung sorgt. Denn nun wird die traditionelle aristotelische Ontologie, der zufolge der menschliche Geist qua eigener Ordnung der vollkommenen Natur nichts Neues hinzufügen konnte, abgelöst durch den Gedanken des schöpferisch-kreativen Menschen, dessen Tun prinzipiell ins Offene weist. Mit dieser durch die Renaissancephilosophie vorbereiteten Umstellung ließ sich die überkommene Vorstellung eines repräsentierbaren, prästabilen Allgemeinen nicht mehr verbinden. Mit dem Zerbrechen der traditionellen Teleologie und ihres geschlossenen Weltbilds musste nun das Allgemeine selbst als etwas wandel- und auch gestaltbares begriffen werden. Das Gestaltungsparadigma führt nämlich im 18. Jahrhundert dazu, dass sich der Gedanke der ständisch geschlossenen Gesellschaft verflüchtigte – ebenso wie die Vorstellung einer geschlossenen Weltordnung dem Gedankengut der Aufklärung zum Opfer fällt. In dieser Stimmung entsteht ein neuer Typus von Gesellschaft, der sich nun gerade der obrigkeitlichen – der staatlichen ebenso wie der kirchlichen – Normierung entzog: das Bürgertum, dessen Autorität auf der deliberierenden Kraft der Vernunft beruhen soll. In der Tradition des Christentums ist dies verbunden mit dem Entstehen von «Privatreligion» und einem «Christentum außerhalb der Kirche».

Die Korrelation von «Religion» und «privat», wie sie in der Aufklärung üblich wird, bedeutet von ihren Anfängen her keineswegs die Zurückdrängung der Religion, sondern zunächst einmal die Steigerung ihrer individuellen Verbindlichkeit. Theologen der Aufklärungszeit, besonders Johann Salomo Semler transformieren die bis dahin übliche Unterscheidung zwischen den Fundamentalartikeln des Glaubens, die von jedem Christen geglaubt werden müssen, und den Lehren, die nur für die Amtsträger von Interesse sind, in ein Konkurrenzverhältnis zwischen «Privatreligion» und «öffentlicher Religion». Während zuvor der individuelle Glaube einen Ausschnitt aus dem umfassenden Kanon kirchlich-akademisch gelehrter Theologie darstellte und darin – zumindest der Theorie nach – von jenem abhängig sein sollte, geraten beide nun miteinander in Konflikt. Während nämlich die kirchliche Theologie ihre Geltung durch ihre institutionelle Vermittlung begründet, beansprucht die Privatreligion dasjenige zu sein, auf das «jeder denkende

Mensch ein wirkliches Recht hat».[8] Sie vermittelt sich nicht durch äußere Autoritäten, sondern durch innere Überzeugung – und vermag daher in wesentlich höherem Maße den Einzelnen zu binden als die öffentliche Religion. Als Privatangelegenheit entzieht sie sich damit aber auch der institutionellen Kontrolle, die in der öffentlichen Religion noch möglich scheint. Interessanterweise ist dieser Gebrauch der Unterscheidung von *öffentlich* und *privat* genau demjenigen Verständnis entgegengesetzt, das Kant in seiner Preisschrift «Was ist Aufklärung» begründet. Kant spricht davon, dass gerade der öffentliche Gebrauch der Vernunft frei sein müsse, im Unterschied zum Privatgebrauch, in dem sich der Einzelne etwa als Amtsträger unter institutioneller Kontrolle befinde.[9]

Von einer begrenzten Prägekraft dieser Privatreligion konnte nur so lange die Rede sein, als die öffentliche Religion dominant blieb und über die Kraft verfügte, die Privatreligion zu maiorisieren. Die Modelle für eine solche Maiorisierung sind vielfältig: Ob durch ein Stufenmodell nach dem Vorbild der römischen Kirche, durch die Einflussmöglichkeiten eines mit staatlichem oder zumindest staatsäquivalentem Behördenapparat ausgestalteten Kirchentums oder durch gezielten Ausbau des Bildungswesens und Einflussnahme auf die Funktionseliten – stets ist es das Bemühen der öffentlichen Religion, die individuelle Frömmigkeit zu normieren. Für die kompensatorische Befriedung des desintegrierenden Potenzials der Religion in dem sich in der Trikonfessionalität konsolidierenden Europa ist es zudem besonders wichtig, dass es über lange Zeit gelingt, eine innere Homogenisierung durch die Erhöhung des Drucks zur Emigration auf Dissentierende zu erreichen.

Diese Rahmenbedingungen haben sich in der Gegenwart nachhaltig gewandelt. Säkularisierung und Modernisierung haben zu einer Schwächung, wenn nicht sogar zum Zerfall der öffentlichen Religion geführt – zunächst durch die Trennung von Staat und Kirche und das Postulat weltanschaulicher Neutralität des Staates, dann durch den Bedeutungsverlust der religionsadministrierenden Großinstitutionen und schließlich auch durch die Dis-

---

8 Vgl. dazu T. Rendtorff: Kirche und Theologie. Die systematische Funktion des Kirchenbegriffs in der neueren Theologie, Gütersloh 1966, 37, unter Verweis auf J. S. Semler: Versuch einer freien theologischen Lehrart, Halle 1777, 181.

9 «Ich verstehe aber unter dem öffentlichen Gebrauche seiner eigenen Vernunft denjenigen, den jemand als Gelehrter von ihr vor dem ganzen Publicum der Lesewelt macht. Den Privatgebrauch nenne ich denjenigen, den er in einem gewissen ihm anvertrauten bürgerlichen Posten, oder Amt, von seiner Vernunft machen darf», I. Kant: Beantwortung der Frage «Was ist Aufklärung», in: ders.: Werke in 10 Bänden, W. Weischedel (Hg), Darmstadt 1968, Bd. 9, 55.

tanzierung des deliberierenden, intellektuellen Bürgertums von der Religion, derjenigen Form der Öffentlichkeit also, die die Monopolstellung des Staates als Repräsentanten des Öffentlichen und damit auch des Allgemeinen ablösen sollte. *Dieser* Strukturwandel der religionsbezogenen Öffentlichkeit hat jedoch die Balance zwischen privater und öffentlicher Religion nachhaltig verschoben; die Privatreligion findet nunmehr kein korrigierendes Gegenüber mehr.

Diese Entwicklung ist in Mitteleuropa zunächst für die Kirchen zum Problem geworden, deren Versuche, die Glaubensgrundlagen ihrer Mitglieder zu normieren, immer stärker in Schwierigkeiten führten; auch die Bemühungen, eine einheitliche Position in Fragen der Lebensführung zu erreichen, sind, allen Versuchen um mediale Eindeutigkeit zum Trotz, immer weniger von Erfolg gekennzeichnet. In zunehmendem Maße wird jedoch diese Balanceverschiebung auch für das Gemeinwesen als Ganzes zum Problem. Denn anders, als es aus einer Beobachterperspektive häufig artikuliert wird, anders auch, als es eine klassische Position wie die Friedrich Schleiermacher insinuierte, lässt sich die Religion nicht auf einen bestimmten Bereich im Gemüt festlegen. Vielmehr weiß sich der in der Religion Gebundene in allen seinen Entscheidungen als abhängig von den Glaubensüberzeugungen, die seinem Denken und Handeln, einen spezifischen Richtungssinn gibt. Darum – das hat Jürgen Habermas in seinen jüngsten Studien zur Präsenz der Religion in modernen Gesellschaften richtig gesehen – ist es für Gläubige auch nicht möglich, ihre Überzeugungen in der Sprache der allgemeinen Vernunft zu formulieren.[10] Dies bedeutet aber zugleich, dass die religiösen Überzeugungen sich unmittelbar auch im öffentlichen Raum auswirken müssen. Eben diese Artikulationen der Religion sind es, die nun als Wiederkehr der Religion mitunter staunend zur Kenntnis genommen werden; sie sind aber eben nicht einfach Atavismen aus einer voraufklärerischen Zeit, sondern diese Erscheinungsformen der Religion verdanken sich der Persistenz religiöser Überzeugungen unter den Bedingungen modernisierter Gesellschaften; sie verdanken sich selbst aufklärerischen Denkelementen.

Diese Verschiebung der Balance zwischen privater und öffentlicher Religion wird dabei durch die Zurückhaltung, die sich die weltanschaulich neutralen Gemeinwesen westlichen Typs auferlegt haben, begünstigt[11]: Es dürfte

---

[10] Vgl. dazu jetzt ausführlich S. Grotefeld: Religiöse Überzeugungen im liberalen Staat, Stuttgart 2006.

[11] Zu dieser Enthaltsamkeit der Politik in Religionsfragen in der Bundesrepublik Deutschland vgl. jetzt auch: R. Schieder: Das Verhältnis von Politik und Reli-

wohl keinen anderen Bereich geben, der so sehr öffentlicher Regelung ent-
zogen ist wie der Bereich der religiösen Überzeugungen; die Codierung einer
Verhaltensweise als einer religiös bedingten genügt, um bei einem Konflikt
zwischen privaten und öffentlichen Überzeugungen den privaten Überzeu-
gungen einen entscheidenden argumentativen Vorteil zu verschaffen: Die
Debatte um das Schächten kann dabei ebenso als Beispiel gelten wie die
Diskussion um die Teilnahme muslimischer Schülerinnen am schulischen
Sportunterricht.

Auch wenn das für protestantische Ohren seltsam befremdlich klingen
mag: In der Gegenwart und gerade unter der – in meinen Augen durchaus
zu begrüßenden Zurückhaltung des Staats in Religionsfragen – kommt den
Religionsgemeinschaften als den von der individuellen Religion noch einmal
unterschiedenen Organisationsformen eine besondere Bedeutung zu, in dem
nämlich diese Religionsorganisationen sich selbst noch einmal als Makler
zwischen den divergierenden Aspekten jeweils individueller Privatreligion
profilieren. Das können sie, indem sie den individuellen Glauben selbst
noch einmal der Logik der Organisation unterwerfen und damit zugleich für
einen Ausgleich zwischen dessen divergierenden Ausprägungen sorgen.
Kurz: Indem sie eine entsprechende Steuerungskultur in Gestalt der Theologie entwickeln und sich darin am (Wieder-)Aufbau einer öffentlichen Religion beteiligen. Denn dabei wird eben das realisiert, was Ernst Troeltsch als
Aufgabe der Glaubenslehre beschrieb, nämlich «den Glauben [zu] regulie-
ren» und «die Ordnung der wild und frei wachsenden Vorstellungen [zu]
sein.» Denn «der sich selbst überlassene Glaube hat die Neigung zu Wuche-
rungen, zu Verzettelungen und Gleichgültigkeit gegen den Zusammenhang».[12] Funktional identisch dürfte hier auch Barths Aufgabenbeschreibung
für die Theologie zu verstehen sein, wenn er von der Theologie als «Selbstprüfung» der Kirche sprach, die es ebenfalls ermöglichen könnte, die Divergenz der Glaubenserfahrungen der Normierung zu unterstellen aber darin
zugleich auch wieder eine Begrenzung *individueller* Glaubensansprüche zu
erreichen.[13]

---

gion in der politischen Kultur Deutschlands. Ein Streifzug durch aktuelle religionspolitische Diskurse im Krisenland der Moderne, in: T. Mörschel (Hg): Macht Glaube
Politik? Religion und Politik in Europa und Amerika, Göttingen 2006, 115–133,
125f.

[12] E. Troeltsch: Glaubenslehre. Nach den Heidelberger Vorlesungen aus den
Jahren 1911 und 1912, G. von le Fort (Hg), Neudruck Aalen 1981, 55.

[13] K. Barth: Die Kirchliche Dogmatik I/1: Die Lehre vom Wort Gottes, Zürich 1932, 2.

Religionen sind strukturell intolerant, die Berufung auf religiöse Grundsätze garantiert noch nicht automatisch eine humane Ordnung. Dieser Grundzug gilt dabei für alle Religionen. Es ist keineswegs so, dass das Christentum per se toleranter wäre als etwa der Islam. Der entscheidende Differenzpunkt liegt nicht direkt im Lehrsystem der jeweiligen Religion begründet. Vielmehr ist es die Bereitschaft der jeweiligen Religion, ihre Ansprüche auf Weltgestaltung kritisch zurückzunehmen, welche die unabdingbare Voraussetzung bildet für eine lebensdienliche Ausgestaltung der kulturell-gesellschaftlichen Außenwirkung der Religion. Das aber bedeutet letztlich nichts anderes, als dass eben die Religion sich selbst in ihrer Reichweite beschränkt und sich allen Versuchungen widersetzt, die mit der Religion einhergehenden Vorstellungen letzter Gewissheit in Glaubensfragen unmittelbar auf die Weltgestaltung zu übertragen. Eine solche Begrenzung der Gewissheit der Religion ist im Kontext des Christentums allein in der europäischen Aufklärung entstanden. Der Menschenrechtsgedanke der Aufklärungszeit, der gegen den erbitterten Widerstand der christlichen Kirchen durchgesetzt werden musste, ist die Voraussetzung dafür, dass die Religion nicht in einen menschenverachtenden Fundamentalismus im Namen letzter Wahrheiten umschlägt. So sehr es dabei richtig ist, dass die entsprechenden Transformationsprozesse der Religion dieser von außen, durch eine liberal-demokratische Rechtsordnung aufgenötigt wurden[14], so wichtig ist es für die dauerhafte Akzeptanz dieser Umformungen durch die Angehörigen der Religion, dass es den Religionsgemeinschaften gelingt, diese Veränderungen als nicht nur vereinbar, sondern als strukturverwandt mit der eigenen Überzeugung zu deuten. Die Prozesse, welche die beiden großen Kirchen in Deutschland in dieser Hinsicht im Blick auf die Akzeptanz der Demokratie hinter sich gebracht haben, können dabei durchaus als vorbildlich gelten.[15]

Jürgen Habermas hat in seinen jüngsten Veröffentlichungen zu Recht darauf hingewiesen, dass auch aufgeklärte, liberaldemokratische Gemeinwesen sich für die ethische Orientierung des Reservoirs der Religion bedienen müssen. Zugleich jedoch kann unter den Bedingungen modern-pluraler Lebenswelten, aber auch unter den Bedingungen eines den Menschenrech-

---

[14] Vgl. T. Meyer: Die Ironie Gottes. Die politische Kultur der Moderne zwischen Resakralisierung und Religiotainment, in: Tobias Mörschel (Hg): Macht Glaube Politik? Religion und Politik in Europa und Amerika, Göttingen 2006, 61–83, 69f.

[15] Vgl. dazu auch die jüngst erschienene Verlautbarung: Demokratie braucht Tugenden. Gemeinsames Wort des Rates der Evangelischen Kirche in Deutschland und der Deutschen Bischofskonferenz zur Zukunft unseres demokratischen Gemeinwesens (= Gemeinsame Texte 19), Hannover 2006.

ten verpflichteten Gemeinwesens die staatliche Gemeinschaft die Religion und ihren Einfluss auf das Verhalten und die Meinungsbildung der Bürger nur dann akzeptieren, wenn es gelingt, die religiöse Gewissheiten in politisch verhandelbare Positionsbestimmungen zu transformieren. Nur unter diesen Voraussetzungen ist es möglich, auf das Orientierungs- und Sinnerschließungspotenzial der Religion zurückzugreifen, ohne freilich dabei deren immanenten Fundamentalismen, der Unverhandelbarkeit ihres in der individuellen Glaubensüberzeugung begründeten Absolutheitsanspruchs zu übernehmen. In Habermas eigener Begrifflichkeit: Genau diesen «Reflexionsschub»[16] hat die Theologie zu leisten, die allerdings – hier sehe ich dann durchaus die Grenzen des Habermas'schen Vernunftidealismus, selbst noch einmal durch eine Organisationsform im Blick auf die individuellen Religionsausprägungen transmittiert werden muss. Der wichtigste Übertragungsweg dürften dabei religionsbezogene Bildungseinrichtungen sein, deren Förderung durch das Gemeinwesen vielleicht *der* entscheidende Beitrag zum religiösen Frieden darstellt. Ihre Aufgabe als Maklerinnen nehmen Religionsgemeinschaften mithin vorrangig in ihrer Förderung eines auf die individuelle Religion bezogenen Reflexionswissens wahr, in ihrer eigenen auf Bildung zielenden Handlungspraxis, aber auch in Schule und Universität.

3. Lobbyisten

In diesem Zuschnitt wären nun die Religionsgemeinschaften als Makler zu verstehen, die zwischen der individuellen Frömmigkeit und den gesellschaftsbezogenen Ansprüchen vermitteln und dabei zu beiden Seiten hin offen bleiben, die Notwendigkeiten der Glaubens- und Frömmigkeitspraxis dabei ebenso berücksichtigen wie die Rahmenbedingungen einer pluralen, liberaldemokratischen Verfassungsordnung. Sie ermöglichen damit genau jene Ansprüche der Selbstvergewisserung und Selbstdistanzierung, die notwendig sind, damit die Position der Religion in gesellschaftliche Diskurse eingespeist werden kann. Karl Gabriel hat dabei jüngst darauf hingewiesen, dass diese Aufgabenbestimmung in den westlichen Ländern sehr viel mehr von den etablierten, (volks-)kirchlichen Religionsgemeinschaften wahrgenommen wurde als im Bereich der neuen christlichen Splittergruppen und

---

16 J. Habermas: Glauben und Wissen. Friedenspreis des deutschen Buchhandels 2001, Frankfurt a.M. 2001, 13.

religiösen Gruppierungen.[17] Diese doppelte Funktion ist es, die ich mit dem hier durchaus positiv zu assoziierenden Begriff der Lobbyisten verbinden möchte. Ihre Aufgabe ist es auf der einen Seite, die Selbstvergewisserung im Glauben und damit die Stabilisierung der Einzelnen zu erreichen, die in den pluralen Kontexten moderner Lebenswelten als unbedingt notwendig erscheint. Zugleich sollen sie in den neuen Formen der vielstimmigen Öffentlichkeit, die, um noch einmal auf Jürgen Habermas zu sprechen zu kommen, für moderne Gesellschaften typisch sind, die Thematik der Religion zu verankern suchen. Auf diesem Wege allein kann es gelingen, die Grenzen religiöser Überzeugungen von Einzelnen oder auch von Gruppen auszuloten; solche Grenzen sind dabei keineswegs für die Gläubigen immer nur eine Zumutung, vielmehr betonen alle großen Religionen, dass wahres Bekenntnis und wahrer Glaube nur durch die Abgrenzung einer Sphäre des Sakralen von einer Sphäre des Profanen erreicht werden kann. Diese Abgrenzungen sind aber als Elemente der Religion selbst ins Verständnis zu rücken, nicht als Aufnötigungen einer bestimmten – und dann in der Regel bloß als abendländisch apostrophierten – Verfassungsform.

Als Lobbyisten nehmen die Religionsverbände dabei eine durchaus normierende Funktion gegenüber den Gläubigen als ihren Mitgliedern wahr, allerdings muss dies in einer Weise geschehen, die mit den Inhalten des Glaubens – hier komme ich noch einmal auf die Notwendigkeit von Theologie zurück – kompatibel ist. Diese normative Funktion kann unter den Bedingungen der Moderne und unter den Voraussetzungen der Religionsfreiheit und des Religionspluralismus nicht von der Gesellschaft selbst geleistet werden. Gleichzeitig aber geben die Konstitutionsbedingungen moderner Gesellschaften, Mündigkeit und verantwortete Freiheit, die strukturellen Rahmenbedingungen vor, innerhalb derer Religionsgemeinschaften zu agieren haben. Dabei sollte es dem Staat nicht nur nicht verwehrt, sondern explizit aufgetragen sein, solche Religionsorganisationen besonders zu fördern, die sich den entsprechenden Rahmenvorgaben verpflichtet wissen.

Dennoch ist hier auf ein prinzipielles Dilemma moderner Gesellschaften hinzuweisen: Keine Gesellschaft kann für sich darauf verzichten, zumindest einen Korridor des «Normalen» zu bestimmen, auch wenn dies immer auch Exklusionseffekte erzeugt. Die entlastende und für das gesellschaftliche

---

[17] K. Gabriel: Kirchen, Religion und Religiosität in Deutschland, in: T. Mörschel (Hg): Macht Glaube Politik? Religion und Politik in Europa und Amerika, Göttingen 2006, 103–114. Gabriel nimmt darin die klassische, von E. Troeltsch entwickelte Unterscheidung auf, weist aber, im Unterschied zu Troeltsch, dem «Kirchentypus» eher die Modernitätskompatibilität zu als dem «Sektentypus».

Zusammenleben unabdingbare Bedeutung dieser Bestimmungen kann ihr Ziel nur erreichen, wenn sie zugleich diejenigen ausschließt, die sich den entsprechenden Regelungen – aus welchen Motiven auch immer – entziehen. Ein Gemeinwesen kann hinter solche Bestimmungen nicht zurückgehen, umso wichtiger ist es jedoch, deutlich zu machen, dass diese Definitionen der Normalität wie auch der Grundbedingungen rechtsstaatlicher Demokratie zwar für diese unhintergehbar sind, gleichzeitig aber keine Aussage über die Letzthorizonte und das Selbstverständnis der einzelnen Bürger treffen können. Die Aufgabe der Religionsgemeinschaften als Lobbyisten der Einzelnen kann es hier sein, entsprechende Selbstbegrenzungspotenziale bei der Definition des «Normalen» und damit auch des Allgemeinen zu stärken – und damit gerade auch dem für das Zusammenleben unabdingbaren Verbindenden zuzuarbeiten. In der protestantischen Theorietradition wäre das Gedankengut der Zwei-Reiche-Lehre entsprechend weiterzuentwickeln.

Diese Überlegungen führen nun aber noch zu einer weiteren Zielrichtung eines Selbstverständnisses der Religionsgemeinschaften als Lobbyisten: Denn im Rahmen des Übergangs der gesellschaftlichen Normierung an den Staat, und vor allem im einem Verständnis der Gesellschaft als einer *gestalteten* Gesellschaft, wird eben die Frage immer virulenter, was denn mit denen zu geschehen hat, die sich der Gestaltung entziehen, aber nicht «auswandern» können. Michel Foucault hat in seiner Studie «Überwachen und Strafen» darauf hingewiesen[18]: In dem Augenblick, in dem das Allgemeine zu einem durch staatliche Normierung *gestalteten* Allgemeinen wird, wird das Problem virulent, wie mit denen zu verfahren sei, die sich nicht in die entsprechende Ordnung einfügen lassen: Verbrecher, Müßiggänger, Arme, Kranke und Wahnsinnige. Für diese Gruppe wurden seit dem 18. Jahrhundert «öffentliche» Anstalten errichtet – für diese Lobby zu sein und sich nicht, wie über weite Strecken die Diakonie des 19. und 20. Jahrhunderts, selbst an der Ausgrenzung zu beteiligen, ist ebenfalls eine Aufgabe der Religionsgemeinschaften. Auch hier positionieren sie sich in der Mitte zwischen den Einzelnen und den Interessen der Gesellschaft und fungieren als intermediäre Institutionen[19], ohne für sich selbst eine Absolutheit des einzigen Mittlers zu beanspruchen. Dies bedeutet aber auch, auf gewisse staatskir-

---

18 M. Foucault: Überwachen und Strafen. Die Geburt des Gefängnisses, Frankfurt a.M. 1995[11].
19 Vgl. dazu W. Huber: Kirche in der Zeitenwende. Gesellschaftlicher Wandel und Erneuerung der Kirche, Gütersloh 1998.

chenrechtliche Besitzstände zu verzichten und sich selbst als zivilgesellschaftliche Akteure – eben nach dem Vorbild der Lobbyisten – zu verstehen.[20] Zugleich würde ein solches neues Selbstverständnis der Kirchen es auch den anderen Religionsgemeinschaften, die nicht über die entsprechenden historisch gewachsenen Privilegien verfügen, ermögliche, eine entsprechende Funktion in der Gesellschaft auszufüllen.

---

[20] Auf die hier bestehenden Inkonzinitäten im deutschen Protestantismus verweist zu Recht R. Schieder: Verhältnis von Politik und Religion, a.a.O., 130f.

Wolfgang Lienemann

Kippa, Kruzifix, Kopftuch – Kulturkampf? Der Rechtsstaat als Herausforderung und Chance heutiger Religionen

Die meisten vitalen Religionen scheinen danach zu streben, ihre Wahrheitseinsichten, die darauf bezogenen Vorstellungen von Moral und Sittlichkeit sowie ihre entsprechenden religiösen und/oder rechtlichen Gebräuche und Ordnungen zu verbreiten. Sie suchen Anerkennung und Unterstützung, sie versuchen, die Freiheit der Religion, wie sie diese verstehen, zu erkämpfen, zu erweitern und abzusichern, und sie streben danach, ihre religiös begründeten normativen Überzeugungen für die Lebensführung zumindest der eigenen Anhänger und Mitglieder verbindlich zu machen.

Aus dem Miteinander oder Zusammenstoß unterschiedlicher religiöser und sittlicher Überzeugungen unter Bedingungen eines gesellschaftlichen Pluralismus ergeben sich mehr oder weniger unvermeidlich soziale und interreligiöse Konflikte. Diese werden in den spezifischen Bereichen gesellschaftlichen Zusammenlebens in unterschiedlicher Weise virulent. Zu diesen konfliktträchtigen Bereichen gehören insbesondere die Familien, das Bildungswesen, die Wohnsituation, die Arbeitswelt, das organisierte religiöse Leben und die Freizeit.

Unter den Bedingungen der Globalisierung und weltweiter Migration stehen Rechtsstaaten und ihre Rechtsordnungen vor teilweise neuen und schwierigen Herausforderungen:

- Zunehmend sind soziale Gemeinschaften und Gruppen zur Koexistenz in einem Staat veranlasst, die seit Jahrhunderten in mehr oder weniger großer Distanz voneinander gelebt haben. Aus «Fremdarbeitern» oder «Saisonniers» sind permanente Aufenthalter und (tendenziell) Neubürger geworden. In den USA gibt es heute mehr Muslime als Presbyterianer und ungefähr ebenso viele Juden wie Muslime. Los Angeles «is the most complex Buddhist city in the world»[1].
- Vielfach hat man als Merkmale des (National-)Staates neben der territorialen Geschlossenheit auch die sprachlichen und kulturellen Gemeinsamkeiten der Bevölkerung angesehen. Gibt es Grenzen der Aufnahme- und Integrationsfähigkeit einer sprachlich, sozial und

---

1 D. L. Eck: A New Religious America. How a Christian Country Has Become the World's Most Religiously Diverse Nation, New York 2001 (PB 2002), 2f.

kulturell relativ homogenen Gesellschaft? (Wobei man fragen muss: In welcher Hinsicht konnte früher sinnvoll von Homogenität die Rede sein? Ist etwa eine Klassengesellschaft «homogen»?)

- Bisher geübte und gewährleistete Formen der Toleranz im Rechtsstaat betrafen eine relativ übersichtliche Situation von Differenzierung in sozialer, kultureller und – vor allem – religiöser Hinsicht. Kann diese Art pluralismus-kompatibler Toleranz auf bisher unbekannte (religiöse) Erwartungen und Ansprüche ausgeweitet werden?

- Unter modernen Migrationsbedingungen stammen viele Neubürger aus Gebieten, in denen es eine geordnete Staatlichkeit nicht gab oder nicht (mehr) gibt, von funktionsfähigen rechtsstaatlichen Grundordnungen ganz abgesehen. Wie können sich diese Menschen auf die Verfahren und Regeln eines Rechtsstaates einstellen?

- Niemand wird sich der Illusion hingeben dürfen, dass Idee und Realität des Rechtsstaates in liberalen (kapitalistischen) Gesellschaften selbstverständlich und unangefochten wären. Wenn der Justizminister eines Landes wie der Schweiz öffentlich die Verfassungsgarantie der Sicherung des Existenzminimums in Frage stellt, wenn in Deutschland leitende Polizeibeamte oder Rechtswissenschaftler die uneingeschränkte Geltung des Folterverbotes kritisieren und aufheben wollen oder wenn zunehmend die Zulässigkeit der Erzeugung und/oder Nutzung von menschlichen Embryonen zu Forschungszwecken gefordert wird – werden dann nicht elementare Menschenrechtsgarantien zur Disposition gestellt?

Damit sind einige Leitfragen der folgenden Überlegungen formuliert, welche hier lediglich in Form von Thesen mit knappen Erläuterungen präsentiert werden.[2]

1. Grundlagen

1. Der neuzeitliche Rechtsstaat ist ein Ergebnis europäischer Geschichte, Theorie- und Willensbildung. Die Frage nach dem Verhältnis von Rechtsstaat und Religion(en) wird indes auf bedenkliche Weise verengt, wenn man sie bloß in der Perspektive des Verhältnisses von nicht-christlichen Religionen zum europäisch geprägten, säkularen Rechtsstaat der Gegenwart sieht.

---

[2] Die folgende Darstellung bedürfte noch zahlreicher Ergänzungen und Vertiefungen, insbesondere im Blick auf das Verhältnis der Vertreter asiatischer Religionen zu rechtsstaatlichen Konzeptionen.

Auch wenn der heutige Rechtsstaatsbegriff relativ jung ist und bis ins 20. Jahrhundert vor allem im deutschen Sprachraum begegnet, ist die gemeinte Sache vor allem ein Ergebnis europäischer (Rechts-)Geschichte: Es geht im Kern um die schon bei Platon zentrale Idee, dass Gesetze, nicht Menschen herrschen sollen bzw. dass alle menschliche Herrschaft an Recht und Gesetz gebunden sein soll.[3] Die Ausbildung dieser Konzeption erfolgte in den europäischen und außereuropäischen Staaten in unterschiedlichen Formen und Stufen. Im Ergebnis schälten sich übereinstimmend folgende Grundelemente des Rechtsstaates heraus: Volkssouveränität, (geschriebene oder ungeschriebene) Verfassung als Grundlage von Gesetzgebung und Rechtsprechung, Garantie der Menschenrechte als materiale Grundnormen, Publizität aller Gesetze, Gewaltenteilung, Gesetzmäßigkeit der Verwaltung, politische Repräsentation und Partizipation, demokratische Willensbildung, freie Wahlen.

Diese Konzeption ist nicht auf den neuzeitlichen Rechtsstaat europäischer Prägung beschränkt. Etliche Grundelemente sind schon im mittelalterlichen Rechtsverständnis angelegt. Martin Luthers Rechtslehre stellte die Maxime, dass niemand Herrscher in eigener Sache sein dürfe, ins Zentrum und forderte auch schon politische Partizipationsrechte des Volkes. Die folgenreichste systematische Rechtsstaatskonzeption entwickelte Immanuel Kant, der erstmals den Entwurf einer globalen politischen Ordnung nach Rechtsprinzipien theoretisch begründet und auf seine praktischen Verwirklichungsbedingungen und Konsequenzen hin durchleuchtet hat. Ausserhalb Europas finden wir beispielsweise zu Beginn des 20. Jahrhunderts eine damit vereinbare Auffassung von Recht und Staat bei dem großen chinesischen Reformer Sun Yat-sen (1866–1925).

In allen Rechtsstaatskonzeptionen spielen die Glaubens-, Gewissens- und Religionsfreiheit eine zentrale Rolle. Aber man würde die Gestaltungsmöglichkeiten der Rechtsstaatsidee zu eng fassen, wenn man nur den säkularen Rechtsstaat der Gegenwart zum Maßstab nähme. Grundsätzlich bietet der Rechtsstaat vielfältige Formen der Zuordnung von Staat und organisierten Religionen einschließlich äußerst weitreichender Freiheiten kultureller Gestaltungsmöglichkeiten. Zentrales Kriterium ist dabei in der Gegenwart die Gewährleistung der Menschenrechte nicht nur für die Bürgerinnen und Bürger, sondern für alle Menschen.

---

[3] Siehe dazu außer den einschlägigen Grundgesetz- bzw. Verfassungskommentaren Ph. Kunig: Das Rechtsstaatsprinzip, Tübingen 1986; K. Sobotta, Das Prinzip Rechtsstaat, Tübingen 1997; sowie als knappen Überblick K. von Schlieffen/W. Lienemann: Art. Rechtsstaat, in: EvStL 2006, 1926–1939.

2. Der europäische Rechtsstaat wird ebenfalls in einer sehr verengten Perspektive wahrgenommen, wenn man ihn – was zwar teilweise richtig ist – vor allem als Ergebnis der frühneuzeitlichen, konfessionellen Bürgerkriege betrachtet. In einem weiteren geschichtlichen Horizont ist hingegen das Prinzip des Rechtsstaates eine Antwort auf die alte Frage, ob und wie die Herrschaft von Menschen über Menschen in eine Form des «buon governo», letztlich in eine Herrschaft der Gesetze überführt werden kann, der auch die jeweils Herrschenden unterworfen sind.

Der europäische Rechtsstaat ist geschichtlich (auch) aus der Überwindung der frühneuzeitlichen Glaubensspaltungen und der Notwendigkeit einer gegenüber religiösen Wahrheitsansprüchen neutralen Staatlichkeit hervorgegangen.[4] Aber man verengt die lang dauernde Rechtsstaatsentstehung, wenn man sie allein oder vornehmlich auf diesen Aspekt bezieht und damit verkürzt. Die Ausbildung von Strukturen und Verfahren der Gewalteindämmung, Machtbindung und Herrschaftskontrolle, der Konfliktschlichtung und Statussicherung, der ständischen Repräsentation und der politischen Partizipation geht weit über die Beilegung religiös bedingter Konflikte hinaus. Insofern kann es überhaupt nicht überraschen, dass man in praktisch allen politischen Gesellschaften generalisierte Rechtsregeln findet, die auf Freiheitsschutz, Sicherung vor Gewalt und Formen der Mitberatung und Mitentscheidung hinauslaufen (Freiheit, Gleichheit, Teilhabe).

3. In vielen Kulturen begegnet die Idee oder Utopie des ‹guten Herrschers› oder der «guten Regierung», verstanden als eine Form der Bindung aller Herrschaft an Recht und Gesetz. Wesentliche Gehalte der europäischen Rechtsstaatskonzeptionen lassen sich in verschiedenen, religiös oder moralisch geprägten Rechtstraditionen anderer Kulturen identifizieren.

Die so genannten «Fürstenspiegel» bilden über Jahrhunderte den Inbegriff eines Berufsethos für gute Herrscher. Diese Literaturgattung ist nicht auf Europa beschränkt.[5] Die Herrschenden mögen sich vielfach daran nicht gehalten haben, aber die Idee der Rechtsunterworfenheit aller wohlgeordneten Herrschaft konnte dadurch nicht zerstört, sondern nur immer wieder aufs Neue wachgerufen werden. Bildhafte Darstellungen des idealen Herrschers und der idealen Herrschaftsausübung, Sinnbilder der Zusammenstimmung von Frieden und Recht/Gerechtigkeit begegnen keineswegs nur im christlich geprägten Europa, sondern auch im Islam oder in der politi-

---

[4] Vgl. dazu E.-W. Böckenförde: Die Entstehung des Staates als Vorgang der Säkularisation (1967), in: ders.: Staat. Gesellschaft. Freiheit. Studien zur Staatstheorie und zum Verfassungsrecht, Frankfurt a.M. 1976, 42–64.

[5] Siehe H. H. Anton u.a.: Art. Fürstenspiegel, in: Lexikon des Mittelalters, Bd. IV (1999) 1040–1058, bes. L. Richter-Bernburg und A. Tietze zur islamischen Welt.

schen Ideengeschichte Chinas. Insbesondere die Idee des «buon governo», wie sie Lorenzettis Fresken im Palazzo Pubblico in Siena zeigen, enthält auch eine klare Vorstellung von der zweckmäßigen Zuordnung von Religion und Recht. Diese allegorische Darstellung aus der Zeit der Renaissance kombiniert die für die lateinische Christenheit charakteristische Zuordnung von *imperium* und *sacerdotium* mit der allgemeinen politischen Zielvorstellung von *pax et iustitia*.

4. Die Anerkennung des säkularen Rechtsstaates ist nicht unvereinbar mit der Überzeugung von Juden, Christen und Muslimen, dass alles menschliche Recht letztlich seinen Ursprung in einem ‹göttlichen Recht› hat. Diese Überzeugung kann indes unterschiedliche, ja unvereinbare Konkretisierungen erfahren.

Der spezifisch *säkulare* Rechtsstaat ist zwar vor allem ein Ergebnis europäischer Geschichte. Dies schließt aber die Überzeugung nicht von vornherein aus, dass auch dieser Staat – eben als säkularer Staat – in der Sicht der Anhänger und Mitglieder organisierter Religionen, Kirchen und Konfessionen durchaus als gottgewollt anerkannt werden kann und dann, wenn er wirklich ein Rechtsstaat ist, dazu Anlass gibt, Gott – in der Sprache welcher Religion immer – für diese Wohltat zu danken. Richtet man den Blick vor allem auf Judentum, Christentum und Islam, dann findet man zwar im Umkreis dieser drei religiösen Gemeinschaften in ihrer Geschichte unterschiedliche Vorbehalte gegenüber bestimmten Elementen der Rechtsstaatsidee – etwa gegenüber den Prinzipien von Volkssouveränität, Demokratie oder Religionsfreiheit –, aber doch auch in entscheidenden Fragen große Übereinstimmungen.

Jenseits aller tiefen Unterschiede, welche die Rechtskonzeptionen im Judentum, Christentum und Islam in mancher Hinsicht schwer vergleichbar machen, sehe ich wenigstens folgende wichtige, übereinstimmende Merkmale:

(1) Alles Recht kann und soll zurückgeführt werden auf einen ursprünglichen göttlichen Rechtswillen, der maßgeblich geprägt ist durch die Elemente des Lebensschutzes, der Ordnungsstiftung und -erhaltung, des Erbarmens und der Sorge für das Gemeinwohl. Gott will, dass das Recht Grenzen setzt und garantiert, die dem gemeinschaftlichen Leben von Menschen inmitten aller Kreatur dienen.

(2) Der göttliche Rechtswille bedient sich menschlicher Einsicht und Macht zur Konkretisierung in Gestalt von Gesetzgebung, -auslegung und -fortbildung. Im Konfliktfall dient die Berufung auf die göttlichen Ursprünge des Rechts (in Tora, Evangelium und Koran) der Korrektur von Fehlentwicklungen menschlichen Rechts. Eine Ausprägung dieser vermittelnden Korrekturfunktion eines göttlichen Rechtswillens bildet das Naturrecht, welches geschichtlich sowohl in

restaurativer wie revolutionärer Auslegung in Erscheinung treten konnte.

(3) Individuelle Schutzrechte, soziale Ausgleichspflichten und religiöspolitische Teilhaberechte koexistieren in allen drei Rechtskulturen. Kein Element darf gänzlich fehlen, wenn die Beziehung zum göttlichen Recht gewahrt sein soll. Dabei werden die Prinzipien der Freiheit, Gleichheit und Teilhabe in unterschiedlicher Weise aus theologischen und anthropologischen Überzeugungen hergeleitet.

(4) Alle drei Rechtskreise kennen so etwas wie den Kern eines Schutzbereiches des unschuldigen menschlichen Lebens, welcher im Blick auf die göttlichen Ursprünge allen Rechts nicht angetastet werden darf.[6] In der europäischen Tradition lag und liegt hier eine unverzichtbare Aufgabe der Naturrechtslehren. (Miss-)versteht man diese Lehren nicht naturalistisch im Sinne eines Schlusses von (ausgewählten) empirisch-biologischen Beobachtungen auf normative Erwartungen, sondern als vernünftige Bestimmung von unantastbaren Rechten von Menschen (und dann auch Tieren), dann ist das so verstandene Naturrecht (auch) ein Vorläufer der Idee der Menschenrechte.[7]

---

[6]   Immanuel Kant hat in einer Anmerkung zu seiner Schrift «Zum ewigen Frieden» (1795) die wahre Bestimmung und Würde jedes Herrschers an dessen Sorge um «das Recht des Menschen» gebunden. Es heißt dort im Blick auf die Maxime Friedrichs II., der oberste Diener des Staates sein zu wollen: «Man hat die hohe Benennungen (sic, WL), die einem Beherrscher oft beigelegt werden (die eines göttlichen Gesalbten, eines Verwesers des göttlichen Willens auf Erden und Stellvertreters desselben), als grobe, schwindlig machende Schmeicheleien oft getadelt; aber mich dünkt, ohne Grund. – Weit gefehlt, dass sie den Landesherrn sollten hochmütig machen, so müssen sie ihn vielmehr in seiner Seele demütigen, wenn er Verstand hat (welches man doch voraussetzen muss), und es bedenkt, dass er ein Amt übernommen habe, was für einen Menschen zu groß ist, nämlich das Heiligste, was Gott auf Erden hat, das *Recht der Menschen* zu verwalten, und diesem Augapfel Gottes irgend worin zu nahe getreten zu sein jederzeit in Besorgnis stehen muss.» (BA 27, Weischedel [Hg], Bd. 6, 207)

[7]   So hat das II. Vatikanische Konzil die Forderung der Religionsfreiheit (Erklärung über die Religionsfreiheit, 3) maßgeblich auf die *lex divina* bei Thomas von Aquin (STh I-II, q. 91, a.1; q 93, a.1–2) zurückbezogen. Joseph Ratzinger hat in der Diskussion mit Jürgen Habermas im Januar 2004 u.a. ausgeführt, dass der Kern des alten Naturrechts heute in der Idee der Menschenrechte begegnet; siehe dazu meinen Beitrag: Glaube und Vernunft in der Moraltheologie, in: W. Bock (Hg): Gläubigkeit und Recht und Freiheit. Ökumenische Perspektiven des katholischen Kirchenrechts, Göttingen 2006, 1–24.

(5) Leichter zu bestimmen als das, was naturrechtlich geboten ist, ist dasjenige, was als Natur*unrecht* schlechthin *verboten* sein muss. Auch dieses bedarf freilich geschichtlicher Entdeckung, Entfaltung und Durchsetzung. Sein Umfang wird maßgeblich durch die Erfahrungen und Stimmen der *Opfer* von Rechtsverletzungen bestimmt.[8]

5. Religionen, Kirchen und Konfessionen verhielten und verhalten sich zu Prinzip und Institutionen des Rechtsstaates keineswegs einheitlich, sondern sie haben jeweils in unterschiedlichen gesellschaftlich-politischen Kontexten sehr verschiedene, teilweise widersprüchliche rechtsethische Positionen bezogen, je nachdem in welcher gesellschaftlichen Macht- oder Randstellung sie sich befanden.

Ich sehe zwei vorherrschende Tendenzen auf Seiten der Religionsgemeinschaften gegenüber dem Staat im 20. Jahrhundert: Einerseits die (praktisch immer) begrenzte Anerkennung der Legitimität einer Entflechtung oder Trennung von Religion und Staat, andererseits den Versuch, im gesellschaftlich-politischen Leben die eigenen Interessen und Überzeugungen soweit wie möglich durchzusetzen, und zwar bis in die konkrete Gesetzgebung hinein.[9] Die Akzeptanz einer Trennung von Staat und Religion konnte dabei aus Überzeugung bejaht oder als unabwendbares Schicksal hingenommen werden, und zudem dachten die Mitglieder von Kirchen oder Religionen keineswegs einheitlich über diese Konstellation, wie man beispielsweise an den Gegensätzen zwischen liberalen und romtreuen Katholiken in den Kulturkämpfen in der Schweiz und in Deutschland beobachten konnte. Vielleicht darf ich hier pointiert generalisieren und typisieren: Juden waren und sind in der Neuzeit am häufigsten in der (von ihnen meist bejahten) Lage, einen säkularen Rechtstaat anzuerkennen, weil dieser ihnen am ehesten Nicht-Diskriminierung und Religionsfreiheit zu garantieren vermag. (Dass sie in Israel keinen säkularen Staat akzeptieren können oder wollen, ist zwar historisch verständlich, aber eine Mitursache des unlösbaren Nahostkonflikts.) Protestanten verfügen in der Gestalt einer elaborierten Zwei-Reiche-Lehre seit Luther und Calvin über ein intelligentes Konzept der

---

[8] Der Begriff eines «Naturunrechts» ist mir erstmals bei Helmut Thielicke begegnet, von dem ihn Helmut Simon übernommen hat; siehe dazu R. Eckertz: Christlicher Glaube und weltliches Recht – Zu Helmut Simons Dissertation –, in: W. Brandt u.a. (Hg): Ein Richter, ein Bürger, ein Christ (FS Helmut Simon), Baden-Baden 1987, 43–60, 55.

[9] Kein Zufall, dass am schärfsten dort gestritten wurde und wird, wo die entsprechenden Fragen den Alltag der Menschen betreffen: Ehe- und Familienrecht, Schule und Schulaufsicht, Sexualethik und Medizinethik sowie die entsprechenden Rechtsgebiete.

Unterscheidung und Zuordnung von weltlicher politischer Ordnung und geistlicher Ordnung, auch wenn sie immer wieder gezögert haben, daraus die allfälligen Konsequenzen zugunsten der religiösen, politischen und sozialen Freiheit auch Andersdenkender zu ziehen. Katholiken taten sich, im Grunde bis zum II. Vaticanum, eher schwer mit der Anerkennung eines religionsneutralen Staates, zumal unter diesem Deckmantel in Osteuropa schiere Unterdrückung der Religionsfreiheit und die Negation des Rechtsstaates alltäglich praktiziert wurden. Muslime schließlich haben eine nur schwer zu überbrückende Vielfalt von religionsrechtlichen Idealen und Konzepten der Staatlichkeit ausgebildet, unter denen das des säkularen Staates möglich, aber in der Gegenwart keineswegs überwiegend als legitim oder gar notwendig anerkannt ist, geschweige denn in der politischen Praxis vorherrschend wäre. Es wäre aber grundfalsch, die in der Gegenwart zu beobachtende politische Ideologisierung und Instrumentalisierung des Islam als die einzig mögliche Konzeption politischer Ordnung aus islamischer Sicht anzusehen.[10]

2. Herausforderungen

6. Der europäische Rechtsstaat erscheint in einer aussereuropäischen Perspektive sehr häufig als Anspruch, Form und Programm einer von Europa ausgehenden, inzwischen von der Mehrheit der Industrieländer weltweit übernommenen Machtpolitik.

Allem Recht sind stets auch die Funktionen einer Herrschaftslegitimation und einer Herrschaftstechnik eigen. Recht dient der gesellschaftlichen Selbststeuerung. Unter anderem legitimiert, ermöglicht und begrenzt Recht Machtbildungen und Herrschaftsausübung. Der unvermeidliche Kampf um Herrschaftspositionen ist immer auch Kampf um politische (demokratisch oder anders legitimierte) Mehrheiten und zugleich ums Recht. Kein Recht ist unpolitisch. Das führt vielfach zur Bestätigung der Marx'schen These, dass jedes herrschende Recht (bloß) das Recht der Herrschenden sei.

---

[10] Das entgegengesetzte strikt säkularistische Konzept Kemal Atatürks ist freilich ebenso wenig charakteristisch. Für zukunftsweisend halte ich hingegen Versuche, moderne, authentische Koran-Auslegungen mit rechts- und sozialstaatlichen Verfassungskonzeptionen zu vermitteln, wie dies beispielsweise der Sudanese Mahmoud Mohamed Taha (1909–1985) versucht hat. Er wurde nach einem äußerst fragwürdigen Prozess 1985 unter der Herrschaft des Präsidenten Numeiri hingerichtet. Tahas geistiges Vermächtnis wird heute teilweise in den Schriften des Sudanesen Abdullah Ahmed An-Na'im aufgenommen (siehe unten bei These 13).

Wenn das Recht seine Macht und Herrschaft ermöglichende und begrenzende Funktion nicht erfüllt, weil es nicht in der Lage ist, der Wahrnehmung individueller Freiheitsbetätigung auch klare Grenzen zu ziehen, damit die Freiheit aller betroffenen Bürger gesichert wird, wenn das Recht m.a.W. seine Primärfunktion des Freiheitsschutzes gegen Eingriffe von Seiten staatlicher und/oder gesellschaftlicher Machtträger nicht zu erfüllen vermag und infolgedessen der Menschenrechtsschutz brüchig oder gar zerstört wird, dann ist die Idee des Rechtsstaates aufgegeben. Genau diese Beobachtung machen diejenigen Kritiker des Rechtsstaates, welche erstens sehen, dass das (von Europa und Nordamerika ausgehende) Recht auch der globalen Machtprojektion dient, und die zweitens vielfach zu Recht darauf hinweisen können, dass beispielsweise global tätige Wirtschaftsunternehmen in ihren rechtsstaatlich verfassten Herkunftsländern ganz anderen rechtlichen Regelungen unterliegen als in zahlreichen Staaten, in denen ihre wirtschaftliche Handlungsfreiheit beispielsweise durch arbeitsrechtliche, umweltrechtliche oder menschenrechtliche Verfassungsbestimmungen kaum eingeschränkt ist. Anders gesagt: Wer in Bezug auf Menschenrechtsstandards in der Weltgesellschaft mit unterschiedlichen Maßstäben misst, ruiniert die Idee des Rechtsstaates.

7. Man muss zwischen dem Rechtsstaat als einer theoretisch ausgearbeiteten oder auszuarbeitenden Konzeption (einer ‹Idee›) und seinen vielfältigen historischen Ausprägungen unterscheiden. Was Vertreter heutiger Religionen über den Rechtsstaat (in seiner europäisch geprägten Gestalt) denken, hängt ganz entscheidend davon ab, ob sie eine und, wenn ja, welche konkrete Gestalt des Rechtsstaates sie in ihren Heimatländern kennen gelernt haben und in der Schweiz oder einem anderen europäischen Land kennen lernen.

Auch für den Rechtsstaat, seine Akzeptanz und Wertschätzung gilt, was für Politik und politische Bildung wohl generell gilt: Die wichtigste Form politischer Erziehung ist der öffentlich wahrnehmbare Vollzug von Politik selbst. Den Rechtsstaat lernt man nicht nur schätzen, wenn man selbst Vorteile aus seinem Bestehen und seinen Entscheidungen hat, sondern auch und besonders dann, wenn rechtsstaatliche Institutionen und Verfahren in der Praxis auch annähernd so funktionieren, wie es ihrer Idee entspricht – wenn also Menschenrechte auch dann gewährleistet werden, wenn das vermeintlich nicht als populär gilt, wenn man am Gebot der Nicht-Diskriminierung auch dann festhält, wenn es auch «den anderen» zugute kommt, wenn die Pressefreiheit auch und besonders in Anspruch genommen wird, um die eigene Regierung und Missstände im eigenen Land öffentlich anzuprangern. Wenn hingegen der Justizminister eines Landes sogar die verfassungsrechtlich gewährleistete Garantie des Existenzminimums in Frage stellt und gegebenenfalls eher bereit ist, die Verfassung zu ändern als ein elementares Menschenrecht unzweideutig zu schützen, dann gerät der Rechtsstaat ins

Zwielicht. Seine entscheidende Bewährungsprobe besteht der Rechtsstaat hingegen dann, wenn seine Errungenschaften besonders denen zugute kommen, die deren am meisten bedürfen, weil sie sich allein am wenigsten helfen können. «Wer wenig im Leben hat, soll viel im Recht haben.» (Helmut Simon[11])

8. Der Rechtsstaat europäischer Prägung schließt ein bestimmtes Menschenbild ein – das Bild einer individuellen Person, die sprach- und vernunftbegabt ist, die Fähigkeit zur Selbstgesetzgebung ihres Willens hat und in der Lage ist, in wechselseitigen, freien Anerkennungsverhältnissen zu leben. Dieses Menschenbild hat die Postulate der praktischen Vernunft der europäischen Aufklärung, besonders in ihrer Ausprägung bei Kant, zutiefst geprägt. Es versteht sich nicht von selbst, aber man kann es im Gespräch mit Menschen anderer Kulturen plausibel zu machen versuchen.

Der neuzeitliche Rechtsstaat ist aus sehr unterschiedlichen europäischen Traditionen hervorgegangen – antike Philosophie, jüdische Religion und jüdisches Verständnis von Gesetz und Recht, christliche Überlieferungen besonders im Blick auf die Freiheit und Gleichheit der Menschen vor Gott, mittelalterliche Konzepte von Gesellschaft, ‹Staat› und Kirche sowie neuzeitliche Auffassungen von Freiheit, Vernunftbegabung, Selbständigkeit und Verantwortlichkeit jedes Menschen wirkten vielfältig und unterschiedlich zusammen. Dies bedeutet nicht, dass in Kulturen, welche sich lange Zeit außerhalb des europäischen Rechtskreises entwickelt haben, die Idee eines Rechtsstaates oder eines rechtlich wohlgeordneten Gemeinwesens unbekannt wäre. Wohl aber muss zu denken geben, dass die neuzeitliche Idee der Menschenrechte als des sittlich und rechtlich verpflichtenden Kerns des Rechtsstaates ihren Siegeszug in den politischen Revolutionen des alten Europa und der Neuen Welt begonnen hat.

Die Mitgliedstaaten der UN haben unerachtet der vielfältigen kulturellen Prägungen die Menschenrechte, ausgehend von der Allgemeinen Erklärung von 1948 und der Menschenrechtspakte von 1966, als Grundlage ihres angestrebten friedlichen Zusammenlebens anerkannt. Dies bedeutet freilich nicht, dass damit eine Verpflichtung auf bestimmte Religionen, Weltanschauungen oder Menschenbilder verbunden wäre. Im Gegenteil zielt die weltweite Anerkennung elementarer Menschenrechte (auch) auf den Schutz der legitimen Vielfalt von Lebensentwürfen, individuellen und kollektiven religiösen Überzeugungen und den Schutz gewachsener sozialer und politischer Lebensformen – *sofern* diese mit dem Schutz der elementaren Men-

---

[11] So die Überschrift eines Aufsatzes von ihm in der «Ökumenischen Rundschau» 16 (1967) 338–357.

schenrechte vereinbar sind. Der Rechtsstaat europäischer Prägung will dem Verständnis seiner eigenen Vertreter zufolge keine Hegemonie Europas und Nordamerikas anstreben oder rechtfertigen, sondern dient dem friedlichen Zusammenleben und der Konfliktaustragung unter Anerkennung und Wahrung der Rechte jedes Menschen. Dies scheint man interkulturell durchaus einladend und nicht ausgrenzend vertreten zu können.

9. Der Rechtsstaat europäischer Prägung steht in einer engen, vielleicht unauflösbaren Beziehung zu den Grundsätzen einer liberalen, kapitalistischen Wirtschaftsordnung. Gegenüber der Sicherung der Privatsphäre und des Privateigentums treten die Gemeinwohlverpflichtungen nicht erst in der Gegenwart markant zurück.

Nicht der Rechtsstaat, wohl aber die kapitalistische Wirtschaftsordnung, wie sie sich seit dem 18. Jahrhundert zuerst in Europa und dann weltweit durchgesetzt hat, zeichnet sich durch die Durchsetzung globaler, wirtschaftlich begründeter Machtbeziehungen und hegemonialer beziehungsweise imperialer Herrschaftsformen aus. Wo der Rechtsstaat nur in dieser Kombination historisch in Erscheinung getreten ist und womöglich der Durchsetzung ökonomisch verankerter Macht funktional untergeordnet war und ist, wird die zugrunde liegende Idee des rechtlichen Schutzes menschlicher Freiheit nachhaltig diskreditiert, weil und insoweit er nicht in der Lage ist, Menschen und ihre Rechte gegen Eingriffe staatlicher und wirtschaftlicher Machtträger und -allianzen zu schützen. Eine solche Ohnmacht oder ein derartiges Versagen des Rechtsstaates müssen seine universalen Geltungsansprüche und seine Attraktivität untergraben. Wenn das Vertrauen der Menschen in den Rechtsstaat aufgrund wirtschaftlich begründeter Macht- und Abhängigkeitsbeziehungen erschüttert ist, und wenn man diese Entstellung des Rechtsstaates mit guten Gründen mit den Interessen der europäischen Völker in Verbindung bringen kann, dann kann sich leicht ein mehr als gespanntes Verhältnis der Anhänger nicht-europäischer Religionen zu rechtsstaatlichen Konzeptionen entwickeln, obwohl diese Konzeptionen ihren Ursprüngen und Intentionen nach diese berechtigte Kritik durchaus teilen (könnten).

10. Der Rechtsstaat europäischer Prägung setzt – spätestens seit der Aufklärung, aber mit Vorläufern hinsichtlich des individuellen Gewissensschutzes in Renaissance und Reformation – die grundlegende Unterscheidung von Recht und Moral als Möglichkeitsbedingung individueller Freiheit im politischen Gemeinwesen voraus.

Im Blick auf die Frage nach der Wahrnehmung und Einschätzung des Rechtsstaates durch die Vertreter von Religionsgemeinschaften spielt die Frage der Unterscheidung von Recht und Moral eine zentrale Rolle. Diese Unterscheidung ist außerordentlich voraussetzungsvoll und weitreichend zugleich. Sie setzt ihrerseits bestimmte anthropologische Annahmen voraus, insbesondere den Gedanken, dass es möglich, sinnvoll und geboten ist oder sein kann, zwischen den sichtbaren, äusseren Handlungen und Verhaltensweisen von Menschen einerseits, ihren unmittelbar nicht wahrnehmbaren, inneren Überzeugungen, Ansichten und Gedanken andererseits zu unterscheiden und diesen Unterschied zu respektieren. Diese Differenz deckt sich nicht mit derjenigen von Öffentlichkeit und Privatheit.[12] Auch müssen sich die inneren Überzeugungen nicht mit dem decken, was man gemeinhin das Gewissen nennt, zumal es auch Gewissensüberzeugungen gibt, zu denen unabdingbar zu gehören scheint, dass sie öffentlich geäußert werden.[13]

Die moderne Unterscheidung von Recht und Moral ist zunächst dem Schutz der Glaubens- und Gewissensfreiheit verpflichtet[14], sodann der Freiheit der Bürger nicht in ihrer Eigenschaft als Untertanen, sondern als politischer Subjekte. Meinungs- und Pressefreiheit setzen die Geltung dieser Unterscheidung voraus. Unter der Voraussetzung der Glaubensspaltung in der Folge der Reformationen des 16. Jahrhunderts sollten die politischen Loyalitätspflichten der Bürgerinnen und Bürger gegenüber Recht und Staat von den religiösen Gehorsamspflichten der Gläubigen gegenüber Kirchen und/oder Konfessionen unterschieden und dadurch entlastet werden. Das Prinzip des «cuius regio eius religio» des Augsburger Religionsfriedens von 1555 diente in Verbindung mit dem Recht zur Auswanderung sowohl dem Schutz der kollektiven und individuellen Glaubensfreiheit als auch der Sicherung einer als hinreichend angesehenen religiösen und sozialen Homogenität unter den Menschen eines Territoriums. Auf dieser Linie liegt auch die Unterscheidung von Recht und Moral, insofern die Rechtspflicht der Bürger

---

[12] Zum Verständnis von Öffentlichkeit in der europäisch geprägten Sozialphilosophie siehe meinen Beitrag: Öffentlichkeit und bürgerliche Gesellschaft in der europäischen Tradition, in: Chr. Lienemann-Perrin / W. Lienemann (Hg): Kirche und Öffentlichkeit in Transformationsgesellschaften, Stuttgart 2006, 51–86.

[13] Gelegentlich auch um den Preis von Nachteilen bis hin zur Verfolgung oder zum Martyrium! Die christlichen Kirchen haben zwar i.A. gelehrt, dass kein Gläubiger das Martyrium suchen, allerdings mutig bekennen soll, wenn ihm wahrheits- und überzeugungswidrige (sichtbare) Handlungen abverlangt werden. Doch gibt es sowohl im Christentum wie in anderen Religionsgemeinschaften Bekenner, die ungeachtet persönlicher Gefahren die Öffentlichkeit für ihr Zeugnis mit allen drohenden Konsequenzen geradezu suchen.

[14] Siehe hierzu H.-D. Kittsteiner: Die Entstehung des modernen Gewissens, Frankfurt a.M. 1995. Es wäre eine eingehendere Betrachtung wert, warum sich das, was Kittsteiner «modernes Gewissen» nennt, vor allem im europäischen Zusammenhang entwickelt hat. Individuelle Gewissensfreiheit und politische Toleranz haben sich im Übrigen auch in Europa nicht parallel entwickelt.

zur tatsächlichen Rechtsbefolgung von ihrer inneren Zustimmung zu den Inhalten der Gesetze gelöst wird. Die Gedankenfreiheit soll zumindest so weit gelten und geschützt sein, als sie nicht den Grund für Widersetzlichkeit, Empörung und Aufruhr abgibt. Insofern wird eine Differenz rechtlich gefordert, anerkannt und durchgesetzt, die an sich sehr voraussetzungsreich ist, Toleranz fordert und Dissidenz – wenn diese nicht den allgemeinen Gesetzen zuwiderläuft – ermöglicht und schützt.

Zu den Folgen der Unterscheidung von Recht und Moral gehören die Entlastung des Rechts von moralischen Forderungen und die Rücknahme der rechtlichen Sanktionierung sittlicher Überzeugungen. Das Recht soll die Bedingungen des friedlichen Zusammenlebens der Bürger trotz und unter Bedingungen sozialer Konflikte garantieren; die Moral dient der sittlich selbstbestimmten Lebensführung. Wenn ein Staat darauf verzichtet, die Moral mit Mitteln staatlichen Rechts zu sanktionieren, gewährt er ein großes Maß individueller Freiheit. Ein solcher Staat ermöglicht und schützt ein hohes Maß individueller Selbstbestimmung – man denke an die Sexualmoral, an die Freiheit der Kunst, an den Schutz der Pressefreiheit und vieles mehr, nicht zuletzt an die Religionsfreiheit einschließlich der Freiheit, keiner Religion anzugehören. Recht und Moral müssen und sollen sich nicht decken, überschneiden sich jedoch vielfältig.[15] Sie sollen nicht vermischt, aber auch nicht beziehungslos getrennt werden.

Die Stabilisierung dieser Differenz von Recht und Moral ist schwierig, voraussetzungsreich und erscheint keineswegs in allen Kulturen als erstrebenswert. Diese Unterscheidung wird bisweilen als Zumutung empfunden und verunsichert viele Menschen. In den Augen vieler religiös geprägter Menschen erscheint die Abgrenzung des Rechts von der Moral in eins mit der Freigabe individueller moralischer Überzeugungen als Inbegriff einer rein säkularen Moral oder gar Amoral. Die scharfe Unterscheidung – nicht: Beziehungslosigkeit! – von Recht und Moral ist vielen Menschen in vielen Religionsgemeinschaften nicht geheuer oder wird sogar ausdrücklich abgelehnt, und das gilt keineswegs bloß für glaubenstreue, tief verschleierte muslimische Frauen, sondern auch für Christinnen, die beispielsweise manche Frauenbilder in der Werbung als beleidigend und herabsetzend empfinden. Letztlich stehen sich in diesen Fragen sehr unterschiedliche Rechtskonzeptionen gegenüber, je nachdem, ob man einem rein säkularen Rechtsverständnis anhängt oder der Auffassung ist, dass «richtiges» oder «gerechtes» Recht entweder religiöse Wurzeln und Bestimmungen umfassen muss oder zumin-

---

15 Siehe dazu meine Überlegungen: W. Lienemann: Recht und Moral. Unterschieden, aber aufeinander bezogen, in: NZZ Nr. 88 vom 17.4.02, 16.

dest ein Minimum an sittlicher Rechtfertigung oder Rechtfertigungsfähigkeit verlangt. Um faktisch geltendes Recht von einem Recht, welches «richtigen» oder höherrangigen Normen unterworfen ist, unterscheiden zu können, ist für viele Menschen nach wie vor der Bezug auf ein Natur- oder Gottesrecht unabdingbar. Ob und in welcher Gestalt damit die Unterscheidung von Recht und Moral vereinbar ist, vielleicht erst recht gefordert werden kann oder muss, ist, wenn ich recht sehe, in praktisch allen Religionen, aber auch in der Religionsphilosophie, durchaus strittig.

11. Eine der größten Herausforderungen aller vitalen Religionen im Verhältnis zum (säkularen) Rechtsstaat war und ist die Frage der Toleranz gegenüber anderen Religionen, religiösen und nicht-religiösen Überzeugungen. Das Problem der Toleranz stellt sich unvermeidlich mit dem Verlust religiöser und/oder weltanschaulicher Homogenität sowie angesichts eines Pluralismus sittlicher Überzeugungen und Orientierungen in einer Gesellschaft.

Die Geschichte der Toleranz[16] ist älter als die Stabilisierung der Unterscheidung von Recht und Moral. Toleranz ist vor allem deshalb so schwer zu gewähren, weil es nicht nur um den Schutz fremder, nicht geteilter Auffassungen, Verhaltensweisen und entsprechender Handlungen geht, sondern weil sich damit notwendigerweise die Bereitschaft verbinden muss, dem Irrtum, der Verblendung und der Wahrheitsbestreitung nicht (mehr) mit gewaltförmigen Mitteln begegnen zu wollen und zu können. Immer wieder begegnet zudem das Phänomen, dass eine Religion, Kirche oder Konfession, wenn sie sich von einer anderen religiösen Gemeinschaft abtrennte, für sich Freiheit des Glaubens und der Toleranz forderte, die sie nicht zu gewähren willens war, wenn sie sich selbst erneut mit internen Differenzen, Spannungen und Spaltungen auseinanderzusetzen hatte. Die Reformation Luthers nahm die christliche Freiheit auch und besonders als Gewissensfreiheit in Anspruch, aber die unter Bedingungen neu entstehender Glaubensdifferenzen unvermeidliche Frage nach Abweichungstoleranz und Dissidenz wurde sehr unterschiedlich beantwortet. Und Glaubensdifferenzen begründen praktisch immer zugleich Unterschiede im Verhalten und Handeln, wie man an der Entstehung und Entwicklung der so genannten Historischen Friedenskirchen zeigen kann.

Die Fähigkeit organisierter Religionen zu Differenz- und Dissidenz-Toleranz ist zudem nicht von vornherein eindeutig gegeben, sondern wandelt sich in ihrer Geschichte in Wechselwirkungen mit den jeweiligen gesell-

---

[16] Hierzu siehe R. Forst: Toleranz im Konflikt. Geschichte, Gehalt und Gegenwart eines umstrittenen Begriffs, Frankfurt a.M. 2003.

164

schaftlichen Umgebungen und Herausforderungen. Zudem begegnet vielfach das Phänomen, dass intern wenig Differenzen toleriert werden und strenge Gehorsams- und Homogenitätsforderungen durchgesetzt werden, während im Außenverhältnis durchaus pluralistische Meinungs- und Verhaltensvielfalt anerkannt wird. Die Binnen-/Außen-Differenz hinsichtlich der Toleranzgewährung scheint nicht zuletzt der Stabilisierung der (individuellen wie kollektiven) Identität der Anhänger und Mitglieder organisierter Religionen zu dienen. Sie begegnet, soweit ich sehe, in allen Religionen und religiösen Gemeinschaften, freilich in unterschiedlichen Formen. Am schärfsten empfinde ich diese Differenzierung bei Judentum, orthodoxem Christentum und im Islam, freilich in unterschiedlichsten Abstufungen nach Maßgabe der jeweiligen Umwelt und deren Veränderungen. Insofern gilt schließlich auch, dass die Anerkennung und Gewährleistung von Toleranz keineswegs auf bestimmte religiöse Gemeinschaften beschränkt ist, sondern in vielfachen Gestalten begegnet und zugleich einem geschichtlichen Formwandel unterliegt. Dabei dürfte eine maßgebliche Variable für Toleranz-Anerkennung von Seiten organisierter Religionen darin bestehen, ob eine Religion eine gesellschaftlich herrschende Stellung errungen hat und zu behaupten versucht.

Die Rede von Differenz- und Dissidenz-Toleranz markiert indes wohl noch gar nicht den entscheidenden und wirklich strittigen Punkt. Ich denke, ein wesentliches Merkmal einer vitalen Religion (Kirche, Konfession) besteht darin, dass es für ihre Anhänger etwas Unantastbares gibt, etwas, das ihnen in dem ganz elementaren Sinne heilig ist, dass niemand sich daran – in Worten und Werken (auch in Gedanken?) – vergreifen darf. Der Inbegriff dieses Unantastbaren ist jedoch keineswegs in allen Religionen jederzeit und unter allen Gläubigen derselbe. Gleichwohl sehe ich eine starke Konvergenz unter praktisch allen organisierten Religionen dahingehend, die persönliche Integrität eines jeden Menschen als grundsätzlich unantastbar anzusehen. Ich weiß natürlich, dass man in Geschichte und Gegenwart eine fast überwältigende Menge an Gegenbeispielen aufbieten kann, aber die Hemmschwelle, um des Glaubens willen keine (zumindest unschuldigen) Menschen töten zu dürfen, ist in allen Religionen bekannt. Darum sind gemeinsame Friedensgebete keine Heuchelei.

Zum Menschenrecht der Religionsfreiheit gehört konstitutiv das Recht, zu seinen Überzeugungen zu stehen und dafür öffentlich einzutreten. Eine solche Grundauffassung, die, wie gesagt, allen vitalen Religionen eigen zu sein scheint, wird erst zu einer Erscheinung verwerflicher Intoleranz, wenn dieses existenziell bestimmende Bewusstsein eines schlechthin verpflichtenden und das ganze Leben bestimmenden Glaubens dazu missbraucht wird, gewaltsame Übergriffe auf Menschen, die anders und anderes glauben, zu legitimieren.[17] Religionen, die zur Gewalt gegen Andersgläubige aufrufen, diese praktizieren oder dulden und billigen, sind mit der rechtsstaatlich gebotenen Toleranz unvereinbar.

12. Der moderne Rechtsstaat gewährleistet die Religionsfreiheit, er mutet genau dies aber auch jeder Religion und ihren Anhängern im Verhältnis zu allen anderen Religionen zu.
Ich habe oben die Binnen-/Außen-Differenz in der Toleranzgewährung durch Religionen erwähnt. In gewissen Grenzen ist diese Unterscheidung unmittelbare Konsequenz der staatlich gewährleisteten Religionsfreiheit, insofern mit dieser unter rechtsstaatlichen Bedingungen die Freiheit verbunden ist, die eigenen Angelegenheiten einer Religionsgemeinschaft selbständig zu ordnen, jedenfalls innerhalb der Schranken der für alle Menschen und Bürger geltenden Gesetze.[18] Das bedeutet u.a., dass die Mitglieder einer organisierten Religion oder Kirche nicht nur das Recht haben, ihre besonderen Überzeugungen zu vertreten und entsprechend zu leben, sondern beispielsweise auch ein eigenes Ämterrecht oder eigene Mitgliedschaftsregelungen zu beschließen. Zur Sicherung der (individuellen) Religionsfreiheit muss es aber die staatlich zu garantierende Möglichkeit geben, eine organisierte Religionsgemeinschaft zu verlassen bzw. nicht gegen den eigenen Willen als Mitglied einer solchen Gemeinschaft in Anspruch genommen zu werden.

Damit öffnet sich das weite Feld der Freiheit, einer Religionsgemeinschaft anzugehören oder nicht, diese Zugehörigkeit oder Nicht-Zugehörigkeit offen zu bekunden oder nicht zu bekunden, und schließlich die Freiheit, die Religions- oder Kirchenzugehörigkeit zu wechseln.[19] Die zuletzt genannte Freiheit zu respektieren, fällt praktisch allen Religionen schwer. Zwar hat

---

[17] Darum war mit dem reformatorischen Prinzip der Glaubensfreiheit und der strikt gewaltfreien öffentlichen Verkündigung des Glaubens (öffentliche Glaubenskommunikation *non vi sed verbo*) im Grunde die Inanspruchnahme der weltlichen Gewalt (*bracchium saeculare*) in Glaubenssachen von vornherein unvereinbar und jede Konstruktion einer Legitimation solcher Sanktionen über die Anforderungen eines *ordre public* wie im Falle Calvin gegen Servet im Ansatz verfehlt. Siehe zu diesen Fragen auch unten die Erläuterungen zu These 17.

[18] Zur Bedeutung dieser Schrankenklausel am Beispiel des Religionsverfassungsrechts in Deutschland siehe W. Bock: Das für alle geltende Gesetz und die kirchliche Selbstbestimmung, Tübingen 1996.

[19] Siehe dazu: P. Gerlitz: Art. Konversion, in: TRE 19, 559–563. Aus der Sicht des Ökumenischen Rates der Kirchen siehe N. Koshy: The Ecumenical Understanding of Religious Liberty. The Contribution of the World Council of Churches, Journal of Church and State 38, 1996, 137–155.

Art. 18 der Allgemeinen Erklärung der Menschenrechte von 1948[20] dieses Recht verbindlich verankert, aber seither sind vor allem aus vom Islam geprägten Staaten Einwände gegen weitere ähnliche Sicherungen der Religionsfreiheit geltend gemacht worden. Ebenso konnte man in den vergangenen Jahrzehnten nach dem Ende der kommunistischen Parteiherrschaften in Europa beobachten, dass in den neuen Verfassungen zwar die Religionsfreiheit eine prominente Stelle einnimmt, aber viele Staaten sich damit schwer tun, die Prinzipien der Nicht-Diskriminierung und Parität im Verhältnis zu den Kirchen einzuhalten.

Für die orthodoxen Kirchen der Christenheit ist ‹Proselytismus› der Inbegriff unzulässiger missionarischer Aktivitäten mit dem Ziel der Mitgliederabwerbung.[21] Eine Abgrenzung von legitimer Glaubenswerbung (Mission) und Proselytismus im Sinne unlauterer Werbestrategien ist freilich sehr schwierig, wenngleich kaum zu vermeiden. Ganz sicher gehören Werbestrategien mit der Androhung oder Ausübung von Zwang und Gewalt zu den mit der Religionsfreiheit nicht vereinbaren Praktiken, aber wie steht es mit den Formen attraktiver Sozialarbeit (Diakonie), welche schon in der Antike zahlreiche Menschen für christliche Gemeinschaften gewonnen haben?[22] In islamisch geprägten Kulturen und Staaten werden die Abkehr vom Islam und die Zuwendung zu einer anderen Religionsgemeinschaft in unterschiedlichen Formen missbilligt, erschwert oder mit (teilweise) schweren strafrechtlichen Sanktionen belegt. Im Hinduismus wird die Unausweichlichkeit der Religionszugehörigkeit durch das Kastensystem verstärkt. Historisch privilegieren die meisten Religionen und Kirchen im Bezug auf Konversionen und Religionswechsel das Einbahnstrassen-Modell: Eintritt ja, Austritt nein.

---

[20] «Jeder hat das Recht auf Gedanken-, Gewissens- und Religionsfreiheit; dieses Recht schließt die Freiheit ein, seine Religion oder Überzeugung zu wechseln, sowie die Freiheit, seine Religion oder Weltanschauung allein oder in Gemeinschaft mit anderen, öffentlich oder privat durch Lehre, Ausübung, Gottesdienst und Kulthandlungen zu bekennen.»

[21] Dazu näher J. Witte jr. / M. Bourdeaux (Hg): Proselytism and Orthodoxy in Russia. The New War for Souls, Maryknoll/NY 1999. Zu Geschichte und Aktualität der Proselytismus-Diskussion (in Europa) siehe auch R. Juillerat: Der Proselytismus. Seine Begrifflichkeit und seine heutige theologische und juristische Bedeutung, theol. Lic.-Arbeit Bern, Juni 2006.

[22] Siehe zur Antike M. Goodman: Mission and Conversion. Proselytization in the Religious History of the Roman Empire, Oxford 1994. Zur frühchristlichen Entwicklung siehe B. Roberts Gaventa: From Darkness to Light. Aspects of Conversion in the New Testament, Philadelphia 1986; K. Aland: Über den Glaubenswechsel in der Geschichte des Christentums, Berlin 1961.

Sie werben Mitglieder[23] und versuchen die Abwerbung zu verhindern. Gut ist der Übertritt zur eigenen Gemeinschaft, schlecht das Gegenteil. Selbst in säkularen Staaten wie der modernen Türkei werden die Abkehr vom Islam und ein Übertritt zu einer christlichen Kirche durch die konkreten Verwaltungsentscheidungen der staatlichen Bürokratie faktisch erheblich erschwert. Der Rechtsstaat mutet hingegen allen religiösen Gemeinschaften zu, die Freiheit der Menschen zum Verlassen der Gemeinschaft zu respektieren, und damit tun sich die meisten Religionen äußerst schwer.

Vor allem diese handfesten Aspekte der Religionsfreiheit sind im Alltag des religiösen Miteinanders problembeladen und zugleich unvermeidlich. Wer sich daran erinnern kann, welche familiären Auseinandersetzungen im Gefolge einer konfessionsverschiedenen Eheschließung («Mischehe») zwischen Protestanten und Katholiken noch vor 50 Jahren vielfach geführt wurden, kann sich nicht darüber wundern, wenn interfamiliäre Kontakte zwischen den Angehörigen unterschiedlicher Religionen heute argwöhnisch beobachtet werden. Integration im Zuge von Migrationsprozessen schließt die Intensivierung von Kontakten im Bildungswesen, in Arbeit und Freizeit unvermeidlich ein; die interkulturellen Folgen sind oft nicht leicht zu handhaben. Es gibt allerdings umgekehrt Indizien dafür, dass bewusst wahrgenommene Konstellationen in Familien mit einem differenzierten religiösen Hintergrund nicht zu Indifferenz, antireligiösen Einstellungen oder religiösem Agnostizismus führen müssen, sondern zu neuen Erfahrungen der unterschiedlichen Eigenarten und zu ihrer bewussten Anerkennung hinleiten können – freilich auch zu Brüchen und Katastrophen.[24] Deshalb sollten und können in diesem Bereich in Zukunft intensivere, interkulturell verglei-

---

[23] Das Judentum ist in dieser Hinsicht in seiner Geschichte allerdings i.A. zurückhaltend gewesen. Grundsätzlich überhaupt keine Mission praktizieren die nach Indien eingewanderten Parsen.

[24] Eine vielfach erörterte, dringlich zu bearbeitende Spezialproblematik stellt die Zwangsverheiratung vor allem von Mädchen in asiatischen und islamisch geprägten Gemeinschaften dar. Die entsprechenden Probleme haben mit der Frage des sog. Proselytismus gemeinsam, dass das entscheidende Kriterium jeder Problemlösung im rechtsstaatlichen Kontext nur die individuell freie Willensbekundung sein kann, diese jedoch vielfach als Bedrohung einer ebenfalls Respekt heischenden, historisch gewachsenen kulturellen Lebensform empfunden wird. Spätestens an dieser objektiv konflikträchtigen Stelle müssen die Vertreter rechtsstaatlicher Grundsätze deren Anerkennung und Durchsetzung einfordern, und sie können das umso überzeugender, wenn sich damit nicht egoistische und partikulare Interessen anderer Art verbinden.

chende Forschungen zum Religionswechsel unter den Bedingungen des Menschenrechtes der Religionsfreiheit ansetzen.[25]

13. Im Verhältnis des Rechtsstaates zu den verschiedenen Religionen sollte es im Blick auf das Menschenrecht der Religionsfreiheit und unter den Bedingungen des religiösen Pluralismus keine Staatsreligion oder Staatskirche (mehr) geben. Der Rechtsstaat, welcher die allgemeine Religionsfreiheit sichert, muss in dem Sinne säkular sein, dass er sich nicht für kompetent und befugt hält, die eigenen Angelegenheiten der Religionen beurteilen zu können und zu dürfen. Er muss in Religionssachen nicht blind oder indifferent sein, aber er übt in genuin religiösen Angelegenheiten und im Blick auf das Selbstbestimmungsrecht von Religionsgemeinschaften grundsätzliche Wertungs- und Urteilsenthaltung.

In der Gegenwart ist besonders die Stellung des Islam zu Menschenrechten und zum Rechtsstaat Gegenstand vieler Debatten. Baber Johansen[26] hat schon vor Jahren darauf hingewiesen, dass im frühen Islam die Legitimität von Bürokraten, Militärs und Herrschern durchaus kritisch gesehen wurde und demgegenüber die Rechtsgelehrten mit dem Anspruch auftraten, die wahren Erben des Propheten zu sein. Dies war und ist ja auch im Iran der bisher erfolgreich durchgesetzte Anspruch der schiitischen Geistlichkeit. Johansen vertritt gleichwohl grundsätzlich folgende Meinung: «Der Islam kann also ... auch ohne den islamischen Staat gelebt werden und auch ohne die staatliche Anwendung islamischen Rechts. Ein solcher Diaspora-Islam ist zwar ein Islam minderen Status, aber er ist Islam. Es gibt also auch im scholastischen Recht der klassischen Periode eine Möglichkeit, den Islam ohne die politische Herrschaft der Muslime zu leben.»[27] Auch wenn der Islam in Geschichte und Gegenwart alles andere als eine einheitliche politisch-religiöse Ordnung bildet, gilt freilich weithin auch die andere These: «*Idealiter* kennt der Muslim nur die Grundordnung der einen ‹Gemeinde der Bekenner› des Islams, der *umma*»[28]. Indes gibt es sehr zahlreiche Formen, in denen islamisches und anderes Recht in einem Staat koexistieren (z.B. Familien- und Erbrecht, bisweilen auch das Strafrecht nach Maßgabe der Scharia,

---

[25] Zu Afrika siehe Abdullah A. An-Na'im (Hg): Proselytization and Communal Self-Determination in Africa, Maryknoll/NY 1999.

[26] Staat, Recht und Religion im sunnitischen Islam. Können Muslime einen religionsneutralen Staat akzeptieren?, in: Essener Gespräche zum Thema Staat und Kirche 20, Münster 1986, 12–60.

[27] A.a.O., 20.

[28] U. Steinbach: Die Stellung des Islams und des islamischen Rechts in ausgewählten Staaten. Einleitung, in: W. Ende / U. Steinbach (Hg): Der Islam in der Gegenwart, München 1989², 198–211 (200).

sonstiges Zivilrecht nach europäischen Vorbildern)[29]. In der Türkei[30] sind dem verfassungsrechtlich verordneten Laizismus, wie ihn Atatürk vertreten und geprägt hat, nach dem II. Weltkrieg immer wieder Bestrebungen zu einer Re-Islamisierung von Recht und Staat entgegengetreten. In der Gegenwart ist dieses Land im Blick auf den beabsichtigten Beitritt zur EU – und damit zur Europäischen Menschenrechtskonvention und der entsprechenden Judikatur – zum wohl wichtigsten Testfall dafür geworden, ob der Islam ohne Aufgabe seiner Prinzipien in einer säkularen Rechtsordnung seinen Platz finden kann.[31]

In dieser Hinsicht sehe ich sechs Herausforderungen für und Fragen an den Islam, welche hauptsächlich grundlegende Menschenrechte, aber auch die Anerkennung des säkularen Rechtsstaates überhaupt betreffen[32]: (1) Der ideale Staat fördert nach muslimischer Auffassung den Islam als wahre Religion. Kann für Muslime auch ein Staat, der alle Religionen gleich behandelt,

---

[29] Siehe die Länderbeispiele in: W. Ende / U. Steinbach (Hg): Der Isalm, a.a.O., 212–439. In Marokko hat König Mohammed VI. im Jahr 2003 den Anstoß zu einer Reform der Moudawana, des herkömmlichen Familien- und Frauenrechts, gegeben. Doch die Umsetzung des neuen Rechts stößt in der Praxis auf vielfältige (bürokratische) Hindernisse; siehe den Bericht von B. Stauffer in: NZZ vom 2.12.06.

[30] Siehe dazu den Beitrag von K. Binswanger in: W. Ende / U. Steinbach (Hg): Der Isalm, a.a.O., 212–220. In der heutigen Türkei begegnet freilich Atatürks Konzept eines säkularen Staates häufig in Gestalt eines ideologisch verhärteten, repressiven Kemalismus; siehe dazu den Bericht des türkischen Politikwissenschaftlers A. Yayla: Als ich Atatürk kritisierte, Südd. Zeitung Nr. 295 vom 22.12.2006, 2.

[31] Zur Frage der Legitimität eines religionsneutralen Staates in der Sicht des Islam siehe ausser Johansen, a.a.O., beispielsweise Abdullah A. An-Na'im: Toward an Islamic Reformation. Civil Liberties, Human Rights and International Law, Syracuse/NY 1990; G. Krämer: Gottes Staat als Republik. Reflexionen zeitgenössischer Muslime zu Islam, Menschenrechten und Demokratie, Baden-Baden 1999; C. L. Brown: Religion and State. The Muslim Approach to Politics, New York 2000. Johansen weist u.a. darauf hin, dass in der Zeit der Dekolonialisierung in der islamischen Welt sich viele Hoffnungen insofern auf den säkularen Staat richteten, als von diesem Religionsfreiheit und Nicht-Diskriminierung auch der Muslime erwartet werden konnten. Die Enttäuschung dieser Erwartung konnte dann umschlagen in Forderungen nach einer (Re-)Islamisierung der öffentlichen Ordnung.

[32] Siehe Chr. Lienemann-Perrin: Auseinandersetzungen um das neuzeitliche Menschenrechtsdenken im Islam, in: H. U. Germann u.a. (Hg): Das Ethos der Liberalität (FS Hermann Ringeling), Freiburg i.Ue. / Freiburg i.Br. / Wien 1993, 173–184. Ausführlicher zu diesen Fragen Johannes Schwartländer (Hg): Freiheit der Religion. Christentum und Islam unter dem Anspruch der Menschenrechte, Mainz 1993; H. Bielefeldt: Politisierte Religion, Frankfurt a.M. 1998.

grundsätzlich (und nicht nur zeitweise und notgedrungen) legitim sein? (2) Im Islam genießt vielfach die Gemeinschaft höheren Schutz als das Individuum. Können Muslime den (vorrangigen) Schutz von Individualrechten auch gegenüber Gemeinschaftsinteressen bejahen? (3) Der Islam kennt vielfache soziale Status- und Rechtsdifferenzierungen. Vermag er das menschenrechtliche Gleichheitsprinzip zu akzeptieren? (4) Im Islam ist zumindest traditionell die Frau dem Mann nach- oder untergeordnet. Können Muslime die rechtliche Gleichheit von Frauen und Männern anerkennen und durchsetzen, nicht zuletzt im Ehe- und Familienrecht? (5) Der Islam kennt zwar in Geschichte und Gegenwart religiöse Toleranz[33] – oft sehr viel großzügiger als das Christentum in seiner Geschichte –, aber der Abfall vom muslimischen Glauben bzw. ein Religionswechsel zu einem anderen Glauben wird im Allgemeinen streng abgelehnt und wurde früher vielfach mit der Todesstrafe geahndet. Vermögen Muslime den Wechsel zu einer anderen Religion zu tolerieren[34] und entsprechende Bestimmungen eines staatlichen Religionsrechtes zu akzeptieren? (6) Es gibt mitgliederstarke islamistische, orthodoxe Gruppen und Verbände, die für sich beanspruchen, allein den wahren Islam zu vertreten, und deshalb gegenüber anderen islamischen

---

[33] Vgl. hierzu A. Khoury: Toleranz im Islam, München-Mainz 1980. Khoury kommt im Blick auf den frühen Islam zu dem Ergebnis: «Für die Muslime, die schon gläubig geworden sind, gibt es also im Prinzip keine Religionsfreiheit. Der offizielle Islam erkennt hier die Freiheit des Gewissens nicht an. Er billigt dem Muslim die Möglichkeit nicht mehr zu, den einmal angenommenen Glauben weiter zu behalten oder aber abzulegen.» (30; vgl. auch 110–115) Khoury verweist auf die analoge Überzeugung des Thomas von Aquin hinsichtlich des Umgangs mit Ungläubigen und die spezielle Frage, ob man sie zum Glauben zwingen dürfe («*utrum infideles compellendi sint ad fidem*», STh II–II, q. 10, a. 8), mit dem schon von Augustinus entwickelten Ergebnis, dass zum Glauben, aufgrund des dafür erforderlichen freien Willensentschlusses, nicht gezwungen werden dürfe, wohl aber der Abfall vom Glauben zu verhindern sei («*ita accipere fidem est voluntatis, sed tenere iam acceptam est necessitatis*», ad 3).

[34] Zur umgekehrten Richtung einer Konversion zum Islam siehe die Untersuchungen von M. Wohlrab-Sahr: Konversion zum Islam in Deutschland und den USA, Frankfurt a.M./New York 1999; dies.: Konversion zum Islam in Deutschland und den USA – eine funktionale Perspektive, Konstanz 1998, 125–146. Wohl die meisten vitalen Religionen favorisieren die schon erwähnte asymmetrische Einbahnstraßenregel, es sei denn, dass das staatliche Religionsrecht auch die negative Religionsfreiheit zu gewährleisten vermag. Siehe zu Aspekten der Konversion auch die Beiträge zur Tagung der Societas Oecumenica von 2002: D. Heller (Hg): Bekehrung und Identität. Ökumene als Spannung zwischen Fremdem und Vertrautem, Frankfurt a.M. 2003.

Glaubensweisen, aber auch gegenüber jüdischer Religion und säkularen Weltanschauungen extrem intolerant sind. Sind Muslime bereit, den freiheitlichen Rechtsstaat gegen jeden Missbrauch der Religionsfreiheit – auch durch ihre Religionsgenossen – zu verteidigen?[35]

14. Das Gebot der religionsrechtlichen Parität, konkretisiert als Diskriminierungsverbot, verlangt als solches keine radikale Trennung von Staat und Religionen, sondern erlaubt durchaus, historisch gewachsene Verhältnisse und Überzeugungen zu respektieren, sofern dies ohne verfassungswidrige Eingriffe in Freiheitsrechte und ohne Diskriminierung von Personen und Gruppen möglich ist.

Menschenrechtsforderungen werden gelegentlich als Eingriffe in gewachsene kulturelle Traditionen empfunden und deshalb zurückgewiesen. Daran knüpfen sich häufig endlose Debatten über die so genannte Universalität und Partikularität von Menschenrechten. Wenn man die dabei oft zu beobachtenden höchst einseitigen Interessen aufdecken will, genügt es zu fragen, was denn die Opfer von Menschenrechtsverletzungen von der behaupteten Partikularität menschenrechtlicher Schutznormen halten. Die Antwort ist stets: Zum Schutz vor Menschenrechtsverletzungen braucht man universale und global durchsetzbare Rechtsnormen.

Unter dieser Voraussetzung sind freilich zahlreiche pragmatische Lösungen gerade im Religionsverfassungsrecht möglich, die einen Ausgleich zwischen unabdingbaren rechtlichen Prinzipien und historisch gewachsenen Besonderheiten erlauben, sofern grundsätzliche Schutzregeln vorbehaltlos respektiert werden. Religionsfreiheit und religionsrechtliche Parität erfordern ja keineswegs, alle Religionen, Kirchen und Konfessionen in jeder Hinsicht über einen Kamm zu scheren, sondern geben dazu Anlass, den jeweiligen Besonderheiten angemessen Rechnung zu tragen und Ungleiches durchaus auch ungleich, aber eben nicht diskriminierend zu behandeln. Zu den rechtsstaatlich nicht verhandelbaren Grundsätzen gehören sicher das Verbot

---

[35] Insbesondere im Blick auf die islamistische Milli-Görüs-Bewegung, die von dieser dominierte Dachorganisation «Islamrat» und nahestehende Gruppen, welche bisweilen nicht einmal zögern, in ihrer antisemitischen Propaganda auf das üble Verschwörungspamphlet der «Protokolle der Weisen von Zion» zurückzugreifen, muss entschieden bezweifelt werden, dass sie rechtsstaatliche Grundsätze bejahen. Siehe hierzu eingehend und differenzierend U. Spuler-Stegemann: Muslime in Deutschland, Freiburg i.Br. u.a. 1998, oder im Blick auf Beispiele, die an Praktiken von «Scientology» erinnern, C. Dantschke: Freiheit geistig-politischer Auseinandersetzung – islamistischer Druck auf zivilgesellschaftliche Akteure, in: Islamismus. Texte zur inneren Sicherheit, hg. vom Bundesministerium des Innern, Berlin 2004², 103–132.

jeder Beeinträchtigung an Leib und Leben, das Verbot des Glaubenszwanges, das Verbot von Zwangsverheiratungen und ähnliches. Gleichzeitig kann und soll der Rechtsstaat religiöse Lebensäußerungen schützen, die in kein anderes, ebenfalls geschütztes Rechtsgut eingreifen. So wird die Religionsfreiheit von Christen sicher nicht beeinträchtigt durch den Bau von Synagogen und Moscheen, und die Bevölkerung islamisch, hinduistisch oder buddhistisch geprägter Länder erleidet in ihrer Religionsfreiheit keinen Abbruch, wenn Kirchen gebaut werden, Glocken läuten, Sozialstationen eingerichtet werden oder ein Rundfunksender in religiöser Trägerschaft arbeitet. Ähnlich sollte man im Blick auf Schulen, Feiertage und religiöse Symbole argumentieren: Es gilt, den selbst bestimmten Formen der Religionsausübung so viele (gleiche) Freiheiten wie möglich zu garantieren und dort, wo Grundrechte gefährdet sind, so klar wie nötig Grenzen nach rechtsstaatlichen Prinzipien zu ziehen.

3. Chancen und Bewährungen der Religionsfreiheit im Rechtsstaat

15. Die Konzeption des Rechtsstaates stellt für alle autokratischen Herrscher und Systeme eine fundamentale Delegitimation und insofern eine politische Bedrohung dar.

Der europäisch geprägte Rechtsstaat ist vermutlich überall und vor allem dann, wenn er erkennbar allgemein anerkannten oder anerkennungsfähigen Prinzipien verpflichtet ist und nicht als Instrument von Machtpolitik fungiert, von großer Attraktivität. Wie ich zu zeigen versucht habe, muss ein freiheitliches Religionsrecht keine Religion in ihrem Bestand und in ihren Entwicklungsmöglichkeiten bedrohen, sondern ist vielmehr dazu geeignet, Religionen, Kirchen und Konfessionen (in grundsätzlich gleicher Weise) zu schützen und zu fördern. Als Kulturstaat hat der soziale Rechtsstaat geradezu auch einen Auftrag der Religionsförderung, sofern er sich dabei jeder Einmischung in die inneren Angelegenheiten von Religionen und Kirchen enthält.

Die Religionsfreiheit war in der europäischen Geschichte ein Motor und eine Grundgestalt des Schutzes menschlicher Freiheit gegenüber staatlichen, kirchlichen und (leider weit weniger) gegenüber gesellschaftlichen Machtbildungen und Freiheitsgefährdungen. In diesem Sinne steht die Religionsfreiheit, recht verstanden, stets im Bunde mit der (säkularen) freiheitlichen Kritik an Tyrannis und Despotismus. Eine wichtige Vorläufer-Gestalt der neuzeitlichen Idee der Menschenrechte war das Naturrecht. Es konnte, relativ zum jeweiligen soziopolitischen Kontext, konservative wie revolutionäre Wirkungen zeitigen, war aber grundsätzlich nie dazu geeignet, Unrechtsherrschaft zu legitimieren. Aufgrund dieser engen Verbindung eines freiheitlichen Religionsrechts mit den elementaren menschenrechtlichen Standards wirkt das Postulat der Religionsfreiheit tendenziell delegitimierend auf autokratische Regime. Diese Wirkung ist im Rückblick auf den Zerfall kommunistischer Herrschaftsgebilde in Europa nicht zu bestreiten, und nichts spricht dafür, dass andere Regime gegen diese Kraft auf Dauer gefeit wären. Religionsfreiheit und Meinungs- und Pressefreiheit stehen dabei allenthalben in einem engen Wechselverhältnis. Wo die Freiheit der Literatur und der Presse eingeschränkt und teilweise massiv bedroht ist, wie beispielsweise in Russland und zahlreichen arabischen Ländern, da scheint die Gefahr der politisch-ideologischen Instrumentalisierung der Religion und in eins damit die Bedrohung der Religionsfreiheit sehr groß zu sein.

16. Von vielen Religionen bzw. Religionsvertretern werden vor allem drei rechtsstaatliche Freiheitsgarantien als bedrohlich empfunden: (1) die Garantie negativer Religionsfreiheit, die das Recht des Religionswechsels notwendigerweise einschließt, (2) der Schutz individueller Freiheitsrechte im Blick auf kulturelle Traditionen, insbesondere im Bereich des Familien- und Eherechts, (3) die rechtlich garantierte Freiheit moralischer Überzeugungen und öffentlicher Kritik. In allen drei Bereichen handelt es sich um Freiheitsrechte, die auch die christlichen Kirchen bis weit ins 20. Jahrhundert nicht anerkannt haben.

Im Blick auf die Geschichte der meisten Kirchen der Christenheit muss vermerkt werden, dass sie bis weit ins 20. Jahrhundert keineswegs immer und überall als unübertreffliche Verteidiger der Menschenrechte in Erscheinung getreten sind. Doch wird man umgekehrt auch die großen Beiträge zu Natur- und Menschenrechten aus den Quellen der Christenheit nicht unter den Scheffel stellen wollen – ich erinnere nur an die Formationsphase des neuzeitlichen Menschenrechtsdenkens in der spanischen Barockscholastik des «Goldenen Zeitalters» und Autoren wie Francisco de Vitoria und Bartolomé de Las Casas, an die Impulse zur Abschaffung der Sklaverei und zur neuzeitlichen Friedensethik aus den Kreisen der vielfach verfolgten minoritären christlichen Gruppen oder an die Wurzeln mancher Oppositions- und Friedensbewegungen im 20. Jahrhundert. In diesem Zusammenhang ist mir aber nur ein einziger Gesichtspunkt wichtig: Die christlichen Kirchen können sich, bei Licht besehen, mit anderen Religionen gemeinsam als eine Art Lerngemeinschaft in Sachen Religionsfreiheit zu verstehen versuchen. Wenn das gelingen soll, haben die Vertreter aller Religionen, Kirchen und Konfessionen Lernprozesse zu durchlaufen und manche Nuss zu knacken und manche Kröte zu schlucken, aber in all dem zeichnet sich vielleicht die Einsicht ab, dass man Religionsfreiheit letztlich nur gemeinsam gewinnen und verteidigen kann.

17. Der Rechtsstaat europäischer Prägung garantiert grundsätzlich allen Menschen, Religionen und Weltanschauungsgemeinschaften das Recht der Religionsfreiheit – und das heißt eben: immer auch die Freiheit für die anderen.

Es geht immer wieder um das Gebot der strikten Gleichbehandlung der Religionen im Rechtsstaat, auch und oft im Vordergrund bezüglich religiöser Symbole und ihrer Verwendung in der Öffentlichkeit. Hiermit tun sich alle Religionen schwer. Wie steht es mit religiösen Symbolen in staatlichen Schulen? Es sind eben nicht nur Muslime, die mit dieser Konsequenz der Religionsfreiheit im religionsneutralen Staat Mühe haben, wie die seit vielen Jahren strittige Frage des Kruzifixes in Gerichtssälen[36] und die Auseinandersetzungen um «das Kopftuch» in Frankreich und Deutschland zeigen. Es sollte aber leicht einzusehen sein, dass einer Religion anzugehören und – vor allem – einem bestimmten Glauben anzuhängen, in einem freiheitlichen Rechtsstaat für jede Religion und ihre Anhänger nur ein Akt der Freiheit sein kann und darf. Nach reformatorischer Auffassung ist die Gewissensfreiheit nicht die subjektive Freiheit, nach Belieben schalten und walten oder nichts tun zu können, sondern die Freiheit, sich durch das Wort Gottes bestimmen und binden zu lassen, aber nur durch dieses und durch kein Menschenwort.[37] Und Toleranz ist nach evangelischem Verständnis nicht indifferente Koexistenz, sondern die Folge der «Erkenntnis von der Nichterzwingbarkeit des Glaubens»[38]. Der säkulare Staat, der vor diesem Zwang die Gläubigen aller Religionen schützt, ist eine *ordinatio Dei*. Luther hat diese *theologische* Legitimation des *weltlichen* Staates um Gottes und des Menschen willen in seiner Obrigkeitsschrift von 1523[39] eindrücklich begründet. Es heißt dort u.a.:

«Auch liegt für jeden seine eigene Gefahr darin, wie er glaubt, und er muss für sich selbst sehen, dass er recht glaube. Denn so wenig wie ein anderer für mich

---

[36] Die Problematik ist alt; vgl. schon E.-W. Böckenförde: Kreuze (Kruzifixe) in Gerichtssälen?, in: ZevKR 20 (1975) 119–147.

[37] Vgl. E. Wolf: Vom Problem des Gewissens in reformatorischer Sicht (1942), in: ders.: Peregrinatio. Studien zur reformatorischen Theologie und zum Kirchenproblem, München 1962², 81–112.

[38] E. Wolf: Toleranz nach evangelischem Verständnis (1957), in: ders.: Peregrinatio II. Studien zur reformatorischen Theologie, zum Kirchenrecht und zur Sozialethik, München 1965, 284–299, 297. Rainer Forst hat in dem der Reformation gewidmeten Kapitel seiner breit angelegten Studien zur Toleranz (Toleranz im Konflikt. Geschichte, Gehalt und Gegenwart eines umstrittenen Begriffs, Frankfurt a.M. 2003) zu Recht hier angeknüpft (153–172).

[39] WA 11, (229) 245–281; Studienausgabe (ed. H.-U. Delius), 3, (27) 31–71, bes. Teil 2 (51–62).

in die Hölle oder den Himmel fahren kann, so wenig kann er auch für mich glauben oder nicht glauben; und so wenig er mir Himmel oder Hölle auf- oder zuschließen kann, so wenig kann er mich zum Glauben oder Unglauben treiben. Weil es denn jedem auf seinem Gewissen liegt, wie er glaubt oder nicht glaubt, und weil damit der weltlichen Gewalt kein Abbruch geschieht, soll sie auch zufrieden sein und sich um ihre Sachen kümmern und so oder so glauben lassen, wie man kann und will, und niemanden mit Gewalt bedrängen. Denn es ist ein freies Werk um den Glauben, zu dem man niemanden zwingen kann. Ja, es ist ein göttliches Werk im Geist, geschweige denn, dass es äussere Gewalt erzwingen und schaffen sollte. Daher ist das allgemein verbreitete Wort genommen, das Augustin auch kennt: Zum Glauben kann und soll man niemanden zwingen.»[40]

Die Reformatoren haben diesen Grundsatz nicht nur im Verhältnis zu den Juden über weite Strecken komplett in den Wind geschrieben, sondern auch im Blick auf zahlreiche Abweichler und Dissidenten. Die moderne Religionsfreiheit wurde gegen die herrschenden Religionen erkämpft. Trotzdem können in dieser Einsicht des Verbotes jeden Glaubenszwanges heute viele Juden, Christen und Muslime übereinstimmen, auch wenn alle drei Gemeinschaften in ihrer Geschichte derartige Grundsätze mehr als dreimal verleugnet haben.[41] Dabei hat der Islam sich zeitweise durchaus als toleranter erwiesen als die Christenheit.[42] Freilich: manche Konsequenz des Grundsatzes, dass in Glaubenssachen Zwang schlechterdings nicht erlaubt sein kann, wird auch in der Gegenwart für viele Gläubige nur schwer zu akzeptieren

---

[40] Ebd. Studienausgabe, 54f (im modernen Deutsch der Luther-Auswahl von K. Bornkamm und G. Ebeling, Bd. 4, Frankfurt a.M. 1982, 63). Luther zitiert hier Augustin: «Ad fidem quidem nullus est cogendus invitus, sed per severitatem, imo et per misericordiam Dei, tribulationum flagellis solet perfidia castigari», Contra litteras Petiliani lib. 2, 83 (MPL 43, 315; CSEL 52, 112). Die Stelle hat Eingang gefunden in das Corpus Iuris Canonici: Decr. sec. pars, c. 23, q. 5, 33 (Ausgabe Friedberg Bd. 1, 939).

[41] Dass die Reformatoren gegenüber den Juden und den «Türken» diese Position nicht durchgehalten haben, ist bekannt; siehe nur H. A. Oberman: Wurzeln des Antisemitismus. Christenangst und Judenplage im Zeitalter von Humanismus und Reformation, Berlin 1981. Zur Debatte über Häretiker vgl. G. Seebass: An sint persequendi haeretici? Die Stellung des Johannes Brenz zur Verfolgung und Bestrafung der Täufer, in: Blätter für Württembergische Kirchengeschichte 70 (1970) 40–99.

[42] Siehe dazu A. Khoury: Toleranz im Islam, München-Mainz 1980. Zum Verhältnis Islam – Judentum vgl. auch B. Lewis: Die Juden in der islamischen Welt. Vom frühen Mittelalter bis ins 20. Jahrhundert (zuerst 1984), deutsche Übersetzung Liselotte Julius, München 1987.

sein. Gleichwohl ist Frieden zwischen Religionen und ihren Anhängern nur dann möglich, wenn in Sachen des Glaubens kein Zwang geübt wird und der weltliche Staat diesen Schutz zuverlässig garantiert.

18. Der Rechtsstaat europäischer Prägung setzt für das Grundrecht der individuellen und kollektiven Religionsfreiheit diejenigen Schranken, die für den Bestand des Rechtsstaates und damit für die Garantie der Menschenrechte unabdingbar sind. Er scheint dabei grundsätzlich in der Lage zu sein, einer Vielzahl kultureller wie religiöser Orientierungen und unterschiedlichen Lebensweisen Raum zu bieten und den Rahmen für Lösungsmöglichkeiten von Kulturkonflikten zu sichern.

Die Attraktivität der Idee des Rechtsstaates nimmt für viele Menschen vermutlich in dem Maße ab, wie die Durchsetzung rechtsstaatlicher Grundsätze als einseitig, diskriminierend oder als Bedrohung gewachsener kultureller Lebensformen empfunden wird. Dies ist dann der Fall, wenn Formen religiösen Lebens in der Öffentlichkeit ohne Not reglementiert, erschwert oder unmöglich gemacht werden.

Die Idee des Rechtsstaats gewinnt vermutlich genau in dem Maße an Attraktivität, in dem deutlich wird, dass es einerseits um den Schutz elementarer, unverzichtbarer Rechte aller Menschen geht, besonders derjenigen Menschen, die sich selbst nicht hinreichend schützen können, und dass andererseits der Schutz und die Anerkennung der frei gewählten Lebensweise der Menschen und insbesondere ihrer Religionsübung zuverlässig gewährleistet wird.

Der Rechtsstaat erzwingt keine homogenen religiösen, kulturellen und sittlichen Lebensorientierungen und Handlungsweisen, sondern ermöglicht einen keineswegs konfliktfreien Pluralismus von Überzeugungen, Einstellungen und Lebensentwürfen. Er muss und wird diesem Pluralismus aber Grenzen setzen, deren innerer Kern heute durch den Schutz der Menschenrechte für jede Person bestimmt ist.

IV. TEIL

RELIGIONSFREIHEIT IM BLICK AUF DEN RELIGIONSUNTERRICHT

Katharina Frank

Religionsunterricht und Religionsfreiheit. Religionswissenschaftliche Überlegungen zur Einrichtung des obligatorischen «Religion und Kultur»-Unterrichts im Kanton Zürich

In einem ersten Teil des Beitrags werden die Herausforderungen der multireligiösen gesellschaftlichen und schulischen Situation beschrieben und Unterrichtsmodelle präsentiert, die derzeit als mögliche Formen schulischer Religionsvermittlung gehandelt werden. Zur Ergänzung dieser auf akademischer und politischer Ebene geführten Diskussion gibt der zweite Teil einen Einblick in die schulische Religionsunterrichtspraxis. Empirische Forschungsdaten zeigen, wie Lehrerinnen und Lehrer angesichts der religiös heterogenen Klassenzusammensetzungen und ungeachtet der sich ständig verändernden Richtlinien Religion vermitteln. Im dritten Teil des Beitrags werden die Ausbildung zum «Religion und Kultur»-Lehrer sowie eine erste Fassung des Lehrplans vorgestellt und aufgrund der eingangs beschriebenen Modelle und der Erkenntnisse aus den Unterrichtsbeobachtungen diskutiert.

1. Aktuelle Problemlage und Religionsunterrichts-Modelle als Lösungsansätze

Unsere Gesellschaft präsentierte sich in den vergangenen Jahren soziokulturell immer vielfältiger. Die Zahl der Menschen ohne Religionszugehörigkeit und die Zahl der Menschen mit nichtchristlicher Orientierung haben sich von 1990 bis 2000 fast verdoppelt.[1] Die Zahlen der nichtchristlich-religiösen und säkularen Orientierungen sind in der Altersgruppe der 7- bis 16-Jährigen, d.h. der Volksschüler, schätzungsweise noch zwei- bis dreimal höher. Die beiden jüngsten, groß angelegten Schweizer Religionsstudien «Zwei Gesichter der Religion» (Campiche, 2004) und «Jeder ein Sonderfall» (Campiche / Dubach, 1993) zeigen zudem, wie ausgeprägt die Individualisierung im Religionsbereich ist. Auch qualitative religionswissenschaftliche

---

[1] Vgl. BfS Volkszählung 1990 und 2000: http://www.bfs.admin.ch/bfs/ portal/de/index/themen/01/05.html, Stand: 12.9.06.

Untersuchungen[2] weisen darauf hin, dass es innerhalb der christlichen Tradition neue Typen von Religiosität gibt, die nicht mehr mit den üblichen Items von Kirchgang und Gebet zu erfassen sind. Auch bei nichtchristlichen religiösen Traditionen lassen sich zunehmend individuell gestaltete Formen von Religiosität feststellen.[3] Bei einem Religionsunterricht an der öffentlichen Schule sind demnach Kinder und Jugendliche zu berücksichtigen, die entweder gar nicht religiös sozialisiert, nichtchristlich-religiös sozialisiert oder sehr individuell religiös sozialisiert sind. Des Weiteren ist zu bedenken, dass auch Kinder und Jugendliche die öffentliche Schule besuchen, die nicht christlich-religiös oder nicht religiös sein wollen.

Die Bundesverfassung der schweizerischen Eidgenossenschaft trägt diesem Umstand Rechnung und formuliert in Art. 15 Abs. 3 und 4 bezüglich des Religionsunterrichts sowohl eine positive als auch eine negative Religionsfreiheit: «Jede Person hat das Recht, [...] religiösem Unterricht zu folgen (Abs. 3); niemand darf gezwungen werden, [...] religiösem Unterricht zu folgen. (Abs. 4).»

Als Reaktion auf diese rechtlichen Rahmenbedingungen und die aktuelle weltanschaulich plurale Problemlage werden von den betroffenen Bildungsinstanzen verschiedene Lösungsansätze verfolgt:

a) ein bekenntnisgebundener Religionsunterricht auch für nichtchristliche Religionsgemeinschaften,
b) ein interreligiöser Unterricht,
c) ein religionskundlicher Unterricht.

a) Der bekenntnisgebundene Religionsunterricht auch für nichtchristliche Religionsgemeinschaften:

Wenn die Gesellschaft religiös pluraler wird, liegt es nahe, auch andere als christlich-bekenntnisgebundene Religionsunterrichte an der öffentlichen Schule einzurichten.

Charakteristika dieses Modells sind folgende:
-    Im Zentrum des Unterrichts steht eine bestimmte Religion.

2   Vgl. W. Gebhardt / M. Engelbrecht / Chr. Bochinger: Die Selbstermächtigung des religiösen Subjekts. Der «spirituelle Wanderer» als Idealtypus spätmoderner Religiosität, in: ZfR 13 (2005) 133–151; E. Franke: Die Göttin neben dem Kreuz, Marburg 2002; M. Wohlrab-Sahr / U. Karstein / Chr. Schaumburg: «Ich würd' mir das offenlassen». Agnostische Spiritualität als Annäherung an die «große Transzendenz» eines Lebens nach dem Tode, in: ZfR 13 (2005) 153–173.
3   Vgl. G. Klinkhammer: Moderne Formen islamischer Lebensführung, Marburg 2000.

- Die Religionslehrer werden innerhalb der jeweiligen Religionsgemeinschaft rekrutiert und ausgebildet, der sie in aller Regel auch angehören müssen.
- Der Unterricht ist freiwillig, in erster Linie bestimmt für Kinder, deren Eltern wollen, dass eine religiöse Erziehung in einer bestimmten Religion stattfindet.
- Werden andere Religionen thematisiert, geschieht dies aus der Sicht derjenigen religiösen Tradition, die im Zentrum des Unterrichts steht.

In Deutschland ist dieses Modell im Grundgesetz verfassungsrechtlich verankert, doch gibt es erst neuerdings Schulversuche, die darauf abzielen, es auch auf den Islam auszuweiten. In der Schweiz hat Luzern den Weg der Einrichtung eines islamischen Religionsunterrichts schon früh beschritten. Das Pilotprojekt auf der Primarstufe in Ebikon und Kriens (Schuljahr 2002/03) wurde im Jahr 2004 ausgewertet.[4] Der Evaluationsbericht kommt in vielen Teilen zu einem positiven Schluss und attestiert dem islamischen Religionsunterricht ein hohes Integrationspotenzial. Verbessert werden müsste aus der Sicht des Berichts allerdings die Informationspolitik; die Ängste in der Bevölkerung dem Islam ganz allgemein gegenüber seien noch groß. Eine Zusammenarbeit zwischen islamischen und christlichen Religionslehrerinnen und -lehrern auf der Aus- bzw. Weiterbildungsebene wird begrüsst.

b) Der interreligiöse Unterricht

Ein zweiter Weg, der vorgeschlagen wird, ist die Einrichtung eines interreligiösen Unterrichts. Interreligiöses Lernen, interreligiöser Dialog, interreligiöser Unterricht werden immer häufiger als Lösungsansätze für die Bewältigung von religiös komplexen Problemlagen gehandelt. Es gibt mittlerweile fast unüberschaubar viele Publikationen dazu. Manche staatlichen Bildungsinstitutionen favorisieren den interreligiösen Unterricht angesichts der zunehmenden kulturellen Heterogenität in Schule und Gesellschaft – an vorderster Stelle England, das sich durch die Commonwealth-Situation schon früher als Kontinentaleuropa mit der multireligiösen Schule auseinandersetzen musste.[5] In Deutschland ist es vorab die öffentliche Schule in Hamburg,

---

4   Vgl. Swiss Academy for Development: Islamischer Religionsunterricht im Schulhaus. Ein Projekt in Kriens und Ebikon. Ein Evaluationsbericht, Biel/ Bienne 2004: www.islam-luzern.ch/evaluationsbericht_internet_def.pdf, Stand: 15.5.06.
5   Vgl. z.B. A. Seamans Vortrag «Learning about and Learning from Religion: The Challenges and Possibilities of Multi-Faith Religious Education in England,:

die einen interreligiösen Unterricht als «Religionsunterricht für alle» zu realisieren versucht.[6]

Charakteristika des interreligiösen Modells sind folgende:

- «Religion» und «Religiosität» sind positiv besetzt; sie werden als kulturelle bzw. als anthropologische Konstante verstanden, wobei die Ausrichtung an einer bestimmten religiösen Tradition offen gelassen werden soll. Damit zusammenhängend wird – in Analogie zu anderen Fähigkeiten des Menschen – eine religiöse Entwicklung im Verlauf der Ontogenese postuliert.[7]

- Das Modell unterscheidet «Eigenes» und «Fremdes», wobei neuere Ansätze in Analogie zum interkulturellen Lernen[8] von einer möglichen religiösen Differenz auch innerhalb einer bestimmten Tradition sprechen[9].

- Der Unterricht soll Identifikationen mit religiösen Elementen verschiedener Traditionen ermöglichen. Ob sich die Schüler mit einem bestimmten Element identifizieren möchten oder nicht, bleibt ihnen überlassen.[10]

Anhörung von Experten zu einem neuen ‹Religion und Kultur›-Unterricht im Kanton Zürich, organisiert von Jürgen Oelkers», 16.12.02, Zürich, http://www.paed. unizh.ch/ Stand: 1.3.03.

[6]   Hierzu liegen etliche Publikationen vor, vgl. bspw. W. Weisse / F. Doedens (Hg): Religionsunterricht für alle. Hamburger Perspektiven zur Religionsdidaktik, Münster 1997; W. Weisse / F. Doedens (Hg): Religiöses Lernen in einer pluralen Welt. Religionspädagogische Ansätze in Hamburg, Münster 2000.

[7]   Als Grundlage dafür wird oft herangezogen: F. Oser / P. Gmünder: Der Mensch. Stufen seiner religiösen Entwicklung. Ein strukturgenetischer Ansatz, Gütersloh 1988. Vgl. u.a. die Rezeption dieses Ansatzes in den Religionslehrmitteln des Kantons Zürich.

[8]   Als Paradigmen interkulturellen Lernens beschrieben von der Schweizer Pädagogin C. Allemann-Ghionda, in: dies.: Schule. Bildung und Pluralität. Sechs Fallstudien im europäischen Vergleich, Bern 1999, 487.

[9]   So z.B. B. Asbrand: Zum Verhältnis zwischen interreligiösem, interkulturellem, ökumenischem und globalem Lernen, in: P. Schreiner u.a. (Hg): Handbuch Interreligiöses Lernen, Gütersloh 2005, 268–281, 275.

[10] Vgl. Asbrand, Verhältnis zwischen interreligiösem, interkulturellem Lernen, a.a.O.; auch W. Weisse / F. Doedens: Religionsunterricht für alle, a.a.O., 55.

- Zum interreligiösen Modell gehört auch, dass der Lehrer seine eigene religiöse Einstellung offen legt.[11] Dabei wird vorausgesetzt, dass er selbst in der einen oder anderen Form religiös ist.
- Der interreligiöse Unterricht versteht sich als Religionsunterricht für sämtliche Schülerinnen und Schüler einer Klasse.

Ein solcher Unterricht bedingt als propädeutischen Vorlauf die Darstellung, das Kennenlernen religiöser Traditionen.[12] Er bleibt jedoch nicht bei diesem Auftrag stehen, sondern beansprucht als Lerneffekt auf der Schülerseite die Einfühlung in «den anderen» oder «das andere» und will damit die Verständigung fördern. Dieses Hineinfühlen und -denken soll die eigene religiöse Orientierung fördern.[13]

Ob dieses Modell letztlich nicht doch ein (christlich-)konfessionelles Modell von Religionsunterricht ist, bleibe hier dahingestellt.[14] Immerhin lässt sich beobachten, dass die Forderung von Seiten nichtchristlicher Religionsgelehrter, an der Ausarbeitung interreligiöser Lehrkonzepte zu partizipieren, zunehmend Gehör findet. Auf der anderen Seite wird aus christlicher Binnensicht das «interreligiöse Lernen» kritisch gesehen, ein neues Verständnis von Interreligiosität zeichnet sich ab.[15]

c) Der religionskundliche Unterricht

Der religionskundliche Unterricht ist ein weiteres Modell, um der religiösen Heterogenität in den Schulzimmern und der Gesellschaft zu begegnen. Seitens der Theologie, aber auch der Religionswissenschaft gibt es erst wenige und auch divergierende Vorstellungen davon, was Religionskunde ausmacht,

---

11 Vgl. B. Asbrand: Zusammen Leben und Lernen im Religionsunterricht. Eine empirische Studie zur grundschulpädagogischen Konzeption eines interreligiösen Religionsunterrichts im Klassenverband der Grundschule, Frankfurt a.M. 2000.

12 Vgl. W. Weisse / F. Doedens: Religionsunterricht für alle, a.a.O., 18.

13 W. Weisse / F. Doedens: Religionsunterricht für alle, a.a.O., 26, sowie R. Schlüter: Methoden interreligiösen Lernens: Grundsätzliche Überlegungen, in: P. Schreiner u.a. (Hg): Handbuch Interreligiöses Lernen, a.a.O., 556–566.

14 Vgl. dazu Chr. Bochinger: Zwischen Begegnung und Vereinnahmung. Interreligiöses Lernen in religionswissenschaftlicher Perspektive, in: PrTh 38 (2003) 86–96.

15 Vgl. verschiedene Beiträge in: R. Bernhardt / P. Schmidt-Leukel (Hg): Kriterien interreligiöser Urteilsbildung, Zürich 2005.

welche Ziele sie verfolgt und was sie leisten kann.[16] Was aus heutiger religionswissenschaftlicher Sicht auf alle Fälle feststeht:

- Der religionskundliche Unterricht versteht sich nicht als «reine Information über Religionen» oder als «Ethikunterricht».
- Er versteht sich auch nicht als religionsphänomenologische Präsentation von Religionen, wie sie oft im propädeutischen Vorlauf des interreligiösen Modells eingesetzt wird.
- Zwar stehen die Darstellung und das Kennenlernen von Religionen im Vordergrund. Wichtig ist aber auch, wie diese Kenntnisse beschafft werden, wie sie einzuordnen und wie sie zu systematisieren sind. Lernziel ist nicht nur das Wissen über verschiedene religiöse Traditionen, sondern ebenso die kommunikative Kompetenz in einer multireligiösen Gesellschaft.
- Religionen werden als kulturelle Phänomene betrachtet. Der religionskundliche Unterricht geht von der Prämisse aus, dass Menschen – empirisch gesehen – nicht notwendigerweise religiös sind. Menschen, die von sich sagen, sie seien nicht religiös, werden nicht als «un- oder unterentwickelt» betrachtet. [17]
- Im Unterschied zum interreligiösen Unterricht wird das Dargestellte bewusst nicht mit der weltanschaulichen oder religiösen Orientierung der Schülerinnen und Schüler verknüpft.
- Die Lehrer selbst müssen keiner Religion oder keiner bestimmten Religion angehören, um das Fach zu erteilen. Sie legen ihre religiöse Einstellung genauso wenig dar wie die Schüler, sondern nehmen diese zurück.

Dieses Modell ist am ehesten im «R» von LER, «Lebensgestaltung, Ethik und Religionskunde» im deutschen Bundesland Brandenburg umgesetzt.

---

[16] Bei der folgenden Beschreibung halte ich mich an verschiedene Beiträge aus: K. E. Grözinger / B. Gladigow / H. Zinser: Religion in der schulischen Bildung und Erziehung. LER – Ethik – Werte und Normen in einer pluralistischen Gesellschaft, Berlin, 1999; sowie teilweise an: W. Edelstein / K. E. Grözinger u.a. (Hg): Lebensgestaltung – Ethik – Religionskunde. Zur Grundlegung eines neuen Schulfachs, Analysen und Empfehlungen, Weinheim 2001.

[17] Vgl. z.B. A. Nassehis Kritik an Luckmanns «unsichtbarer Religion»: «Der Schluss von Religion auf Biographie ist umgekehrt, von Biographie auf Religion nicht möglich» (in: Religion und Biographie. Zum Bezugsproblem religiöser Kommunikation in der Moderne, in: K. Gabriel [Hg]: Religiöse Individualisierung oder Säkularisierung? Biographie und Gruppe als Bezugspunkte moderner Religiosität, Gütersloh 1996, 41–56, 53).

Neuerdings wird auch in der Schweiz ein religionskundliches Modell von Religionsunterricht verfolgt: Der Kanton Zürich wird ab dem Schuljahr 2007/2008 einen «Religion und Kultur»-Unterricht einführen und bildet dafür an der Pädagogischen Hochschule und der Universität Lehrerinnen und Lehrer aus.[18] Ich komme im dritten Teil des Aufsatzes darauf zurück.

Das religionskundliche Modell wird von verschiedenen Seiten kritisiert: Von Seiten mancher Religionsangehöriger sieht sich die Religionskunde immer wieder mit der Frage konfrontiert, ob «Religion» denn tatsächlich wie ein anderes Schulfach unterrichtet werden kann.[19] Es wird geltend gemacht, dass es dabei doch gerade um das Existentielle, das «Unbedingte» (Tillich) geht. Religion habe an und für sich etwas Werbendes, etwas Gewinnendes, das eine Antwort des Menschen verlange. In der Tradition der Religionskritik wird diese Aussage negativ gewendet: Religion habe an und für sich etwas Vereinnahmendes und Knechtendes, das im Interesse einer aufgeklärten Humanität Abweisung oder Überwindung erfordere. Bei aller Gegensätzlichkeit sind beide Einschätzungen dadurch miteinander verbunden, dass sie die Normativität der Religionsthematik ins Zentrum stellen und ein nicht-normatives Modell des Religionsunterrichts für undurchführbar halten. Dem religionskundlichen Unterricht mit seinem Anspruch auf Bekenntnis-Unabhängigkeit wird aus diesen beiden Perspektiven daher häufig eine eigene, geheime Normativität unterstellt, die auf eine Relativierung religiöser bzw. humanistischer Werte hinauslaufe. Die Religionsthematik, und damit auch der Religionsunterricht, können also oft nicht anders als in normativer oder positioneller Perspektive gedacht werden.

2. Die Religionsunterrichts-Praxis und Erkenntnisse aus den empirischen Forschungsdaten

Wie geschieht die Vermittlung von Religion nun aber tatsächlich in der schulischen Praxis, wo häufig schneller, als es die Leitbilder und Konzepte vorsehen, auf neue Problemlagen reagiert werden muss? Wie so oft bei gesellschaftlichen Veränderungen hinken nicht nur die wissenschaftlichen Debatten, sondern auch politische – in diesem Fall schulpolitische – Maßnahmen und die rechtliche Situation der Praxis zeitlich hinterher. In einem

---

[18] Zur Geschichte des neuen Schulfaches «Religion und Kultur», vgl. R. Kunz / M. Pfeiffer u.a. (Hg): Religion und Kultur – ein Schulfach für alle?, Zürich 2005.

[19] Vgl. etwa F. Schweitzer: «Religion für alle» – ein religionspädagogischer Kommentar, in: R. Kunz / M. Pfeiffer u.a. (Hg): Religion und Kultur, a.a.O., 161ff.

empirischen Forschungsprojekt habe ich deshalb, unabhängig von den oben skizzierten Modellen des Religionsunterrichts, untersucht, wie Religion in der Schule faktisch gelehrt wird.

Das Dissertationsprojekt greift die schon vor ein paar Jahren aktuelle und gesellschaftspolitisch brisante Frage auf, ob es in den Religionslektionen der heutigen Volksschule eher um eine «Identifikation» mit oder um eine «Distanzierung» von Religion geht. Im Zentrum meiner Untersuchung standen die Unterrichtsbeobachtungen. Die Studie beschränkte sich auf Lehrerinnen und Lehrer, die den gesamten schulischen Unterricht erteilten, also nicht Religionsfachlehrer waren. Es wurden Unterrichtsstunden in diversen Deutschschweizer Kantonen und auch in Deutschland beobachtet. Die «Grounded Theory»[20] bestimmte das Vorgehen und das Auswertungsparadigma. Die Lektionen wurden laufend analysiert. Aufgrund der Analyse konnten neue, kontrastierende Fälle erhoben werden, bis sich die Unterrichtssequenzen in Bezug auf die generierten Kategorien zu wiederholen begannen. Ich erkannte bald, dass der Lehrplan in der Unterrichtspraxis kaum eine Rolle spielte. Die Lehrerinnen und Lehrer reagierten auf die neue, religiös heterogene Situation vielmehr aufgrund eigener Überlegungen und Einschätzungen. Bei den kurzen Gesprächen deuteten die meisten Lehrerinnen und Lehrer an, dass sie sich bei der Planung und Durchführung des Unterrichts in Bezug auf die Auswahl der Inhalte und die Art der Vermittlung unsicher fühlten. Nur diejenigen Lehrkräfte, die sich selbst als sehr verankert im christlichen Glauben bezeichneten, waren sich ihrer Didaktik sicher.[21]

Die Unterrichtssequenzen laufen alle nach demselben Muster ab: Zuerst stellt die Lehrperson einen Gegenstand aus einer religiösen Tradition vor, sei dies eine Geschichte, eine Glaubensvorstellung, eine Verhaltensregel, ein Ritual, das Leben eines Religionsangehörigen. Danach bildet sie diesen «Ge-

---

[20] Zur Durchführung vgl. H. Knoblauch: Qualitative Religionsforschung, Paderborn 2003; und J. Corbin / A. L. Strauß: Grundlagen qualitativer Sozialforschung, Weinheim 1996; zur Methodologie der «Grounded Theory» vgl. J. Strübing: Grounded Theory. Zur sozialtheoretischen und epistemologischen – Fundierung des Verfahrens der empirisch begründeten Theoriebildung, Wiesbaden 2004.

[21] Dieses Resultat aus den Gesprächen wurde in einer groß angelegten Umfrage bei Primarlehrerinnen und -lehrern, in gewisser Weise bestätigt. Rafael Walthert stellte in seiner quantitativen Studie fest, dass Lehrkräfte mit einer exklusiv-christlichen Orientierung vorab das Christentum als Unterrichtsziel angeben: Religion im Lehrberuf. Die Religiosität von Mittelstufelehrerinnen und -lehrern und ihr Bezug zum Religionsunterricht, Lizentiatsarbeit am Soziologischen Institut, Zürich, November 2004, unveröffentlicht.

genstand» auf ein Bezugssystem ab resp. leitet die Schüler dazu an, diesen Gegenstand auf dem Hintergrund einer bestimmten Bezugsfolie zu sehen.[22]

Bei der Analyse der Figur-Bezugssystem-Einheiten, d.h. der einzelnen Unterrichtssequenzen, zeigte sich, dass die Hintergründe oder Bezugssysteme, auf welche die religiösen Gegenstände abgebildet werden, unterschiedlicher Art sind. Sie lassen sich in drei verschiedene Typen einteilen: ein dogmatisches Bezugssystem, ein lebensweltliches Bezugssystem und ein kulturkundliches Bezugssystem.

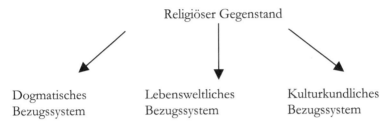

Religiöser Gegenstand

Dogmatisches Bezugssystem   Lebensweltliches Bezugssystem   Kulturkundliches Bezugssystem

Beim dogmatischen Bezugssystem wird ein religiöser Gegenstand auf die Lehre einer bestimmten religiösen Tradition, z.B. des Christentums, bezogen. Ein Lehrer stellte die biblische Geschichte von Noah in einer für Kinder aufbereiteten, christlichen Nacherzählung vor, berichtete von Noahs Trunkenheit, seiner Reue und der darauf folgenden «Zwiesprache mit Gott». Er kommentierte diese Szene mit der Bemerkung, dass «einem» verziehen wird, würde man «Gott um Vergebung bitten». Der Lehrer gab die christlich-traditionelle Bezugsfolie dieser Szene also vor und benutzte sie im Sinne einer religiösen Unterweisung.

Beim lebensweltlichen Bezugssystem geht die Lehrperson ebenfalls von einem religiösen Gegenstand aus. Sie interpretiert den Gegenstand aber nicht auf der Folie einer bestimmten Lehre, sondern fordert die Schülerinnen und Schüler auf, diesen Gegenstand mit ihrer persönlichen Lebenswelt in Verbindung zu bringen. In einer Unterrichtssequenz zu den griechischen Göttern z.B. mussten die Schülerinnen und Schüler sich ihren eigenen Gott, der für sie eine Bedeutung hat, ausdenken, eine Zeichnung dazu anfertigen

---

22 Die Begriffe «Figur/Gegenstand» und «Grund/Bezugssystem» wurden in Analogie zur Wahrnehmungs- und Gestaltpsychologie gewählt. Diese zeigt auf, dass sich der Gegenstand scheinbar verändert, je nach Hintergrund oder Bezugssystem, auf welches der Gegenstand projiziert wird. Im Bewusstsein des Betrachters ist dann meistens nur der Gegenstand selbst.

und diese erläutern. Dabei zeigte sich in aller Vielfalt, wie die Kinder religiöse Inhalte in ihre je eigene Lebenswelt integrierten.

Auch beim kulturkundlichen Unterricht werden religiöse Gegenstände vorgestellt. Hier wird eine traditionelle Geschichte oder ein Ritual jedoch in den entsprechenden historischen oder sozialen Kontext gestellt, eventuell auch über ihren funktionalen Aspekt mit anderen vergleichbaren Gegenständen in Verbindung gebracht. Nach der Darstellung einer indianischen Schöpfungsgeschichte und deren Kontextualisierung bei den Lakota z.B. hat ein Schüler selber den Vergleich mit Weltentstehungsgeschichten anderer Traditionen angeregt.

Diese Bezugssystem-Typologie wurde induktiv, d.h. aus den beobachteten Unterrichtssequenzen heraus entwickelt. In einem nächsten Auswertungsschritt wurde sie mit bestehenden, in der Literatur beschriebenen Religionsdidaktiken in Verbindung gebracht.

Beim ersten Typus, bei dem der Lehrer vorgibt oder dazu anleitet, wie eine Geschichte zu verstehen ist, wie sie bspw. hermeneutisch oder ethisch erschlossen wird, handelt es sich um eine Didaktik, wie sie in der religiösen Unterweisung und zwar nicht nur in der christlichen, sondern auch in der islamischen oder jüdischen Unterweisung praktiziert und reflektiert wird.[23]

Beim zweiten Typus geht es um eine Religionsdidaktik, die in der europäischen christlichen Religionspädagogik seit ein paar Jahrzehnten zunehmend an Bedeutung gewonnen hat und unter den Stichworten «problemorientiertes Lernen» und «Korrelationslernen» in der Literatur auftaucht. Auch die islamische Religionsdidaktik europäischer Prägung entdeckt zunehmend den pädagogischen Wert der Verbindung von koranischen Geschichten und der Lebenswelt der Schüler.[24] Stärker in den Vordergrund getreten ist gegenüber den vergangenen Jahrzehnten bei diesem didaktischen Ansatz die Biographie des einzelnen Kindes oder Jugendlichen.[25] Hans Georg Ziebertz beschreibt in einem Religionsdidaktik-Leitfaden das biographische Lernen im Religionsunterricht als «Aufgabe, die Biographie der Schülerinnen und Schüler in den Blick zu nehmen und ihnen zu helfen, ihre eigene Biographie in die Hand zu nehmen und in den Zuspruch Gottes zu stellen, gerade auch

---

[23] Vgl. bspw. G. Hilger / S. Leimgruber / H. G. Ziebertz (Hg): Religionsdidaktik. Ein Leitfaden für Studium, Ausbildung und Beruf, München 2001.

[24] Vgl. R. Müller: Islamische Perspektiven zum interreligiösen Lernen, in: Schreiner u.a. (Hg), Handbuch Interreligiöses Lernen, a.a.O, 142–148.

[25] Vgl. jüngste Veröffentlichen bspw.: M. Bahr / U. Kropac / M. Schambeck: Subjektwerdung und religiöses Lernen. Für eine Religionspädagogik, die den Menschen ernst nimmt, München 2005.

190

im Einbezug «fremder» Biographien aus der biblischen Überlieferung und der Geschichte der Menschen»[26]. Unterrichtssequenzen, bei denen der Lehrer die Schüler auffordert, einen religiösen Gegenstand in Form einer religiösen Frage, eines Symbols, einer ganzen Geschichte usw. auf ihre eigene Lebenswelt zu beziehen, tangieren die Biographie der Schüler. Hier wird religiöse Sprache für die individuelle Lebensgeschichte und Lebenswelt der Schüler eingesetzt.[27]

Beim dritten Typus werden ebenfalls religiöse Geschichten, Rituale, Einstellungen und dergleichen vorgestellt. Sie werden dann jedoch auf einen kulturkundlichen Hintergrund bezogen; das heißt, sie werden in einen historischen oder ethnographischen Zusammenhang gestellt. Gott, Götter, Fragen nach dem Leben nach dem Tod, usf. werden nicht als solche gedeutet, diskutiert, für die Orientierung aller auf eine bestimmte Weise ausgelegt oder für die Lebenswelt der Schülerinnen und Schüler fruchtbar gemacht, sondern sie werden als «Produkte» von Menschen behandelt. Es wird gefragt, wie diejenigen Menschen, die solche religiösen Fragen, Vorstellungen und Geschichten als lebensorientierend verstehen, diese deuten. Mit anderen Worten: Höhere Mächte, religiöse Rituale, Bekenntnisse werden auf das Soziale reduziert[28], auf Menschen, die glauben und praktizieren.[29] Es geht bei diesem didaktischen Typus darum, die Menschen und Gruppen, für die «Gott» oder eine religiöse Geschichte eine Wirklichkeit ist, aus ihrem Kontext heraus zu verstehen und nicht einen Gott selber oder einen Text, in dem ein Gott vorkommt, zu verstehen oder an die Lebenswelt der Schülerinnen und Schüler anzubinden.

Hierin liegt ein deutlicher Unterschied zu den beiden ersten Typen: Bei ihnen handelt es sich um «religiöse Kommunikation». Lehrpersonen und Schüler sprechen von und über Gott, von etwas Höherem, von etwas Transzendentem als einer Wirklichkeit. Das Transzendente wird dargelegt, erörtert, diskutiert und kommuniziert – auch wenn es sich im Sinne Luck-

---

[26] Vgl. H. G. Ziebertz: Biographisches Lernen, in: G. Hilger / S. Leimgruber / H. G. Ziebertz (Hg): Religionsdidaktik, a.a.O., 349–360, 349.

[27] Damit wird – gemäss Nassehi – die Individualität der Individuen zum dominanten Bezugsproblem von Religion; in: K. Gabriel: Religiöse Individualisierung, a.a.O., 52.

[28] Vgl. dazu G. Kehrer: Einführung in die Religionssoziologie, Darmstadt, 1988, 1–27.

[29] Vgl. Chr. Bochinger: Religionswissenschaft, in: M. Roth: Leitfaden Theologiestudium, Göttingen, 2004, 183–216.

manns um kleine und mittlere Transzendenzen handelt[30], um das, was den einzelnen Schülerinnen und Schülern und nicht einer bestimmten Tradition «heilig» ist.

Der dritte Typus entspricht einer Kommunikation, wie sie vom Geschichts- oder Geographieunterricht[31] her bekannt ist: Es geht hier um die Wietergabe sozial oder wissenschaftlich validierten Wissens[32], um das Lernen von Inhalten oder – Unterrichtsbeobachtungen zufolge zunehmend mehr – um das Erschließen von Wissen, d.h. um Methoden, wie man zu diesem Wissen kommt. Mit Carsten Colpe könnte man auch sagen, dass die Sprache, die in diesem Bezugssystem verwendet wird, eine Metasprache ist, die klar von der Objektsprache, d.h. von der Sprache der verwendeten Quellen, unterschieden ist.[33]

Wichtig an diesen Ergebnissen ist, dass es zwischen dem dogmatischen und lebensweltlichen Religionsunterricht einerseits und dem kulturkundlichen Religionsunterricht andererseits eine Zäsur gibt; die Art der Kommunikation ist eine andere: Bei den ersten beiden Typen erfolgt sie mittels der Codes von Transzendenz und Immanenz. Ich bezeichne diesen Unterricht daher als *religiösen Unterricht*. Beim dritten Typus handelt es sich um eine in der Schule übliche Kommunikation, in der sozial und wissenschaftlich gültiges Wissen vermittelt wird. Diesen Unterricht nenne ich *religionskundlichen Unterricht*.

Die Empirie zeigt also, dass es Lehrerinnen und Lehrer gibt, die mit ihren Schülerinnen und Schülern von Religionen und gelebter Religion reden, ohne dass diese Religionen gleich zur Positionierung herausfordern. Sie zeigt, dass es praktisch gesehen möglich ist, Religion und Religiosität als kulturelle Artefakte, als geschichtliche, als soziale «Produkte» kennenzulernen und über sie als solche zu reden. Bei den kulturkundlichen Religionsunterrichtssequenzen, die ich beobachtet habe, zeigten sich die Schülerinnen und Schüler äusserst interessiert; sie konnten auch ihre eigenen Kenntnisse, ihre politischen und sozialen Erlebnisse und Fragen in den Unterricht einbringen, ohne plötzlich über «Gott und Götter» befinden zu müssen. Der

---

[30] Vgl. T. Luckmann: Die unsichtbare Religion, Frankfurt a.M. 1991, 166ff.

[31] Vgl. T. Grammes: Kommunikative Fachdidaktik, Opladen 1998.

[32] Vgl. N. Luhmann: Das Erziehungssystem der Gesellschaft, hg. von D. Lenzen, Frankfurt a.M. 2002, 97ff.

[33] Vgl. C. Colpe: Zur Neubegründung einer Phänomenologie der Religionen und der Religion, in: H. Zinser (Hg): Religionswissenschaft. Eine Einführung, Berlin 1988.

Verzicht auf eine normative Grundierung des Religionsunterrichts, sei es durch Anbindung an religiöse Großtraditionen oder an die eigene Lebenswelt, kann also für die Schülerinnen und Schüler durchaus einen Mehrwert bedeuten: Er erleichtert es ihnen, sich aktiv am Diskurs über Religion zu beteiligen und sich ihr eigenes Bild davon zu machen – ungeachtet dessen, ob sie sich selbst als religiös definieren wollen oder nicht. Die Frage bleibt, wie sich diese Einsicht in eine institutionalisierte Unterrichtsform umsetzen lässt.

3. Der «Religion und Kultur»-Unterricht im Kanton Zürich – auf dem Weg zu einem religionskundlichen Konzept

Im folgenden Teil werde ich den neu konzipierten «Religion und Kultur»-Unterricht im Kanton Zürich vorstellen und mittels der bereits zuvor erhobenen empirischen Erkenntnisse meines Dissertationsprojekts aufzeigen, welche Art von Unterricht angestrebt wird und inwiefern Ausbildung und Lehrplan diesen Vorgaben entsprechen.

3.1 Vorgeschichte, Rahmenbedingungen und Stand der Entwicklung

Auch der Kanton Zürich hat im Laufe der demographischen Veränderungen der letzten Jahrzehnte jeweils mit einigem Zeitabstand auf die neue religiöse Landschaft reagiert. Im Jahre 1991 wurde der konfessionelle Religionsunterricht auf der Sekundarstufe I von einem konfessionell-kooperativen Religionsunterricht abgelöst, der mancherorts im Teamteaching von einem katholischen und einem reformierten Religionslehrer erteilt wird.

In den 1990er Jahren veränderte sich die religiöse Landschaft weiter. Migrantinnen und Migranten aus Ländern mit traditionell islamischem Hintergrund kamen in die Schweiz, Konversionen wurden häufiger. Zunehmend gab es aber auch nichtreligiöse Menschen und Eltern, die ihre Kinder in gar keiner Religion mehr erziehen lassen wollten.

Als die Abmeldungen vom konfessionell-kooperativen Religionsunterricht ein bedrohliches Maß angenommen hatten,[34] reagierten die Schulpolitiker. Im Jahr 2000 schickte der Bildungsrat den Vorschlag in die Vernehm-

---

34 Wie eine Umfrage zeigte, v.a. dort, wo der konfessionell-kooperative Religionsunterricht von reformierten Pfarrerinnen und Pfarrern erteilt wird, vgl. dazu M. Roos: Konfessionell-kooperativer Religionsunterricht. Auswertung einer Umfrage, Zürich 1998.

lassung, den konfessionell-kooperativen Religionsunterricht durch einen «Religion und Kultur»-Unterricht abzulösen. Die Kirchen und nichtchristliche Religionsgemeinschaften, andere Verbände und Privatpersonen erklärten sich grundsätzlich einverstanden mit den Änderungen. Den Vorbehalten aus religiösen Kreisen, Religionen könnten nur von entsprechenden Religionsangehörigen selber vermittelt werden, wurde insofern Rechnung getragen, als man je einen Vertreter der katholischen und der reformierten Kirche, einen islamischen, einen jüdischen, einen buddhistischen und einen hinduistischen Vertreter in die bildungsrätliche Kommission bat, um bei der Konzeption des neuen Faches mitzuwirken.[35]

Die wichtigsten Rahmenbedingungen des Konzepts sind: [36]

- «Religion und Kultur» ist ein obligatorisches Schulfach wie alle anderen Schulfächer auch, ohne die Möglichkeit zur Abmeldung.
- Das Fach wird wie alle anderen Schulfächer geprüft und benotet.
- Es sollen die fünf Religionen Christentum, Judentum, Islam, Hinduismus und Buddhismus zu gleichen zeitlichen Anteilen und gleichwertig behandelt werden.
- «Religion und Kultur» vermittelt ein Wissen *über* die Religionen. Es ist daher kein Religionsunterricht im Sinne von Art. 15 Abs. 4 BV.

Der Unterricht wird von Sekundarlehrkräften erteilt, die auch noch andere Schulfächer unterrichten (also keine Fachlehrkräfte) und dafür – ebenso wie in den anderen Fächern – an der Pädagogischen Hochschule und an der Universität Zürich ausgebildet werden.

Diese Vorgaben lassen erkennen, dass es sich beim neuen «Religion und Kultur»-Unterricht nicht um eine Weiterentwicklung des konfessionell-kooperativen Religionsunterrichts, sondern – gemäß der oben dargestellten Kategorisierung – um einen Paradigmenwechsel vom religiösen zum religionskundlichen Unterricht handelt.

Der Stand der Entwicklung[37] ist folgender: Vor bald zwei Jahren hat an der Pädagogischen Hochschule Zürich die Ausbildung zum «Religion und Kultur»-Sekundarlehrer begonnen.[38] Sie erfolgt in Zusammenarbeit mit der Universität Zürich, die die Vermittlung der fachwissenschaftlichen Inhalte

---

[35] Bildungsratsbeschluss vom 13.9.01: Die Vertreter der Religionsgemeinschaften sollten «Essentials» formulieren, d.h. Elemente ihrer Religion, deren Vermittlung sie als relevant erachten; vgl. http://www.bildungsdirektion.zh.ch/ internet/bi/de/BR.html Stand: 12.9.06.

[36] Vgl. Vorgaben Bildungsrat vom 23.8.04 und später, vgl. Anm. 36.

[37] September 2006.

[38] Vgl. http://www.phzh.ch, Stand: 12.9.06.

beisteuert. Seit Ende Februar 2006 liegt auch eine erste Fassung des Lehrplans vor.[39] Im Schuljahr 2006/2007 soll in ausgewählten Klassen der Unterricht gemäß Lehrplan erprobt werden. Eine obligatorische Teilnahme ist für diese einjährige Pilotphase noch nicht vorgesehen. Ab 2007 soll dann in allen Zürcher Sekundarschulklassen der obligatorische «Religion und Kultur»-Unterricht sukzessive eingeführt und bis 2011 in sämtlichen Schulhäusern erteilt werden.

Im Folgenden werden sowohl die Ausbildung als auch die vorliegende Lehrplanfassung auf ihre intendierten Ziele hin befragt und mit den dargelegten Forschungsergebnissen in Verbindung gebracht.

3.2 Die Ausbildung zum «Religion und Kultur»-Lehrer

Die fachdidaktische Ausbildung wurde von der Pädagogischen Hochschule konzipiert, die fachwissenschaftliche Ausbildung wurde von einer Arbeitsgruppe, bestehend aus verschiedenen Fachvertretern der Theologischen und der Philosophischen Fakultät, ausgearbeitet. Die Hauptverantwortung liegt bei der Pädagogischen Hochschule.

Die Lehrerausbildung erfolgt im selben zeitlichen Rahmen wie die Ausbildung in den anderen allgemeinbildenden Fächern der Sekundarstufe I. Die künftigen Lehrkräfte für «Religion und Kultur» werden auch in Fächern wie Mathematik, Deutsch, Geographie, Biologie oder Sport geschult. Mit ihren geschichts-, sozial- und religionswissenschaftlichen Anteilen zielt die «Religion und Kultur»-Ausbildung auf eine kulturwissenschaftliche Kompetenz. Die Fachdidaktik berücksichtigt diesen Zugang zu den Religionen ebenso. In allen Veranstaltungen ist daher die Aussenperspektive auf den im Unterricht zu vermittelnden Stoff für die Studierenden leitend. Sie wird durch Religionswissenschafter und entsprechende Fachwissenschafter (für indische Religionen, Buddhismus, Islam, Judentum und Christentum) gelehrt.

Die Ausbildung lässt gleichzeitig der Darstellung der religiösen Binnenperspektive einen gewissen Raum: Bei den Einführungen in die religiösen Traditionen werden z.B. theologisch ausgebildete Vertreter der jeweiligen Religionen beigezogen, die diese aus einer Innensicht, jedoch mit der akademisch notwendigen Reflexion vorstellen. Auch in den übrigen Kursen des Ausbildungsprogramms werden die verschiedenen möglichen Zugänge zur Religion präsentiert und entsprechende Vertreterinnen und Vertreter einge-

---

[39] Vgl. http://www.bildungsdirektion.zh.ch/internet/bi/de/BR/BRB_2006.html, Stand: 12.9.06.

195

laden oder an ihrem Tätigkeitsort besucht. Auf diese Weise sollen die Studierenden lernen, zwischen dem Zugang des «Anwenders», der «Theologien» der einzelnen Religionen und der jeweiligen Fachwissenschaften zu unterscheiden. In einer fachwissenschaftlichen Schlussarbeit wird der religionswissenschaftliche, systematisch-vergleichende Zugang vertieft.

Die Ausbildung qualifiziert für einen Unterricht, der gemäß obigen Forschungsresultaten intendiert, religiöse Gegenstände auf ein kulturkundliches Bezugssystem abzubilden, und daher als religionskundlicher Unterricht bezeichnet werden kann.

3.3 Der Religion und Kultur-Lehrplan

Der «Religion und Kultur»-Lehrplan wurde in Verantwortung der Pädagogischen Hochschule erarbeitet und Ende Februar 2006 vom Zürcher Bildungsrat in einer ersten Version gutgeheissen.[40]

Diese erste Fassung betont in einem einleitenden Kapitel zur Bedeutung und Begründung des Faches die Wichtigkeit interreligiösen Lernens und macht auf die Schwierigkeiten religiöser Identitätsbildung in der heutigen Zeit aufmerksam. In dieser Problemsituation sieht der Lehrplan den Auftrag der Schule darin, die Kompetenz der Jugendlichen im Umgang mit religiösen Fragen und Traditionen zu fördern.[41] Der Lehrplan verfolgt in seiner Anlage also ein interreligiöses Unterrichtsmodell.

Bei den Ausführungen zum Fachprofil[42] unterscheidet die vorliegende Lehrplanfassung nicht eindeutig zwischen dem dargestellten Gegenstand aus dem Religionsbereich und dem Bezugssystem. Sie sieht einerseits vor, die Lebenswelten von Religionsangehörigen als Gegenstand darzustellen, was einem religionskundlichen Unterricht entspricht. Andererseits fordert sie aber auch, die religiösen Inhalte, die zur Darstellung kommen, auf die Lebenswelt der Schülerinnen und Schüler zu beziehen. Dadurch wird das kulturkundliche Bezugssystem mit einem lebensweltlichen Bezugssystem vermischt, das die Religiosität, wenn auch eine persönliche und keine kirchlich vorgegebene, bei den Jugendlichen fördern soll. In der Systematik meiner oben dargestellten Forschungsergebnisse schillert der Lehrplanentwurf bei der Fachprofilbeschreibung also zwischen dem religionskundlichen und dem religiösen Unterricht.

---

[40] Vgl. Lehrplan, ebd. Der Lehrplan kann aufgrund neuer Einsichten aus Theorie und Praxis vom Bildungsrat laufend revidiert werden.

[41] Vgl. Lehrplan, a.a.O., 3.

[42] Vgl. Lehrplan, a.a.O., 3ff.

Die Lehrplan-Konzeption grenzt sich zwar ab von einem dogmatischen Bezugssystem im Sinne einer herkömmlichen Erziehung innerhalb der Religionsgemeinschaften. Die angestrebte Reflexion und bewusste Wahl der eigenen religiösen Orientierung im Unterricht zielt jedoch ebenso auf eine religiöse Identitätskonstruktion bei den Schülerinnen und Schülern, wie dies in einem dogmatischen Bezugssystem der Fall ist. Wenn Schülerinnen und Schüler den Auftrag bekommen, religiöse Gegenstände mit ihrer Lebenswelt in Verbindung zu bringen, so sind diese Bezugsfolien zwar von ihrer Ausgestaltung her nicht vorgegeben, sondern lebensweltlich und individuell. Der Lehrplan behandelt Religion jedoch nicht in einem kulturwissenschaftlichen Sinne als «Artefakt», sondern kommuniziert und fördert transzendente Vorstellungen. Er entspricht insofern in der obigen Typologie einem religiösen Unterricht.

Kinder und Jugendliche, die nicht religiös sind und nicht religiös werden wollen, jedoch gezwungen sind, einen solchen lebensweltlichen Religionsunterricht zu besuchen, sind bei einer derartigen Religionsdidaktik ausgeschlossen oder müssen sich – das zeigen meine Unterrichtsbeobachtungen – ständig gegen religiöse Etikettierungen ihrer Aussagen von Seiten der Lehrperson oder anderer Schüler wehren. Aus diesen Gründen kann ein von der öffentlichen Schule verantworteter, obligatorischer Religionsunterricht meines Erachtens nicht mit der persönlichen religiösen Orientierung der Schülerinnen und Schüler begründet werden und mit ihr arbeiten. Die vorliegende Fassung des Lehrplans (Stand: September 2006) entspricht daher noch nicht den Kriterien, die von der bildungsrätlichen Kommission für den neuen «Religion und Kultur»-Unterricht vorgegeben wurden. Der Lehrplan für einen obligatorischen Religionsunterricht wäre vielmehr in Analogie zu anderen allgemeinbildenden Fächern wie Geschichte und Humangeographie zu formulieren, deren Lehrpläne ebenfalls Gegenstände aus der Umgebung der Schülerinnen und Schüler als menschliche Artefakte behandeln.

Da beim Gegenstand «Religion» im Unterschied zu den Gegenständen anderer allgemeinbildender Fächer zugleich auch immer die Möglichkeit einer identifikatorischen Unterrichtsgestaltung besteht, wie sie von den Religionsgemeinschaften selbst tatsächlich durchgeführt wird, sollte diese Art der Didaktik aus dem «Religion und Kultur»-Lehrplan explizit ausgeschlossen werden, um Vermischungen in der Zielsetzung des Unterrichts zu vermeiden. Religionen werden in einem religionskundlichen Unterricht als gesellschaftliche Phänomene dargelegt, mit denen jeder Bürger in der Politik, am Arbeitsplatz oder in der Schule konfrontiert ist. Eine solche empirische, d.h. historische, soziale und gesellschaftspolitische Begründung ist einem «Religionsunterricht für alle» angemessen. Religiöse Einstellungen und Praktiken der Schülerinnen und Schüler werden als deren Privatsache betrachtet und im religionskundlichen Unterricht nicht erfragt. Das heißt nicht, dass spontane Aussagen der Schülerinnen und Schüler zu eigenen Vorstellungen und Praktiken verhindert werden müssen. Der religionskundliche Ansatz erhebt das Fragen nach persönlichen religiösen Einstellungen jedoch nicht zum Programm.

Es geht beim religionskundlichen Unterricht also nicht – wie häufig angenommen – darum, den vorhandenen konfessionell-kooperativen Religionsunterricht dadurch zu erweitern, dass alle in der Schweiz vertretenen Religionen zu gleichen zeitlichen Anteilen dargestellt werden, sondern es geht darum, sie mit Hilfe eines kulturkundlichen Bezugssystems zu vermitteln. Einer asymmetrischen Verteilung der zeitlichen Anteile, z.B. dass dem Christentum mehr Lektionen zugestanden werden sollen als dem Hinduismus oder Buddhismus, kann auch aus religionskundlicher Sicht durchaus Rechnung getragen werden. Die Bezugsfolie für christliche Inhalte ist aber dieselbe wie bei den anderen Religionen.

Kennzeichen eines kulturkundlichen Bezugssystems, wie sie aus den empirischen Forschungsresultaten hervorgehen, können für den Lehrplan – didaktisch-intentional gewendet – als Herangehensweisen oder Zugänge zu den vorgestellten religiösen Inhalten bezeichnet werden. Dabei lässt sich ein historischer, ein ethnographischer oder sozialkundlicher sowie ein systematisch-vergleichender Zugang unterscheiden. Durch eine solche Herangehensweise wird einem Perspektivenwechsel Rechnung getragen, der nicht das «Eigene» ins «Fremde» projiziert, wie dies bei einem lebensweltlichen Bezugsrahmen der Fall ist, sondern der sich den jeweiligen sozialen und historischen Kontext erarbeitet und so den Versuch macht, sich in des Anderen Sichtweise tatsächlich hineinzudenken im ständigen Bewusstsein, dass es nicht die eigene ist.

Bei einem starken Gegenwartsbezug, wie dies für «Religion und Kultur» vorgesehen ist, wird auf die Methodenkompetenz mehr Wert gelegt als auf historisches Faktenwissen, da dieses die individualisierten Gestaltungen von Religion und ihre fortwährenden Veränderungen nur ungenügend erfassen kann. Es wird für die Schülerinnen und Schüler dementsprechend wichtig sein zu lernen, bei welchen Informanten sie zu welcher Art von Wissen gelangen, wie sie dieses erfragen, wie sie es einordnen und vergleichen können oder auch nicht.

4. Fazit

Meine empirischen religionswissenschaftlichen Forschungen zeigen, dass sich der Religionsunterricht an der öffentlichen Schule durch die veränderte Religionslandschaft der Schweiz, die religiöse und weltanschauliche Heterogenität der Schüler- und Lehrerschaft sowie die zunehmende Säkularisierung der staatlichen Schulen in den letzten Jahrzehnten weiter ausdifferenziert hat: Religion lässt sich religiös-identifikatorisch (Identität mit einer bestimmten Tradition oder mit einer allgemeinen Religiosität), aber auch religionskundlich-distanziert vermitteln.

Ein kulturkundlicher Religionsunterricht, wie er von den Rahmenbedingungen des «Religion und Kultur»-Unterrichts her intendiert ist, hat angesichts der religiös heterogenen Schulklassen und der gesellschaftlichen Bedeutung von Religionen seine Berechtigung oder gar seine Notwendigkeit. Sind die Zugänge historisch, sozialkundlich und systematisch-vergleichend, kann m.E. die Vermittlung religiöser Inhalte unter Gewährleistung der Religionsfreiheit durchgeführt werden. Zwar wird von Theologen z.B. in der deutschen Diskussion um die Religionskunde im Bundesland Brandenburg kritisch vorgebracht, es sei Gläubigen nicht zumutbar, distanziert über ihre eigene Religion zu sprechen, weshalb ein religionskundlicher Unterricht der verfassungsrechtlich garantierten Religionsfreiheit widerspreche; ob dieses Argument aber auch in der Schweiz greift, muss letztinstanzlich wohl von Religionsrechtlern beurteilt werden.

Ein religionskundlicher Unterricht an der öffentlichen Schule schließt auf alle Fälle nicht aus, dass daneben auch ein Religionsunterricht angeboten wird, in dem religiös kommuniziert wird, in dem religiöse Sprache präsentiert, angeeignet, individualisiert und auch zwischen Religionsangehörigen ausgetauscht wird.[43] Die letztere Form von Religionsunterricht bedingt jedoch eine ganz andere Ausbildung, als sie die «Religion und Kultur»-Studierenden durchlaufen, und auch ein ganz anderes Unterrichtssetting: Sie muss von den Religionsgemeinschaften getragen und verantwortet werden und muss die freiwillige Teilnahme garantieren.

Je eindeutiger der Unterschied zwischen einem kulturkundlichen, schulisch verantworteten Religionsunterricht einerseits und einem dogmatischen/lebensweltlichen Religionsunterricht der Religionsgemeinschaften andererseits in Ausbildung, Lehrplan und Unterricht ist, desto besser ergänzen sich diese beiden Formen der Kompetenz beim Einzelnen und desto weniger konkurrieren auch die beiden Ausbildungen und letztlich auch die Unterrichtsverantwortlichen.

---

[43] Vgl. auch A. Loretan / P. Saladin: Die öffentlich-rechtliche Anerkennung weiterer Religionsgemeinschaften – ein Instrument gesellschaftlicher Integration? in: M. Baumann / S. Behloul (Hg): Religiöser Pluralismus. Empirische Studien und analytische Perspektiven, Bielefeld 2005, 171–196.

Kurt Schori

Religionspädagogische Perspektiven zur Landschaft des Religionsunterrichts in der Schweiz

1. Die Probleme in der gegenwärtigen schweizerischen Landschaft des Religionsunterrichts

Am Religionsunterricht treten – besonders in der Schweiz – die Fragen der Religionsfreiheit markant in Erscheinung: auf der Ebene der Schüler und Schülerinnen in der Form der Abmeldung, auf der Ebene der Lehrer und Lehrerinnen im Gefühl der Unzuständigkeit für diesen Unterricht, auf der Ebene der Institution in der Form der Alternativen für den Religionsunterricht und schließlich auf der Ebene der Schulpolitik im Ringen um die Verhältnisbestimmung von schulischem und kirchlichem Religionsunterricht. Je nach Situation in den einzelnen Kantonen sehen die Organisationsformen, Modelle und Probleme etwas anders aus, jedoch geraten die staatlichen Forderungen einerseits nach Neutralität in Sachen Religion und andererseits nach dem Obligatorium für den Schulunterricht überall und regelmäßig in Konflikt. Und zwar nicht nur auf inhaltlicher Ebene – nicht einmal hauptsächlich auf inhaltlicher Ebene –, sondern vor allem auf organisatorischer und unterrichtspraktischer Ebene. Zu welchen Schwierigkeiten das führen kann, möchte ich kurz anhand eines Beispiels – am Kanton Freiburg – zeigen.

Im eher moderaten Kanton Freiburg stellt sich die Situation wie folgt dar: Für die Klassen 1–6 bietet die Schule eine Lektion «Bibelunterricht» und eine Lektion «kirchlichen Unterricht» an. Beide Lektionen sind obligatorisch, für den kirchlichen Unterricht aber gibt es ein Abmelderecht. Der Bibelunterricht wird von der Klassenlehrerin/dem Klassenlehrer unterrichtet. Der Unterricht der Kirche findet an der Schule statt, wird aber von der Kirche sowohl personell wie auch finanziell getragen, d.h. er wird durch Katechetinnen erteilt. An der Oberstufe gibt es einen Lebenskundeunterricht, der aus dem ehemaligen Bibelunterricht hervorgegangen ist, und einen kirchlichen Religionsunterricht. Dieser kirchliche Religionsunterricht wird zwar durch die kirchlichen Repräsentanten (Katechetinnen oder Pfarrer) unterrichtet, aber vom Staat bezahlt. Im Moment ist an der Oberstufe nun auch in den meisten Schulen bereits ein Ethikunterricht als Alternative für diesen kirchlichen Unterricht eingeführt. Daraus entstehen vor allem auf der Oberstufe die folgenden Fragen:

(1) Wer ist zuständig für diejenigen Schüler und Schülerinnen, die weder den Ethik- noch den konfessionellen Religionsunterricht besuchen wollen?

(2) Wenn der Ethikunterricht für die vom konfessionellen Unterricht Abgemeldeten obligatorisch ist, welcher Status folgt daraus für den kirchlichen Religionsunterricht an der Schule?

(3) Wie steht es mit der finanziellen Zuständigkeit des Staates für diesen kirchlichen Religionsunterricht? Warum sollte sich der Staat nicht finanziell an einem kirchlichen Unterricht beteiligen, der als Alternativprogramm in den Kanon der Schulfächer aufgenommen wird?

(4) Können Schüler und Schülerinnen an beiden Fächern teilnehmen, wenn die Eltern das wünschen?

(5) Wie kann ein solches Anliegen zeitlich organisiert werden?

(6) Wie steht es mit der Zuständigkeit bei Problemen mit der Lehrperson, beispielsweise im Falle eines pädophilen Vergehens.

(7) Wer hat die Aufsicht über den konfessionellen Religionsunterricht?

Die Lehrerschaft hätte aus schulorganisatorischen Gründen gerne einen Religionsunterricht, der für alle Schüler verbindlich ist. Diese Position aber ist nicht vereinbar mit der Forderung nach Religionsfreiheit, die für Politiker und Politikerinnen im Vordergrund steht. Schulorganisatorische und -politische Interessen geraten hier in einen Widerspruch zueinander.

Von staatlicher Seite her wäre die Reduktion auf eine einheitliche Lektion ohne Ausnahme finanziell zwar wünschenswert, diese aber genügt weder den Anforderungen der Bevölkerung, die das Angebot eines konfessionellen Religionsunterrichts in der Schule will, noch dem Begehren der Kirchen, die sich in dieser Hinsicht von der Bevölkerung mehrheitlich getragen wissen und zudem in vielen Fällen, wie im Kanton Freiburg, in einer rechtlichen Kooperation mit dem Staat stehen. Im Kanton Freiburg besteht für die Kirchen – ähnlich, wie in der BRD – ein verfassungsmäßig festgelegtes Recht auf das Angebot eines konfessionellen Religionsunterrichts in der Schule.

Das Problem der verfassungsmäßig garantierten Religionsfreiheit wurde bisher im Rahmen des konfessionellen Religionsunterrichts mit Hilfe des Abmelderechtes gelöst. Wie weit geht dieses Abmelderecht? Gilt es auch für die Ethik? Und was bedeutet ein Abmelderecht für die Schule, die ansonsten ein striktes Obligatorium für allen Unterricht will? Was bedeutet es z.B. für ein von muslimischen Eltern gefordertes Abmelderecht für den Turnunterricht?

Mit den beiden folgenden Problemstellungen versuche ich die Schwierigkeiten im Konflikt zwischen Religionsfreiheit und schulischem Bildungsauftrag zu orten.

Problemstellung 1: Das Problem besteht in der ungeklärten Verhältnisbestimmung von Bekenntnis und Religionsfreiheit. Die Lösungen, die angestrebt werden, bestehen alle in der Entkonfessionalisierung des (schulischen) Religionsunterrichts, was explizit (wie z.B. im Kt. Bern) oder implizit dem konfessionellen Religionsunterricht die Legitimität als Schulfach abspricht.

Der schulische Religionsunterricht bekommt auf diesem Hintergrund je nach Kanton den Status eines Bibelunterrichts, Ethikunterrichts, Kulturunterrichts oder Lebenskundeunterrichts, wobei der Bibelunterricht insofern eine Vorform des Kulturunterrichts ist, als er von seiner historischen Entwicklung her das erste Modell eines inter- bzw. überkonfessionellen Religionsunterrichts war. In dieser Funktion ist sein Status als Kulturunterricht bereits angelegt. In einer interreligiösen Situation in dem Sinne, dass verschiedene Religionsgemeinschaften, die sich nicht an der Bibel orientieren, eine nicht weiter vernachlässigbare Größe erreichen, kann aber der Bezug auf die Bibel den Zweck der Interkonfessionalität nicht mehr erfüllen. Die Erweiterung des Bibelunterrichts zu einem allgemeinen Kulturunterricht entspricht dann der inneren Logik der historischen Entwicklung.

In dieser inneren Logik ist aber ein Konflikt enthalten: Einerseits ist der Staat verpflichtet, Minderheiten zu schützen; es darf keine Diskriminierung stattfinden. Niemand darf gezwungen werden, an einem Religionsunterricht teilzunehmen, dessen Bekenntnisgrundlagen er nicht teilt. Dieses Anliegen – das sieht man gerade in der Schweiz – ist durch die Geschichte der konfessionellen Auseinandersetzungen sehr gut begründet. Daraus ergibt sich das Abmelderecht für jeglichen kirchlichen Unterricht an der Schule. Andererseits gibt es ein gesellschaftlich breit abgestütztes Interesse, das Thema der ‹Religion› im Rahmen der öffentlichen Schule und in Form eines Faches für die Schüler und Schülerinnen präsent zu halten und schulisch zu verantworten.[1] Die schweizerische, bürgerliche Gesellschaft ist in ihrer überwiegenden Mehrheit der Meinung, dass ‹Religion› so bedeutsam ist, dass sie auch Gegenstand der Schule zu sein hat. Aus dieser Spannung entstehen die überkonfessionellen bzw. interreligiösen Konzepte wie der Bibelunterricht, der Kulturunterricht, der Ethik- und Lebenskundeunterricht. Im Zentrum des Konflikts steht deshalb die Bekenntnisfrage.

Dabei herrscht die Meinung vor, das Problem der Konfession (des Bekenntnisses!) ließe sich durch eine Entkonfessionalisierung der Religion lösen. Sobald wir ethische Konflikte oder Kulturkonflikte auf die weltan-

---

[1]   P. Graber: Religionsunterricht an den öffentlichen Schulen: Stand und Entwicklungen / Impulsreferat SEK / Konferenz der Kirchenleitungen KKL vom 26.8.05 in Bern.

schaulichen Hintergründe hin befragen, sehen wir aber, dass diese Konflikte bedingt sind durch unterschiedliche Bekenntnisse. Ganz allgemein formuliert stellen Bekenntnisse eine kognitive Rekonstruktion von praktischen Stellungnahmen und Erkenntnissen dar. Eine bekenntnisneutrale Sicht ist deshalb ein Widerspruch in sich selbst. Sowohl im Privaten wie auch in der Schule oder in der Wissenschaft sind in Stellungnahmen und Entscheidungen immer bestimmte Bekenntnisse impliziert. Dass die religionskundlichen und ethischen Varianten des Religionsunterrichts als bekenntnisneutral verstanden werden, ist eine Täuschung – ebenso wie die wissenschaftliche Abstützung der Unterrichtsverfahren und der Stoffauswahl in allen andern Fächern nicht eine neutrale Auswahl und Abstützung darstellt. Die Kreation eines neuen schulischen Unterrichtsfaches «Religion» schafft deshalb implizit ein neues Bekenntnis: es werden Entscheide auch inhaltlicher Natur gefällt, es werden Überzeugungen ins Spiel gebracht, es werden Qualifizierungen vorgenommen. In der Regel sind diese bekenntnishaften Grundlagen bei den ethischen und religionskundlichen Modellen *nicht explizit formuliert* – genauso wie das bei vielen anderen Fächern des Fächerkanons auch der Fall ist – und werden dadurch der Diskussion entzogen. Im Fach ‹Ethik› werden in der Regel Konflikte thematisiert und in den Konflikten sind Bekenntnisse implizit präsent. In der Religionskunde, so wie sie in der Wissenschaft betrieben wird und wie sie dann in den Lehrmitteln ihren Niederschlag findet, wird aber das Bekenntnis als Lebensrealität vernachlässigt.

Problemstellung 2: Die Probleme, die sich durch die Verdoppelung des Religionsunterrichts ergeben, entstehen vor allem durch eine mangelhafte Reflexion des Verhältnisses von Religion und Kultur.

In der schulischen Religionslandschaft hat sich die Identifizierung von Religion und Kultur mehr oder weniger durchgesetzt. Ich sehe den Grund für diese Identifizierung vor allem in der tendenziellen Entkoppelung von Religion und Bekenntnis.[2] Dadurch werden zwei Perspektiven auf den Gegenstand bzw. auf das Fach ‹Religion› voneinander gelöst, die in der praktischen Religionsausübung immer zusammen auftreten: die Überzeugungen und die Formen. Auch in den gegenwärtigen Konzepten für den Religionsunterricht sind sie durch die Scheidung eines ‹teaching in› und eines ‹teaching about› strukturell getrennt worden. Die Folge dieser Trennung ist, dass sich für die Wahrnehmung von Religion die religionskundlichen und religionswissenschaftlichen Voraussetzungen nahelegen. Sie ermöglichen die Identifizierung religiöser Phänomene unter scheinbarem Ausschluss des Bekenntnisanteils. Scheinbar deshalb, weil das Fach Religion durch diese

---

[2] Vgl. zur weiteren Begründung unten Abschnitt 3.

Identifizierung von den Voraussetzungen her den übrigen Fächern des Fächerkanons – Geschichte, Biologie, Literatur etc. – gleichgestellt wird. Ein Indiz dafür ist meines Erachtens der Sachverhalt, dass sich der Kampf um und gegen die Beeinflussung der Schüler und Schülerinnen praktisch ausschließlich aufs Fach Religion bezieht. Alle Ängste bezüglich der weltanschaulichen Beeinflussung der Kinder beziehen Eltern und Behörden auf den Religionsunterricht – während in den übrigen Fächern diese Frage keine Rolle spielt.[3]

Die Identifizierung von Religion und Kultur ist aber nicht legitim. An dieser Stelle müsste die Reflexion des Verhältnisses von Religion und Kultur erneut in Angriff genommen werden.

2. Die Bekenntnisfrage in religionspädagogischer Sicht

Ein Bekenntnis ist in der Regel eine gemeinschaftlich verantwortete und schriftlich formulierte Stellungnahme zu den wichtigsten Glaubensgrundlagen. Es drückt Überzeugungen im Blick auf Sinn und Zukunft des menschlichen und allen übrigen Lebens aus. Es formuliert diese Überzeugungen im Gegenüber zu anderen Überzeugungen und mit der Tendenz zur Grundsätzlichkeit. Es betrifft das Welt-, Gottes- und Menschenverständnis und enthält auch die Folgerungen und Bedeutungen für die Individuen. Die evangelisch-reformierten Kirchen der Schweiz kennen kein öffentliches Bekenntnis. Mit dem Verzicht auf ein öffentliches Bekenntnis betonen sie die Notwendigkeit des individuellen Nachvollzugs eines Bekenntnisses. Dadurch bekommt das Bekenntnis einen gewissen Spielraum. Individuen können Bekenntnissen nicht ohne Weiteres subsumiert werden. Der Bekenntnisbildungsprozess ist ein eigener, vom einzelnen Individuum nachzuvollziehender Prozess.

Im Unterschied zur dogmatischen Perspektive ist die Religionspädagogik nicht primär an den öffentlichen Formen des Bekenntnisses interessiert, sondern an diesem Bekenntnisbildungsprozess. Welche Rolle spielen Bekenntnisse für Kinder/Jugendliche? Wie setzen sie sich damit auseinander? Wie kommen sie zu einem individuellen Nachvollzug oder einer Ablehnung eines vorgegebenen Bekenntnisses? Unter welchen Bedingungen ist es ihnen

---

[3] Vgl. etwas ausführlicher dazu: R. Grädel / K. Schori: Überlegungen zur gegenwärtigen Gestalt des reformierten Religionsunterrichts an öffentlichen Schulen im Kanton Bern, in: Religionsunterricht an der öffentlichen Schule, H. Kohler-Spiegel / A. Loretan (Hg), Zürich 2000, 99–112, besonders 106ff.

möglich, ein Bekenntnis zu verstehen, nachzuvollziehen oder sich damit zu identifizieren? Der Akzent des religionspädagogischen Interesses liegt auf der Bekenntniswirklichkeit.

In allen Wahrnehmungs-, Handlungs- und Lebensvollzügen sind Bekenntnisanteile, d.h. implizite Deutungen von Welt, Leben, Gott enthalten. Die Bekenntnisanteile entscheiden darüber, inwiefern wir ein Ereignis oder ein Geschehen als etwas Erwünschtes oder als etwas zu Vermeidendes einschätzen. Bekenntnisse sind daher auch die Voraussetzung für die Art und Weise, in der auf bestimmte Ereignisse und Begebenheiten reagiert wird und welche Maßnahmen und Folgerungen daraus gezogen werden.

Der evangelische Religionsunterricht ist immer davon ausgegangen, dass das Bekenntnis oder die Überzeugungen nicht lehrbar sind im Sinne technischer Vermittlung. Der Glaube ist eine Gabe Gottes. Das Bekenntnis kann erklärt, erläutert und begründet werden, aber es kann niemand dazu gezwungen werden, es zu übernehmen. Die Freiheit zum Bekenntnis ist also im Bekenntnis selber enthalten – es wäre sonst kein Bekenntnis.

Entsprechend ist es nicht Sache des Religionsunterrichts, die Schüler und Schülerinnen von bestimmten Bekenntnissen zu überzeugen. Seine Aufgabe besteht in erster Linie darin, ihnen eine Plattform zu bieten, auf welcher sie ihre Überzeugungen formulieren, testen, zur Diskussion stellen und abwägen können – in Auseinandersetzung mit den anderen Kindern/Jugendlichen, mit den Katechetinnen und Pfarrern, mit Dokumenten der kirchlichen und nicht-kirchlichen Vergangenheit, mit den liturgischen und diakonischen Formen der heutigen Kirche und mit aktuellen Ereignissen und Fragen. Der Religionsunterricht hat dafür zu sorgen, dass diese Auseinandersetzung ohne Druck, in Freiheit und unbestritten geschehen kann, aber auch verständlich und mit dem Bemühen um Begründung geführt wird.[4]

3. Der Streit um die Bibel: Ein Blick in die Geschichtliche Entwicklung der Religionslandschaft in der Schweiz

Man kann die Schwierigkeiten, die heute in der Praxis der Verhältnisbestimmung zwischen schulischem und kirchlichem Religionsunterricht entstehen, nicht ohne Kenntnis der historischen Entwicklung der Konzepte

---

[4]   Vgl. dazu: G. Sauter: Bekenntnis heute – Erwartungen an die Theologie, in: 1845-1970 Almanach, 125 Jahre Chr. Kaiser Verlage München, 92–128, München 1970, nachgedruckt in: G. Sauter: Erinnerung und Erfahrung. Predigten, Vorträge und Aufsätze, München 1972, 208–241.

verstehen, die den Religionsunterricht bestimmt haben. Diese Geschichte kann hier nicht detailliert dargestellt werden, sie ist in der Literatur aber gut greifbar.[5] Anhand der Frage, welche Rolle die Bibel in dieser Entwicklung spielte, können einige entscheidende Umbrüche nachvollzogen werden.

In den Auseinandersetzungen um die Gestalt des Religionsunterrichts in den ersten Jahrzehnten nach der neuen Bundesverfassung von 1848 bildete der Rückbezug auf die Bibel eine Art erste Grundlage für die Besänftigung der Konflikte zwischen katholischem und reformiertem Religionsunterricht. Der auf dieser Grundlage konzipierte konfessionsneutrale Bibelunterricht wurde als ein überkonfessionelles Kulturgut angesehen. Diese Konzeption verband sich mit liberal-theologischen Auffassungen vom Verhältnis zwischen Glaube und Kultur, der kulturellen Entwicklung und der Bildbarkeit der Schüler und Schülerinnen zum Guten hin. In den kulturellen Umbrüchen im Gefolge des ersten und zweiten Weltkrieges kam dieses Konzept in die Krise.

Die Dialektische Theologie und die so genannte Dialektische Religionspädagogik stellten Evangelium und Kultur in einen Gegensatz zueinander. Während Karl Barth die Bibel vom Worte Gottes unterschied, kam es in der dialektischen Religionspädagogik und verstärkt in der sich daran anschließenden Evangelischen Unterweisung allerdings wieder zu einer Identifizierung des Evangeliums mit der Bibel. Damit bekam die Bibel die bis heute erhalten gebliebene Doppelstellung: Einerseits steht sie in Form des Bibelunterrichts, der in vielen Kantonen bis heute die Klassen 1–6 des schulischen Religionsunterrichts prägt, für einen überkonfessionellen Religionsunterricht. Andererseits bildet sie die Grundlage für den konfessionellen Religionsunterricht und signalisiert dadurch eine spezifische Glaubenszugehörigkeit.

Die Spannung zwischen liberaler und dialektischer Religionspädagogik hatte ein Problem aufgeworfen, mit dem sich die weiteren Versuche der konzeptionellen Klärung des Religionsunterrichts beschäftigen mussten. Der so genannte Hermeneutische Religionsunterricht, der die evangelische Unterweisung ablöste, und die verschiedenen Varianten des anschließenden thematisch-problemorientierten Religionsunterrichts stellten sich in neuer Weise der Frage nach der Bedeutung der Bibel, nach ihrem Bezug zur Le-

---

5 Siehe dazu: Chr. Grethlein: Religionspädagogik, Berlin/N.Y. 1998; ders.: Fachdidaktik Religion, Göttingen 2005, in: Chr. Bizer u.a. (Hg): Jahrbuch der Religionspädagogik Bd. Nr. 18, Religionsdidaktik, Neukirchen 2002; G. Lämmermann: Grundriss der Religionsdidaktik, Stuttgart 1991, A. Schulte / I. Wiedenroth-Gabler: Religionspädagogik, Stuttgart 2003, 43–75.

benswelt der Kinder und Jugendlichen und nach der didaktischen Bearbeitung biblischer Texte und Aussagen. Im Korrelationsmodell stand diese Frage im Mittelpunkt. Die Bedeutung der biblischen Texte sollte sich an der wirklichkeitserschließenden Kraft dieser Texte bewähren.

In der neueren Entwicklung hin zu einem religionskundlich orientierten Religionsunterricht tritt die Verwendung biblischer Texte zur Wirklichkeitsdeutung der Kinder und Jugendlichen vollständig in den Hintergrund. Die biblischen Texte fungieren jetzt als Lieferanten religiöser Symbole oder als religionskundliche Dokumente. Der Bezug der Bibel und anderer Dokumente des christlichen Glaubens zur Lebensorientierung der Schüler gerät dabei aus dem Blickfeld. Die Frage nach der wirklichkeitserschließenden Kraft wird suspendiert.

In den 80er und 90er Jahren des 20. Jhs. hat sich die Religionspädagogik zunehmend den religiösen Erfahrungen, religiösen Lernprozessen und der Entwicklung religiöser Grundmuster zugewendet. Sie hat sich mit empirischen Forschungen zur Praxis des Religionsunterrichtes beschäftigt und sie hat auch in vielen Teilen die religionskundlichen Voraussetzungen akzeptiert. Die Unterscheidung zwischen Evangelium und Kultur wurde in dieser Entwicklung wieder rückgängig gemacht, Religion und Bekenntnis voneinander entkoppelt. Die heute vernachlässigte Debatte um den thematisch-problemorientierten Religionsunterricht und die Wiederaufnahme der Korrelationsfrage stellt darin meines Erachtens einen entscheidenden Anknüpfungspunkt dar sowohl für die Diskussion um die Verhältnisbestimmung zwischen konfessionellem und nicht-konfessionellem Religionsunterricht wie auch für die Entwicklung innerhalb der religionspädagogischen Wissenschaft.

4. Folgerungen und Problemstellungen

a) Die erneute Aufnahme dieser Debatte würde bedeuten, sich vermehrt dem Auseinandersetzungsprozess zwischen Stoff und Schüler/Schülerin zuzuwenden und weniger den objektivierbaren Inhalten. Die Reduktion des Faches «Religion» auf ein Wissen verliert das Thema, das mit dem Fach gegeben ist, aus dem Blick.

b) Gegenstand des Faches «Religion» ist der Bekenntnisbildungsprozess bei Kindern und Jugendlichen, seine Diskussion, seine Begleitung und argumentative Verteidigung, seine existentielle Bedeutung – in konfessioneller wie in nicht-konfessioneller Perspektive. Zur legitimen Fachbezeichnung gehört diese Frage zentral dazu. Dass darin von Seiten der politischen Behörden oder der Eltern ein Beeinflussungsversuch gesehen wird, ist ein Missverständnis, das sich aus einem vorausgesetzten autoritären Bekenntnisverständnis ergibt. Der religionskundlich ausgerichtete Religionsunterricht – so wie er sich an den verschiedenen PH's der Schweiz im Moment etabliert – unterschlägt die Bekenntnisfrage als Thema des Unterrichts. Er unterschlägt damit nicht nur einen wesentlichen Teil der menschlichen Lebensrealität, sondern er unterschlägt auch das, was die Religion ausmacht und sie von vielen kulturellen Erscheinungen unterscheidet.[6]

c) Was es bedeutet, das Fach «Religion» aus der Perspektive der Auseinandersetzungsprozesse der Kinder in den Blick zu bekommen ist eine Problemstellung, die weitgehend noch auf ihre Bearbeitung wartet. Was geschieht, wenn die Kinder Texte lesen, Geschichten hören, das Evangelium verkündet bekommen oder sich mit Ritualen anderer Religionen auseinandersetzen? Wie setzen sie sich dazu in Beziehung? Welche Bedeutungen werden dadurch für sie ausgelöst und konstituiert?

d) Die religionspädagogische Forschung und Praxis sollte sich verstärkt in einer religionspsychologischen Perspektive der Wirklichkeitsdeutung der Kinder und Jugendlichen zuwenden. Diese Fragestellung bekommt auch von sozialwissenschaftlicher Seite her eine starke Unterstützung durch die Thematisierung der Kinderperspektive.[7]

e) Die Stoff- und Lehrpläne, die in den letzten zwanzig Jahren entstanden sind, sind in der Regel nicht am Unterrichtsgeschehen orientiert, sondern an einem metaphorischen Verständnis von Inhalten und Stoffen. Inhalte und Stoffe erscheinen im Lehrplan in der Regel unter Ausschluss des Auseinandersetzungsgeschehens im Unterricht und damit ohne Berücksichtigung der Tatsache, dass die Kinder in der Unterrichtsstunde ihren Inhalt – *das was sie erleben, womit sie sich beschäftigen, ihre Rezeption des Inhalts* – erst konstituieren. Die Rezeptionsperspektive wird in den Stoffplänen in der Regel ausser Acht gelassen.

f) Die Grenzziehungen zwischen schulischem und konfessionellem Religionsunterricht sind aus der Perspektive der Kinder nicht von entscheidender Bedeutung. Auf der Ebene der Verarbeitungsprozesse und aus der Optik der Kinder gibt es keine konfessionellen oder zwischenreligiösen Schranken. Kinder erleben die Welt erst sekundär in den Kategorien, die Erwachsene für ihre religiösen Ausrichtungen geschaffen haben.

---

6   Ein in dieser Hinsicht interessanter Beitrag zum Thema Kultur findet sich bei P. v. Matt: Der blühende Holzboden, Wissenschaft, Kultur und die Verwirrungen des Kulturbegriffs, in: Öffentliche Verehrung der Luftgeister, München/Wien 2003, 75–84

7   Zum Überblick vgl.: M. Honig / A. Lange / H.R. Leu (Hg): Aus der Perspektive von Kindern? Zur Methodologie der Kinderforschung, München 1999.

Die Autoren und die Autorin

Dr. theol. Reiner Anselm, Professor für Ethik an der Theologischen Fakultät der Universität Göttingen, derzeit Gastprofessor am Zentrum für Religion, Wirtschaft und Politik der Universität Zürich. Promotion 1993, Habilitation 1998 an der Universität München. Nach Lehrstuhlvertretungen in Dresden und Augsburg 2000-2001 Professor für Systematische Theologie und Ethik an der Universität Jena. Arbeitsschwerpunkte: Grundlegungs- und Anwendungsfragen theologischer Ethik.

Veröffentlichungen (Auswahl): *Von der theologischen Legitimation des Staates zur kritischen Solidarität mit der Sphäre des Politischen. Die Zwei-Reiche-Lehre als Argumentationsmodell in der politischen Ethik des 20. Jahrhunderts und ihre Bedeutung für die theologisch-ethische Theoriebildung in der Gegenwart,* in: T. Unger (Hg): Was tun? Lutherische Ethik heute Hannover 2006, 82–102; *Gesundheit, Krankheit, Behinderung,* in: G. Adam u.a. (Hg): Ethische Schlüsselprobleme. Lebensweltlich – theologisch – didaktisch (TTL 4), Göttingen 2006, 323–342; *Relative Absolutheit. Zum Verständnis und Gebrauch des Menschenwürdearguments in den Konfliktlagen am Lebensbeginn aus der Perspektive der evangelischen Ethik,* in: P. Bahr / H.-M. Heinig (Hg): Menschenwürde in der säkularen Verfassungsordnung. Rechtswissenschaftliche und theologische Perspektiven, Tübingen 2006, 179–196.
www.ethik.uni-goettingen.de

Dr. theol. Reinhold Bernhardt, Professor für Systematische Theologie / Dogmatik, Universität Basel (seit 2001). Promotion an der Theologischen Fakultät in Heidelberg 1989, von 1991–1996 Studienleiter am Ökumenischen Institut und Studentenwohnheim der Universität Heidelberg; 1996–1998 Habilitationsstipendiat der DFG; Gastdozentur an der Vanderbilt University in Nashville, TN; Habilitation an der Theologischen Fakultät in Heidelberg 1998; 2000/01 Lehrstuhl für Systematische Theologie an der Universität Osnabrück. Arbeitsschwerpunkt «Theologie der Religionen».

Veröffentlichungen (Auswahl): *Der Absolutheitsanspruch des Christentums. Von der Aufklärung bis zur Pluralistischen Religionstheologie,* Gütersloh 1990 (1993²; span.: 2000); *Zwischen Größenwahn, Fanatismus und Bekennermut. Für ein Christentum ohne Absolutheitsanspruch,* Stuttgart 1994 (engl. 1994); Was heißt «Handeln Gottes»? Gütersloh 1999; *Ende des Dialogs? Die Begegnung der Religionen und ihre theologische Reflexion,* Zürich 2006.

Hg/Ko-Hg: *Metapher und Wirklichkeit. Von der Logik der Bildhaftigkeit im Reden von Gott, Mensch und Natur,* Göttingen 1999; *Christlicher Wahrheitsanspruch – historische Relativität. Auseinandersetzung mit Ernst Troeltschs Absolutheitsschrift im Kontext heutiger Religionstheologie* (Christentum und Kultur 4),

Zürich 2004; *Kriterien interreligiöser Urteilsbildung* (Beiträge zu einer Theologie der Religionen 1), Zürich 2005.
www.unibas.ch/theologie/PersBernhardt.html

Dr. theol. Dr. phil. Mariano Delgado, Professor für Mittlere und Neuere Kirchengeschichte, Universität Freiburg Schweiz (seit 1997). Studium der Theologie, Philosophie, Romanistik und Religionswissenschaft in Valladolid, Valencia, Innsbruck, Paris und Berlin. Promotion zum Dr. theol. 1985 in Innsbruck, zum Dr. phil. 1994 in Berlin (FU), Habilitation 1995 in Innsbruck. 1979–1987 Religionslehrer in der gymnasialen Oberstufe in Tirol, 1988–1996 wissenschaftlicher Assistent an der FU-Berlin. 1999–2003 Präsident der Schweizerischen Gesellschaft für Theologie/Société Suisse de Théologie (SThG-SSTh); seit 2000 Präsident der Vereinigung für Schweizerische Kirchengeschichte (VSKG); Schriftleiter der Zeitschrift für Missionswissenschaft und Religionswissenschaft (ZMR); Mitglied der Redaktion der Schweizerischen Zeitschrift für Religions- und Kulturgeschichte (SZRKG) sowie von «Mémoire dominicaine». Forschungsschwerpunkte: Kirchengeschichte als Missionsgeschichte und christliche Religions- und Kulturgeschichte, Studien zu Bartolomé de Las Casas und Johannes vom Kreuz, Politische Theologien im 16. Jahrhundert, Geschichte der deutschsprachigen Theologie im 20. Jahrhundert.

Veröffentlichungen (Auswahl ab 2000): *Hunger und Durst nach der Gerechtigkeit. Das Christentum des Bartolomé de Las Casas*, Freiburg 2001;

Hg/Ko-Hg.: *Das Christentum der Theologen im 20. Jahrhundert. Vom Wesen des Christentums zu den Kurzformeln des Glaubens*, Stuttgart 2000; *Blutende Hoffnung. Gustavo Gutiérrez zu Ehren*, Luzern 2000; *Gottes-Krise und Gott-Trunkenheit*, Würzburg 2000; *Europa, Tausendjähriges Reich und Neue Welt. Zwei Jahrtausende Geschichte und Utopie in der Rezeption des Danielbuches*, Freiburg i.Ue. / Stuttgart 2003; *Glaube und Vernunft – Theologie und Philosophie. Aspekte ihrer Wechselwirkung in Geschichte und Gegenwart*, Freiburg i.Ue 2003; *Was Glauben in Bewegung bringt. Fundamentaltheologie in der Spur Jesu Christi*, Freiburg 2004; *Außereuropäische Christentumsgeschichte (Asien, Afrika, Lateinamerika 1450–1990)* Neukirchen-Vluyn 2004, ²2006; *Kirchenkritik der Mystiker. Prophetie aus Gotteserfahrung*, 3 Bde, Freiburg i.Ue / Stuttgart 2004-2005.
www.unifr.ch/skg

Lic. phil. Katharina Frank, Wissenschaftliche Mitarbeiterin in der Sekundarlehrerausbildung «Religion und Kultur» am religionswissenschaftlichen Seminar der Universität Zürich (seit 2004). Studium der Psychologie, Religionswissenschaft und der rätoromanischen Sprach- und Literaturwissenschaft in Zürich. Dozentin für Religion am Lehrerinnenseminar Kreuzlingen. Nationales Forschungsprojekt zum schulischen Religionsunterricht.

Lehr- und Forschungsschwerpunkte sind religiöse Tradierung und Sozialisation; Theorien und qualitative Methoden der Religionswissenschaft.

Veröffentlichungen (Auswahl): *Interreligiöses Lernen im Religionsunterricht? Religionswissenschaftliche Erkundungsgänge*, in: ZMR 88 (2004) 42–53 (zus. mit Ansgar Jödicke); *Öffentliche Schule und neue religiöse Vielfalt: Themen, Probleme, Entwicklungen*, in: M. Baumann / J. Stolz (Hg): Eine Schweiz – viele Religionen. Risiken und Chancen des Zusammenlebens, Bielefeld, 2007.

www.research-projects.unizh.ch/p4974.htm

Dr. theol. Thomas K. Kuhn, Titularprofessor für Kirchen- und Theologiegeschichte der Universität Basel (seit 2006), Studium der Theologie und Philosophie in Bonn, Marburg, Wuppertal und Basel. Wissenschaftlicher Assistent für neuere Kirchen- und Dogmengeschichte an der Theologischen Fakultät Basel (Lehrstuhl Prof. Dr. Ulrich Gäbler); 1995 Promotion und Ordination; 1995 Lehrbeauftragter und Oberassistent für Theologiegeschichte an der Universität Basel; 2001 Habilitation; 2001–2006 Assistenzprofessor für Kirchen- und Theologiegeschichte an der Universität Basel; Lehrbeauftragter an der Universität Freiburg i.B.; seit Oktober 2006 Studienleiter in Schloss Beuggen (Baden) und Pfarrer der Lukasgemeinde Inzlingen bei Lörrach. Forschungsschwerpunkte: Pietismus, Aufklärung, Erweckungsbewegungen und Kirchliche Zeitgeschichte sowie schweizerische Kirchen- und Theologiegeschichte.

Veröffentlichungen (Auswahl): *Der junge Alois Emanuel Biedermann. Lebensweg und theologische Entwicklung bis zur «Freien Theologie» 1819–1844*, Tübingen 1997; *Religion und neuzeitliche Gesellschaft. Studien zum sozialen und diakonischen Handeln in Pietismus, Aufklärung und Erweckungsbewegung*, Tübingen 2003;

Hg./Ko-Hg.: Rudolf Brändle: *Studien zur Alten Kirche*, Stuttgart 1999; *Religion in Basel. Eine Lese- und Bilderbuch*, Basel 2001; *«Das Fromme Basel». Religion in einer Stadt des 19. Jahrhunderts*, Basel 2002; *«Was von Anfang an war...» – Neutestamentliche und kirchengeschichtliche Aufsätze*. Rudolf Brändle gewidmet anlässlich seiner Emeritierung am 30. September 2006, Basel 2006; *Jahrbuch für badische Kirchen- und Religionsgeschichte am Oberrhein*, Stuttgart 2007.

www.unibas.ch/theologie/PersKuhn.html

Dr. theol. Wolfgang Lienemann, Professor für Ethik an der Christkatholischen und Evangelisch-Theologischen Fakultät der Universität Bern. Arbeitsgebiete: Systematische Theologie/Ethik, Sozialphilosophie, Ökumenische Ethik, Friedensforschung, Rechtsethik, Bioethik, Ekklesiologie/Kirchenrecht und Staatskirchenrecht.

Veröffentlichungen (Auswahl): *Gewalt und Gewaltverzicht*, München 1982; *Gerechtigkeit*, Göttingen 1995; *Frieden*, Göttingen 2000.

Hg./Ko-Hg.: *Fortschrittsglaube und Wirklichkeit*, München 1983; *Politische Legitimität in Südafrika*, Heidelberg 1988 (engl. 1988); *Die Finanzen der Kirche*, München 1989.

Dr. theol. Adrian Loretan-Saladin, Professor für Kirchenrecht und Staatskirchenrecht an der Universität Luzern (seit 1996). Studien in Philosophie, katholischer und evangelischer Theologie, Religionsrecht in Luzern, Tübingen, Rom, Fribourg. Beginn der Seelsorgetätigkeit mit der Spitalseelsorge-Ausbildung (CPT). Dekan der Theologischen Fakultät 1999–2001. Lehr- und Forschungsschwerpunkte: Religionsgemeinschaften und der Rechtsstaat; Kirchliches und staatliches Verfassungsrecht.

Veröffentlichungen (Auswahl): *Die öffentlich-rechtliche Anerkennung weiterer Religionsgemeinschaften – ein Instrument gesellschaftlicher Integration?*, in: M. Baumann / S. M. Behloul (Hg): Religiöser Pluralismus., Bielefeld 2005, 171–196; *Hat der Religionsunterricht Zukunft in einer konfessionsneutralen Schweiz?* in: W. W. Müller / B. Santini-Amgarten (Hg): Minimalia christlicher Bildungspraxis. Das christliche Verständnis von Bildung in einem konfessionsneutralen Staat (Schriften Ökumenisches Institut Luzern, 2), Zürich 2006, 37–58.

Hg/Ko-Hg: *Religionsunterricht an der öffentlichen Schule*, Zürich 2000; Kongressbände des 5. Internationalen Kongresses der Europäischen Gesellschaft für kath. Theologie 2004; *Theologische Fakultäten an europäischen Universitäten*, Münster 2004; *Das Kreuz der Kirche mit der Demokratie. Zum Verhältnis von katholischer Kirche und Rechtsstaat*, Zürich 2006; *Spitalseelsorge im Wandel*, Münster 2007; Hg der Buchreihe ‹ReligionsRecht im Dialog›, Münster 2005ff. www.unilu.ch/tf/kr.

Dr. iur. Konrad Sahlfeld, Rechtskonsulent Staatssekretariat für Bildung und Forschung SBF, Bereich Bildung. Assistent an den Rechtsfakultäten Basel und Luzern 1998–2003; Master of European Law in Stockholm 1998–1999; Wissenschaftlicher Mitarbeiter Staatssekretariat für Wirtschaft (seco) 2001–2002; Promotion an der Rechtswissenschaftlichen Fakultät Luzern 2003; Rechtsabteilung des Konsumentenombudsman (Stockholm) 2003–2004; Lektor im Öffentlichen Recht an der Södertörn Högskola (Stockholm) 2004–2005.

Veröffentlichungen (Auswahl): *Aspekte der Religionsfreiheit – im Lichte der Rechtsprechung der EMRK-Organe, des UNO-Menschenrechtsausschusses und nationaler Gerichte*, Zürich 2004; *Regionale / Sektorale Strukturpolitik* (zus. mit P. Richli), in: H. Koller (Hg): Schweizerisches Bundesverwaltungsrecht Band XVI, Basel 2005; *Kommentar zum Gesetz über die Katholische Kirche im Tessin* (zus. mit W. Sahlfeld), in: Schweizerisches Jahrbuch für Kirchenrecht (SJKR) 10/2005.

Hg./Ko-Hg.: *Information & Recht*, Basel 2002; *Integration und Recht*, 43. AssÖR Luzern 2003, München/Basel 2003.

Dr. theol. Kurt Schori, Privatdozent für Religionspädagogik an den evangelisch-theologischen Fakultäten Bern und Basel, Promotion 1989 an der Universität Bern, 1990–1993 und 2003–2006 Forschungsmitarbeiter in Projekten des SNF, 1994–2004 Pfarrer in Baar (ZG) und Bern, 1997 Habilitation an der Universität Bern, ab 2003 Dozent für Religionspädagogik an der PH Bern und Fachstellenleiter für Religionsunterricht der evangelisch-reformierten Kirche des Kantons Freiburg.

Veröffentlichungen (Auswahl): *Das Problem der Tradition, eine fundamentaltheologische Untersuchung*, Stuttgart 1992; *Religiöses Lernen und kindliches Erleben, eine empirische Untersuchung religiöser Lernprozesse bei Kindern im Alter von vier bis acht Jahren*, Stuttgart 1998;

Hg./Ko-Hg.: *Bibeldidaktik in der Postmoderne* (FS Klaus Wegenast), Stuttgart 1999; *Sprache und Erkenntnis der Wirklichkeit Gottes, Texte zu einigen wissenschaftstheoretischen und systematischen Voraussetzungen für die exegetische und homiletische Arbeit Kurt Stalders*, Freiburg 2000.
www.theol.unibe.ch/ipt/schori.html

Personenregister

217